KB261348

7 **믿음의 글들**

7은 「믿음의 글들」의 고유한 숫자입니다.

믿음이란
한 알의 밀알이 땅에 떨어져
죽음으로 많은 열매를 거둠과 같이
진리의 열매를 위하여
스스로 죽어지는 것을 뜻합니다.
눈으로 볼 수는 없으나
영원히 살아 있는 진리와
목숨을 맞바꾸는 자들을 일컬어
우리는 믿는 이라고 부릅니다.
「믿음의 글들」은
평생을 혹은 가장 귀한 순간을
진리를 위해 죽어졌거나
또는 죽어지기를 결단하는
참 믿는 이들의
참 믿는 이들을 위한
참 믿음의 글들입니다.

주식회사 홍성사

빛으로
땅끝까지

1

김 성 일

전작장편소설

(전2권)

차　례

제1권

아누비스의 그림자 · 7

여자가 사나워질 때 · 27

뱀들이 춤추는 곳에 · 49

어둠의 바퀴 속으로 · 69

동남풍아 불어라 · 91

한밤의 피리 소리 · 111

사라진 시간들 사이로 · 129

비행기는 곧 떠난다 · 147

죽음의 골짜기에서 · 169

내버려진 정원 · 193

날 저무는 하늘에 · 217

팍트로스의 모래밭 · 239

산들이 솟아오를 때 · 259

데오빌로의 열쇠 · 283

7 · 지옥의 문을 열고

31 · 물들이 만나는 곳에

53 · 아무도 말하지 않는다

75 · 한 배를 탄 사람들

97 · 장미를 심어 놓고

121 · 여우목 고개의 전설

147 · 뜨거운 밤을 지나며

171 · 창으로 받은 십자가

195 · 밤을 가는 나그네

217 · 주검이 있는 곳에는

239 · 거기서 네게 주리라

261 · 그 여자는 오지 않는다

283 · 빛으로 땅끝까지

317 · 쓰고나서

제 2 권

아누비스의 그림자

"워싱턴 DC의 DC는 무엇의 약자이지요?"

비행기가 워싱턴 DC의 상공에 들어섰을 때 미간에 붉은 점을 찍은 펀자비 차림의 인도 여자가 그렇게 묻고 있었다. 인도 여자가 낯선 사람에게 말을 걸어오는 경우는 매우 드물기 때문에 그는 깜짝 놀라서 들고 있던 워싱턴 포스트를 내려놓으며 옆자리의 여자를 바라보았다.

(끼리끼리 앉혀놓았군…….)

라과디아 공항의 체크인 카운터에서 그 델타의 여직원은 아메리칸 인디언처럼 남루한 차림의 그를 물끄러미 바라보더니 보딩 패스에 좌석 번호를 찍어주었는데 그 좌석이 바로 인도 여자의 옆자리였던 것이다.

(진짜 인디언과 아메리칸 인디언…….)

그것이 기묘한 대조가 되어 그는 씁쓸한 표정을 지었다. 1492년 신대륙을 발견한 콜럼버스는 자기가 상륙한 땅을 인도로 잘못 생각하여 그곳의 원주민을 인디오라고 불렀는데 나중에 그들을 본래의 인도인과 구별하기 위해서 아메리칸 인디언 또는 아메린즈라고 부르게 되었던 것이다.

"글쎄요……."

그는 여인의 옆자리에 놓여있는 아기 바구니를 힐끗 바라보며 어정쩡하게 말했다. 막상 질문을 받고 생각하니 미국에서 대학을 나온 그도 역시 DC라는 말이 무슨 뜻인지 아직 모르고 있었음을 깨달았던 것이다. 그가 대학을 다녔던 뉴욕과 워싱턴은 비행기로 겨우 한 시간 거리인데도 워싱턴은 이번이 초행길이었다.

"아마도……."

워싱턴이 미국의 수도이니까 한국의 서울처럼 특별시 또는 직할시라는 의미일 것 같기도 했지만 확실하지도 않은 것을 아는 척 말할 수도 없는 것이어서 우물쭈물하고 있는데 마침 스튜어디스가 승객들이 좌석 벨트를 매었는지 점검하며 지나가고 있었다.

"익스큐즈 미,"

그가 손을 들어 스튜어디스를 부르자 그녀는 잠시 그의 남루한 행색을 바라보더니 잘 훈련된 미소를 띄우며 대답했다.

"예스, 써……?"

마지못해 붙여주는 경칭이 몹시 어색하다고 느끼면서 그는 물었다.

"미안합니다. 워싱턴 DC의 DC는 무엇의 약자입니까?"

그녀는 잠시 의아한 듯 눈을 크게 뜨다가 다시 미소로 자신의 표정을 가리며 입을 열었다.

"디스트릭트 오브 콜럼비아."

"옛……?"

기껏해야 다이렉트 시티 정도를 생각하고 있었는데 콜럼비아 지구라니 뜻밖이 아닐 수 없었다. 더구나 콜럼비아라면 그가 다닌 대학의 이름과 같았던 것이다. 스튜어디스는 그가 아직 이해하지 못했다고 생각했는지 친절하게 설명을 덧붙여 주었다.

"수도 워싱턴은 어느 주에도 속하지 않기 때문에 콜럼비아 지구라는 이름을 붙였지요."

콜럼비아는 바로 콜럼버스의 이름에서 온 것이었다. 그러니까 워싱턴 DC의 이름에는 미국의 초대 대통령인 죠지 워싱턴과 신대륙의 발견자인 크리스토퍼 콜럼버스의 이름이 함께 들어가 있는 셈이었다.

"감사합니다."

스튜어디스가 지나가자 그는 이제 알았느냐는 듯이 옆의 인도 여자를 바라보았다. 그러나 여자는 그 대답에 별 관심이 없는 듯 창 밖만 내다보더니 화장실엘 가려는지 자리에서 일어섰다.

(비행기가 착륙하려는데 화장실이라니…… 무식한 여자로군.)

통로 쪽에 앉아있던 그는 할 수 없이 벨트를 맨 채 엉덩이를 의자의 안쪽으로 바싹 들이밀었다. 좁은 틈새로 빠져나가는 여자의 뭉클한 허벅다리가 어쩔 수 없이 그의 무릎을 스치고 지나갔다. 그는 여자의 옆자리에 놓여있는 아기 바구니에 신경이 쓰여서 그것을 힐끗 바라본 다음 다시 신문에 눈을 주었다.

— 인간 유전자 조작 제한법 통과…… 프랑스 하원.

인간의 수정란에 손질을 가하려는 조작을 엄격히 제한하기 위하여 제안된 프랑스의 이 법은 바로 6개월 전 미국에서 있었던 인간 복제 실험의 성공에 대한 충격에서 시작된 것이었다.

죠지 워싱턴 대학의 제리 홀 박사와 로버트 스틸먼 박사 팀은 인간의 수정란을 일란성 쌍둥이, 셋 쌍둥이, 넷 쌍둥이로 복제하는

데 성공했다고 발표했다. 그들은 이 실험이 대학 당국의 승인을 받은 것이고 미국 수정학회의 규정에 따라 복제한 수정란을 6일 만에 모두 폐기했다고 발표했지만 그 충격은 대단한 것이었다.

그렇지 않아도 어머니가 딸과 사위의 수정란을 대리 임신하는가 하면 흑인 여성이 백인 아기를 낳는 수도 있어서 인공수정의 윤리 문제가 제기되고 있는 데다가 뉴욕에서는 대리모 공급회사까지 생겨서 논란이 되고 있었는데 인간 복제의 성공은 큰 충격이 아닐 수 없었던 것이다.

(인간의 오만은 도대체 어디까지 갈 것인가……?)

그 얼마 후에 동경대학의 구와바라 교수와 이탈리아 볼로냐 대학 의학부의 카를로 블레티 박사는 특수 합성물질로 염소의 인공 모태를 만들었다. 섭씨 39.6도를 유지하는 가운데 양수와 인공혈액을 공급하며 염소의 수정란을 이식한 결과 120일 만에 새끼 염소를 꺼낼 수가 있었다. 이 프로젝트의 목적을 묻는 기자의 질문에 대하여 구와바라 교수의 답변은 간단했다.

"여성들의 산고를 덜어주자는 것입니다."

뿐만 아니라 이미 염색체를 조정하여 아들과 딸을 선택적으로 임신하게 해 주는 클리닉들이 각국에서 생기고 있으며 정자은행에서는 유전자의 피부색과 눈빛 그리고 머리 색깔에 따라 정자의 가격을 다르게 매겨서 판매하는 일들이 벌어지고 있었다. 그런데 이번에 또 인간 복제의 뉴스가 나오자 전세계는 물 끓듯 했고 로마 교황청은 즉각 반박 성명을 냈다.

"목적은 인간의 도리를 벗어난 선택을 정당화할 수 없다. 두 교수의 연구 결과는 모든 인류에 대한 모독이다."

미국 윤리자문위원회의 신시아 코엔 위원장은 이 실험이 인간을 복제하거나 대체 장기(臟器)의 확보를 위하여 스페어 인간을 대량 생산할 수도 있다는 무서운 사태를 예고하는 것이라고 말했다. 플로리다 대학 메디컬 센터의 레이 모젤리 박사는 이런 연구가 어디쯤에서 중단해야 할는지 결정하기가 어렵게 될 것이라고 경고했다. 미네소타 대학의 생명공학 연구소장인 아더 캐플란 박사는 아예 단정적으로 말했다.

"이런 연구를 통제하고 막을 길이란 없다."

기내에 어나운스먼트가 흘러나오기 시작했다.

"승객 여러분, 이 비행기는 곧 착륙하겠습니다. 좌석벨트를 다시 한번 확인해 주시기 바랍니다."

화장실에 간 여자는 아직도 자리로 돌아오지 않고 있었다. 그는 아기 바구니가 있는 윈도우 쪽으로 상체를 기울이며 처음 보는 워싱턴의 시가를 내려다 보았다. 워싱턴 시가 한복판에 서 있는 오벨리스크(方尖塔)…… 죠지 워싱턴 기념탑이 먼저 눈에 들어왔다.

"아, 저것은……."

두려운 생각이 들었다. 미국은 아직도 세계를 움직이고 있는 나라였다. 그 나라를 한국 사람들은 지금까지 기독교 국가라고 생각해 왔던 것이다. 그러나 그 미국을 움직이고 있는 수도 워싱턴의 한복판에는 이집트의 왕들이 그들의 여신을 위로하기 위해서 세웠던 오벨리스크가 서 있었던 것이다.

(그렇다면 워싱턴도…….)

로마를 비롯한 유럽 각국의 독재자들은 그들의 위세를 과시하기 위하여 제가끔 이집트 신전의 오벨리스크들을 옮겨다가 자기들의 도시에 세웠다. 그 중의 하나가 기이하게도 바티칸의 베드로 광장 한가운데 서 있고 파리, 런던, 뉴욕 등에도 서 있게 되었던 것이다.

(그러나 워싱턴이야말로…… 우상에게 봉헌된 도시가 아닌가!)

물론 그는 TV 뉴스에서 백악관 뜰의 행사나 링컨 기념관 앞 포토맥 공원의 시위 장면이 나올 때마다 그 화면에 등장하는 오벨리스크를 자주 보아 왔다. 그러나 막상 공중에서 워싱턴 한복판에 서 있는 그것을 보자 온몸에 소름이 돋지 않을 수 없었다. 정방형으로 설계된 워싱턴의 한복판에 남근(男根)의 상징인 오벨리스크가 서 있다는 것은 그것이 처음부터 어둠의 여신을 위하여 바쳐진 도시라는 혐의가 짙었던 것이다.

(……?)

갑자기 윈도우와 자신의 얼굴 사이에 무엇인가 끼어들고 있는 것 같은 느낌을 받고 그는 시선의 초점을 비행기 안으로 끌어들였다. 뭔가 차가운 눈이 그를 노려보고 있었던 것이다.

"으……."

그는 너무 놀라서 비명도 지를 수가 없었다. 바로 그 아기 바구니에 덮여있던 하얀 천을 젖히고 슬그머니 솟아올라온 코브라 뱀 한 마리가 새까만 혀를 낼름거리며 그를 노려보고 있었던 것이다.

산 속에서 아메리칸 인디언들과 지내느라고 거친 생활에는 제법 익숙해져 있는 그였으나 갑자기 눈 앞에 나타난 코브라와 마주하게 되자 그는 떨리지 않을 수가 없었다.

(이래서 성경에도 뱀은 원수라고 했었군…….)

그는 숨을 죽인 채로 손에 들고 있던 신문을 아주 천천히 위로 들어 올렸다. 독을 뿜으며 달려들지도 모르는 코브라의 공격을 막기 위해서였다. 창가로 기울였던 상체를 가만히 원래 위치로 일으킨 다음 한 손으로 벨트를 풀며 의자에서 몸을 빼내는 그의 이마에는 진땀이 배었고 심장은 금방 멎어버릴 것만 같았다.

(아아…… 너는 파라오의 저주인가!)

오벨리스크를 내다보던 그의 눈 앞에 코브라가 나타난 것은 참으로 기이한 일이었다. 이집트의 파라오들이 그들의 이마를 코브라의 머리로 장식했던 것이다. 간신히 좌석에서 빠져나오고 있는 그에게 스튜어디스가 달려오며 소리쳤다.

"비행기가 착륙하고 있는데 일어서면 어떡해요!"

옷차림이 남루하더니 역시 무식한 놈이라는 듯이 스튜어디스는 화를 내고 있었다. 그는 아직도 굳어져 있는 손가락을 간신히 펴서 그녀에게 아기 바구니를 가리켜 보였다.

"……마이 갓!"

그녀의 하얀 얼굴이 아예 새파래지더니 이내 눈꺼풀이 풀리며 쓰러지려는 것을 그가 간신히 부축했다. 비행기가 바퀴를 내리느라고 잠시 덜커덩거리자 바구니에서 솟아나온 코브라의 머리가 좌우로 흔들거렸다.

(세상에…….)

놀랍게도 코브라는 한 마리뿐만이 아니었다. 하얀 천을 젖히고 솟아 올라와 있는 코브라의 머리가 세 개로 늘어나 있었던 것이다. 비행기는 벌써 고도를 낮추기 시작하고 있었나.

"떠들면 큰 소동이 일어날 터이니 조용히 하십시오. 우선 남자 승무원에게 이 일을 알리고 기내에서 쓰는 담요를 여러 장 가져오도록 하세요. 담요는 많을수록 좋습니다."

기절 직전까지 가있던 스튜어디스는 간신히 몸을 움직이며 물러가더니 남자 승무원과 함께 담요를 한아름씩 안고 돌아왔다. 남자 승무원은 흑인이었고 명찰에 그린이라는 이름이 새겨져 있었다.

"미스터 그린…… 저놈들이 도망치려고 하면 손으로 잡아야 할 경우가 있을지 모르니까 담요를 여러 겹으로 해서 덮어씌웁시다.”

그는 그린과 함께 담요들을 펴서 여러 겹으로 겹친 다음 그것을 펼쳐들었다. 비행기가 이미 고도를 낮추고 있어서 귀가 멍멍해 왔다.

“자…… 조심해서…… 하나, 둘…… 셋!”

그들은 펴들고 있던 담요로 동시에 아기 바구니를 덮어씌웠다. 바구니 속에 들어있던 뱀들이 일제히 담요 속에서 요동을 치기 시작했다. 비행기의 바퀴가 활주로에 닿느라고 기체가 흔들렸기 때문에 그들은 잠시 몸의 중심을 잃고 비틀거렸다.

“그 쪽을 꽉 누르세요, 미스터 그린!”

그는 인디언들과 함께 생활하면서 그들이 짐승 같은 것을 잡을 때에 담요 사용하는 법을 잘 알고 있었기 때문에 익숙한 솜씨로 담요의 귀퉁이들을 묶어서 그것을 순식간에 자루처럼 만들어 버렸다. 어나운스먼트가 다시 흘러나오고 있었다.

“승객 여러분…… 이 비행기는 워싱턴 DC의 내셔널 공항에 무사히 착륙했습니다. 우리 승무원 일동은 여러분을 다시 기내에서 뵙기를 바랍니다. 해브 어 나이스 데이.”

뱀들은 담요 속에서 몹시 꿈틀거리고 있었다. 아직도 허리를 굽힌 채로인 그린 승무원이 그에게 물었다.

“뱀은 당신 것입니까?”

“아닙니다.”

그는 꿈틀거리고 있는 담요 뭉터기에서 시선을 떼어 아직도 반쯤 넋이 나가있는 스튜어디스를 올려다 보며 빨리 말했다.

“아기 바구니의 임자인 그 인도 여자를 찾아야 합니다. 여자를 찾기 전에 승객들을 내리게 하면 안됩니다!”

스튜어디스는 그제서야 정신을 차렸는지 비행기의 앞쪽으로 달려갔다. 윈도우 밖으로 기체에 접근하는 보딩 브릿지가 보이기 시작하고 있을 때 다시 어나운스먼트가 흘러나왔다.

"승객 여러분…… 저희 비행기는 무사히 착륙했사오나 잠시 확인해야 할 일이 있사오니 비행기가 정지하더라도 잠시 그대로 좌석에 앉아 계시기 바랍니다. 여러분의 협조를 바랍니다."

그러자 승객들은 비로소 뭔가 문제가 일어났다는 것을 깨달았는지 모두 웅성거리기 시작했다. 남자 승무원과 스튜어디스들은 일제히 좌석의 승객들을 하나하나 확인하면서 사라진 인도 여자를 찾기 시작했다. 그러나 이상하게도 인도 여자는 기내의 어디에서도 찾을 수가 없었다. 그 여자는 화장실에도 없었고 주방이나 옷장에도 그리고 다른 좌석에도 없었던 것이다.

"이상하다…… 분명히 있었는데?"

스튜어디스도 그의 옆자리에 앉아있던 인도 여자를 분명히 보았다면서 열심히 찾았지만 11—B 좌석의 그 여자는 온데 간데 없이 증발해 버렸던 것이다. 승무원이 가지고 있는 승객 명단에는 11—A 좌석의 승객 이름이 엑타 비르하나로 되어 있었고 11—B는 빈자리였는데, 그 의자는 창가의 11—A에 바구니를 놓고 자신은 11—B에 앉아 있었던 것이다.

"선생님의 성함이 루디 장입니까?"

남자 승무원이 11—C의 승객인 그에게 물었다. 코브라 세 마리를 익숙한 솜씨로 잡아주었기 때문인지 그의 말씨는 매우 정중했다.

"그렇습니다."

결국 승무원들은 인도 여자를 기내의 어디서도 찾아내지 못한 채 승객들을 내리게 하는 수밖에 없었다. 그들은 먼저 청소부 세 사람을 들어오게 해서 코브라가 들어있는 담요 뭉터기를 밖으로 들어내도록 한 다음 승객들을 내리게 했다.

(도대체 그 여자는 어디로 갔단 말인가…… 유령처럼 공중으로 날아가 버렸는가?)

그 여자가 좌석을 떠난 것은 비행기가 아직 6천 피트 상공에 있을 때였다. 그 여자는 6천 피트 상공을 날고 있는 보잉 727기 안에서 연기처럼 사라져 버렸던 것이다. 그는 참고인 진술을 위해 적어 달라는 승무원의 메모지에다가 자신의 이름과 숙박 예정인 호텔 이름을 적어주었다.

— 루디 장…… 한국명 장누덕(張陋惪), 알렌 리 호텔.

별도로 탁송한 짐이 없었기 때문에 그는 휴대용 백만 어깨에 멘 채로 배기지 클레임을 통과하여 승객 출구로 나왔다. 마중해 줄 사람이 있는 것도 아니기 때문에 바로 택시 스탠드 쪽을 향해서 걸어 가려다가 그는 자기를 바라보고 있는 또 하나의 시선이 있는 것을 느꼈다.

(……?)

검은색 모자를 눌러쓴 동양인 모습의 사내 하나가 이 쪽을 바라 보고 있었다. 장누덕은 일부러 그 쪽으로 다가갔다. 토론토의 공항 에서 헤어진 그의 인디언 친구 레모오토와 라과디아 공항에서 만 났던 인디언 청년처럼 검은 모자의 사내도 역시 가슴에 뇌조(雷鳥) 의 휘장을 달고 있었다. 뇌조는 인디언 토템폴의 꼭대기에 앉아있 는 하늘의 새였다.

"아네에쉬 아에즈히 비마우디지인?"

그가 스쳐지나갈 때 사내가 목쉰 소리로 그렇게 중얼거렸다. 장누덕은 다른 데를 바라보며 입만 움직였다.

"네엔 미노 비마우디스, 메에과에치."

검은 모자의 사내가 한 말은 인디언 말로 안녕한가 하는 물음이었고 그의 대답은 별일은 없다, 고맙다는 뜻이었다. 인디언들이 나오는 영화를 보면 산봉우리마다 파수꾼들이 있어서 거울이나 봉화로 신호하는 것을 볼 수 있는데 그의 친구 레모오토는 공항마다 그들의 파수꾼을 세워서 그의 여행을 지켜주기로 한 모양이었다.

공항 청사를 나서면서도 장누덕은 등뒤에 그의 시선이 따라오는 것을 느끼고 있었다. 별로 말은 없어도 언제나 깊은 정을 나눌 줄 아는 그들의 따뜻한 성품 때문에 마음에 한결 든든함을 느끼면서 장누덕은 택시에 올라탔다. 검정색의 캐피톨 캡이었다.

"10번가와 E스트리트가 만나는 곳의 에드가 후버 빌딩으로 갑시다."

그러나 흑인 운전수는 그의 말을 끝까지 듣지도 않고 대답했다.

"FBI 건물 말입니까?"

대개 수사기관의 건물이라면 보통 사람은 어디 있는지 잘 모를 것 같았는데 연방수사국 빌딩은 택시 운전수도 잘 알 만큼 유명한 모양이었다.

"그 건물에 사람들이 많이 드나드는 모양이지요?"

운전수는 백 미러 속에서 그의 남루한 행색을 힐끗 바라보더니 오히려 그에게 되물었다.

"많이 드나들 정도가 아니라 관광 코스도 있는데 모르십니까?"

"관광 코스?"

"한 시간 정도 걸리는 투어가 있는데…… 인기가 대단하지요. FBI의 역사라든가 범죄수사 일화며 수사 방법 등 볼 거리가 많답니다."

"……그런 게 있었군요."

그는 FBI 건물을 찾아간다는 것이 대단한 일로 생각되어 사뭇 긴장하고 있었는데 운전수의 말을 들어보면 그것이 은행이나 우체국 같은 보통의 오피스나 다름없는 모양이었다. 택시는 공항을 빠져나와 죠지 워싱턴 기념도로를 달리기 시작했다. 얼마 안되어 택시는 다시 기념도로를 벗어나 다리로 들어섰다. 벌써 택시는 포토맥 강을 건너고 있었던 것이다.

"저 왼쪽의 건물은 뭡니까?"

기둥이 많아서 신전처럼 생긴 둥근 모양의 건물이 호숫가에 서 있는 것을 보고 그가 운전수에게 물었다.

"아…… 그건 토마스 제퍼슨 기념관이지요."

토마스 제퍼슨은 독립전쟁 때 벤자민 프랭클린과 함께 독립선언문을 기초한 사람이었고 미국의 제3대 대통령을 지낸 인물이었다.

"기념관 안에는 뭐가 있나요?"

"……아무 것도 없어요."

"아무 것도……?"

"둘러선 돌기둥 안에 토마스 제퍼슨의 입상만 서 있을 뿐인걸요."

그렇다면 그것은 바로 로마의 신전이나 같은 것이었다. 그리스와 로마의 신전들을 보면 돌기둥이 둘러선 신전 안에서 오직 신상만 서 있을 뿐이었던 것이다. 제퍼슨의 신전은 그 뒤로 보이는 오벨리스크와 어울리면서 마치 현대의 로마에 들어선 것 같은 인상을 풍기고 있었다.

"저 워싱턴 기념탑은…… 시내 어디서나 보이게 해 놓은 모양이지요?"

"그것 이상으로 높은 건물을 못 짓게 하니까요."

자유의 나라라고 하는 미국의 수도에 여신을 위한 555피트의 오벨리스크를 세워놓고 그 이상 높은 건물을 짓지 못하게 한다는 것은 뭔가 수상한 느낌을 주고 있었다. 워싱턴은 결국 그런 우상의 도시였던 것이다.

"저 기념탑의 반대쪽에는 무엇이 있지요?"

운전수는 또 백 미러 속에서 그를 바라보았다. 별 촌놈 다 본다는 듯한 표정이었다.

"백악관이 있지요."

"……백악관!"

미국 대통령이 그 하얀 대리석의 베란다에 나와서 손을 흔드는 순간에도 그는 오벨리스크를 바라보도록 되어 있었던 것이다. 그뿐만이 아니었다. 택시가 농업성 건물과 스미소니안 협회 건물을 지날 때 그는 좌우로 길게 깔려있는 잔디밭의 오른쪽에 캐피톨…… 의사당 건물이 서 있다는 것을 알게 되었다. 그 의사당 한가운데의 돔 위에는 그 키가 19피트나 되는 자유의 여신상이 그 자태를 뽐내며 버티고 서 있었던 것이다.

"기념탑의 서쪽에 보이는 저 건물은 링컨 기념관입니까?"

"그렇습니다."

돌기둥으로 둘러싸인 건물 안에 링컨의 대리석 좌상만 높다랗게 앉아있는 링컨 기념관도 역시 로마의 신전이나 꼭 같은 것이었다. 결국 북쪽에 있는 백악관의 대통령과 동쪽에 있는 자유의 여신 그리고 서쪽과 남쪽의 양복 입은 신들인 링컨과 제퍼슨이 모두 중앙의 오벨리스크를 바라보고 있도록 설계되어 있었다. 워싱턴은 그

렁게 설계된 도시였던 것이다. 택시는 오벨리스크 옆을 지나서 통상부와 관세청 건물 사이로 빠지더니 자유의 광장을 지나 백악관과는 반대쪽 방향으로 핸들을 꺾었다. 국립 극장과 워너 극장 앞을 거쳐서 12번가를 지날 때 운전수는 손가락으로 왼쪽을 가리켰다.

"링컨 대통령이 저격당한 포드 극장이 저 쪽에 있지요."

"아……."

흑인 해방을 주도한 링컨이 암살당한 것은 1865년 4월 14일이었다. 그로부터 98년이 지난 1963년 8월 28일 마틴 루터 킹을 비롯한 20만명의 흑인들이 그의 기념관 앞에서 대규모 시위를 했고 그 석달 후인 11월 22일에는 카톨릭 신자였던 케네디 대통령이 댈러스에서 암살되었다. 그리고 또 5년이 지난 1968년 4월 4일에는 마틴 루터 킹이 테네시 주의 멤피스에서 암살되었던 것이다.

그러나 흑인 파워는 결국 그 워싱턴을 집어 삼켰다. 워싱턴 DC는 어느새 흑인의 도시가 되었고 백인들은 도시 밖의 메릴랜드 주나 버지니아 주로 옮겨가기 시작했다. 결국 흑인이 시장에 당선되었는데 그는 마약사용 혐의로 체포되었다가 다시 풀려나와서 또 시장 선거에 나섰다. 백인들이 모두 퇴근해 버리면 밤의 워싱턴은 흑인들의 왕국이 되는 것이었다.

"요즘…… 워싱턴의 치안 상태는 어떻습니까?"

흑인들에게 점령당한 도시는 워싱턴뿐만이 아니었다. 미국의 거의 모든 도시들이 흑인들에게 점령당하여 흑인 시장이 들어섰고 그런 도시들은 한결같이 범죄와 마약과 테러로 몸살을 앓고 있었던 것이다. 장누덕은 기울고 있는 워싱턴의 태양을 바라보며 이미 미국의 밤을 느끼고 있었다. 운전수는 다시 오른쪽으로 핸들을 꺾더니 차를 세웠다.

“아…….”

인기 드라마 ‘X—파일’에 늘 나오던 FBI빌딩의 멋없는 모습이 눈 앞에 버티고 있었다. 그는 미터기를 흘낏 본 다음 주머니에서 10달러짜리 지폐를 꺼내어 운전수에게 건네었다.

“킵 더 체인지(잔돈은 가지세요).”

“감사합니다. 그리고…….”

운전수는 도어를 여는 그에게 진지한 표정으로 말했다.

“해가 진 다음에는 절대로 나와다니지를 마십시오……. 특히 SE지역을 조심하시구요.”

SE지역이란 캐피톨을 중심으로 해서 동쪽의 남부 지역을 가리키는 말이었다. 그 쪽이 우범지대인 모양이었다.

“알았습니다. 수고하세요.”

택시를 보내고 나서 그는 가방을 어깨에 둘러멘 채로 우중충한 건물을 바라보았다. ‘X—파일’에 나오는 폭스 멀더와 대나 스컬리 요원이 어디선가 걸어나올 것만 같았다. 그 드라마가 어째서 죽은 자의 환생이라든가 인간 복제 또는 UFO이야기 같은 이상한 내용만 다루는 것인지 궁금했는데 워싱턴의 오벨리스크를 본 이후로는 그런 것도 믿기 이유가 있는 것 같았다.

(……아누비스가 웅크리고 있는 어둠의 도시.)

아누비스는 이집트 신화에서 검은 개의 모습으로 나오는 신으로 죽은 자를 어둠의 나라로 인도하는 장송(葬送)의 신이며 시체들을 지키는 죽음의 신이었다. 장누덕은 그 우중충한 건물 속 어디선가 아누비스의 울음소리가 들려오고 있는 것을 느끼며 공중전화 박스로 들어섰다.

“아…… 케니, 나 루디야.”

케니는 콜럼비아 대학에서 그와 함께 공부했던 클래스메이트였다. 여러 학생들 중에서 오직 그들 둘만 한국인 2세여서 자연히 친해질 수밖에 없었던 것이다. 학생 때는 늘 둘이 단짝이 되어서 함께 태권도도 배우고 스키며 래프팅도 함께 다녔었는데 졸업하고 난 후의 길이 서로 달라서 좀처럼 만나볼 기회가 없던 터였다.

"루디! 곧 내려갈게."

장누덕은 케니가 가르쳐 준 대로 건물을 왼쪽으로 돌아 투어를 기다리고 있는 관광객들이 줄을 서 있는 출입구 앞의 벤치에 앉았다. 후버 국장이 살아있을 때만 해도 쩌렁쩌렁하던 연방수사국의 기세가 이제는 그 어두워진 건물만큼이나 많이 퇴색해 있었다. 예산면에서 보더라도 FBI는 연간 30억 달러를 쓰고 있는 CIA의 거우 15분의 1밖에 안되는 2억 달러를 사용하고 있었던 것이다.

"루디……정말 오래간만이구나."

그 활기에 찬 음성만은 전과 다름없었으나 오래간만에 잡아보는 케니의 손은 그가 일하고 있는 빌딩의 분위기처럼 좀 무거워진 느낌이 들었다. 가슴에 달려있는 신분증에는 케네스 쵸이라는 풀 네임이 찍혀져 있었다. 그의 성은 본래 최(Choi)인데 사람들이 그것을 자꾸만 쵸이라고 읽어서 결국 그대로 쵸이가 성으로 되어버린 것이었다.

"이제 제법 수사관 티가 나는 것 같군."

그러자 케니는 정말 수사관답게 장누덕의 행색을 훑어보며 말했다.

"너 목사가 되었다더니……."

케니도 다른 미국 사람들처럼 목사라고 하면 단정한 정장의 신사를 생각했던 모양이었다. 카우 보이 영화에서도 목사만은 언제나 검은 양복에 넥타이를 매고 등장하기 때문에 미국 사람들은 어린 시절부터 그런 모습을 목사의 전형으로 여기고 있었던 것이다.

"왜…… 목사가 아닌 것처럼 보여?"

케니는 그런 식으로 친구를 바라본 자신의 태도가 미안했다는 듯이 어깨를 흠칫했다.

"아니…… 허긴 예수도 넥타이를 맨 적은 없었으니까."

"네 말이 맞아. 난 지금 인디언 선교를 하고 있거든."

"인디언……?"

"사람들이 아메리칸 인디언은 베링 해협을 건너온 아시아인이라고 말하길래 그들의 생활과 풍습들을 유심히 살펴보았는데…… 그들은 우리와 같은 셈의 혈통임에 틀림없는 것 같았어."

많은 학자들이 아시아인은 터어키 지방에서부터 러시아 평원으로 북상하다가 동쪽으로 이동해 왔다는 학설에 동의하고 있었다. 결국 노아의 세 아들 중에서 셈은 아시아 쪽으로 이동했고 함은 가나안 땅을 거쳐서 아프리카 쪽으로 내려갔고 야벳은 서쪽의 유럽으로 들어갔다는 것이었다.

"그래서 인디언 선교를 결심하게 되었다는 거야?"

"아메리칸 인디언은…… 또 하나의 땅끝이라고 할 수 있지."

케니는 장누덕의 너덜너덜한 재킷을 바라보며 고개를 끄덕였다.

"그래서 인디언에 어울리는 복장을 하고…… 한국명을 누덕이라고 지었나 보군. 한자로는 어떻게 쓰니?"

"더러울 루(陋), 큰 덕(惠)……."

"비록 누더기를 걸쳤으나 은혜는 크다…… 그럴 듯 하구나. 본래 네 아버님도 목사였지?"

그들이 학생이었을 때에도 장세진 목사는 반한 인사로 꽤 알려져 있었기 때문에 케니가 아직 그것을 기억하고 있었던 것이다.

"음…… 돌아가셨지만."

"아, 그랬어……?"

케니는 장누덕의 표정이 잠시 어두워지는 것을 보고 더 이상 캐묻지를 않고 그를 주차장 쪽으로 잡아끌면서 말했다.

"넌 신학을 하기 전에 리진 그룹의 뉴욕 지사에서 들어갔었는데…… 신광 그룹하고는 어떤 관계야?"

"콜럼비아에서 경영학을 공부하던 후배가 하나 있었는데……그 애가 지금 신광의 비서실에서 일하고 있거든. 그 녀석한테서 전화가 온거야."

"신광의 창업자는 크리스천이었던 모양이지?"

"조사를 해 봤어?"

"조사할 것도 없지. 믿을 신(信)에 빛 광(光)…… 너희에게 아직 빛이 있을 동안에 빛을 믿으라…… 요한복음 12장 36절이지?"

케니도 어렸을 때에는 교회에 다녔던 모양이었다. 그러나 대학 시절의 그는 오히려 크리스천을 별로 탐탁지 않게 여기는 편이 되어 있었던 것이다.

"기억력은 여전하구만. 신광의 창업자인 양기현 회장은 본래 교회의 장로였지……. 그 아들 양승업 사장은 교회에 안나가는 사람인 모양이지만."

"그래도 한국의 기업인 인명사전에는 양승업 사장의 종교가 기독교로 되어 있더군. 밴쿠버의 UBC에서 전자공학을 전공했고 취미는 골프, 가족은 부인과 1남 1녀……."

역시 케니는 그 동안 몇가지 필요한 것들을 조사해 놓았던 모양이었다. 그는 흰색의 엘란트라 앞에서 걸음을 멈추더니 도어를 열었다.

"웬 한국차?"

"이렇게나 해서 나에게도 셈의 피가 흐르고 있다는 것을 느껴보는 거지."

사실 미국에서 살고 있는 한국인 2세들은 거울을 들여다 보는 시간을 빼놓고는 늘 자신의 모습을 잊어버리고 살게 마련이었다. 그것은 자신을 미국인으로 만들어 가려는 눈물겨운 노력이기도 했던 것이다. 그런 생활 속에서 케니가 한국 차를 삼으로써 새삼스럽게 혈통의 추억을 찾으려 했다는 것은 특이한 회귀 현상이 아닐 수 없었다. 차에 올라탄 장누덕은 시트벨트를 매면서 다소 어두운 미소를 흘렸다.

"케니…… 밴쿠버의 카필라노 강 상류에는 연어의 부화장이 있어. 어렸을 때에 바다로 나갔던 연어들이 다시 강의 상류로 거슬러 올라와서 알을 낳고 죽는 곳이지. 네가 한국차를 산 걸 보니 어쩐지 짙은 종말적인 냄새가 나는 것 같구나."

"92년 10월은 그냥 지나갔는데 또 종말 이야기야?"

그가 말하는 것은 한국에서 어떤 사람들이 그 달에 예수가 재림하고 성도들이 휴거된다며 소동을 빌이다가 망신당한 일에 관한 것이었다. 그들의 엉뚱한 계산은 유럽의 통합이 92년 12월에 이루어진다고 발표한 데서 비롯되었지만 그 달이 그냥 지나가자 기독교인들의 종말론은 일단 잠잠해질 수밖에 없었던 것이다.

"허지만…… 종말론적인 분위기가 점점 깊어가고 있는 것은 사실이지."

장누덕은 비행기 안에서 읽었던 워싱턴 포스트의 유전자 조작에 관한 기사와 인간 수정란의 복제 실험과 인공 모태 개발의 성공 같은 두려운 뉴스들을 생각하고 있었다. 케니는 자동차의 키를 비틀었다.

"시작이 있으면…… 끝이 있게 마련이니까."

케니의 엘란트라가 움직이기를 시작하자마자 순식간에 주차장을 빠져나가 백악관 쪽으로 펜실베이니아 애비뉴를 달리기 시작했다.

"대통령은 요즘 어때?"

"북한의 핵무기 개발 문제?"

"아니…… 폴라 존스 말이야."

인간 복제와 유전자 조작 문제 때문에 어수선하게 시작된 94년은 또 여자들 때문에 더욱 시끄러운 날들을 보내고 있었다. 잠자는 남편의 성기를 부엌칼로 자른 로레나 보비트 사건이 세상을 떠들썩하게 하더니 폴라 존스라는 여자가 대통령을 걸어서 성희롱에 대한 손해배상청구 소송을 제기하여 파문을 일으켰던 것이다.

"대통령은 아니라고 펄쩍 뛰지만 어쨌든 직장의 남자들이 함께 일하는 여자에게 진한 농담을 하거나 신체적인 접촉을 하는 일들은 싹 없어지게 되었지. 그건…… 목사님들이 바라는 바가 아닐까?"

"글쎄…… 목사들도 때로는 여신도의 손을 잡아주거나 등을 두드려주는 경우가 있는데 앞으로는 조심해야 되겠군."

엘란트라가 퍼싱 스퀘어를 지나자 백악관과 마주보고 있는 오벨리스크가 또 나타났다. 그 뒤의 뿌우연 하늘에는 아누비스의 불길한 그림자가 컹컹 짖어대고 있었다.

여자가 사나워질 때

“워싱턴에서는 저 기념탑보다 높은 건물을 짓지 못한다는 게 사실이야?”

“누가 감히 그런 짓을 하겠어?”

“도대체…… 누가 저것을 세웠지?”

케니는 싱긋 웃으면서 그를 바라보았다.

“그것을 세우고 싶었던 것은 아마도…… 죠지 워싱턴 자신이었을거야.”

“워싱틴이?”

“죠지 워싱턴은 1789년 미국의 초대 대통령이 되자 프랑스 사람인 피에르 랑팡에게 부탁하여 포토맥 강을 낀 수도의 건설을 계획하도록 했지. 랑팡은 캐피톨을 가운데 놓고 정방형의 도시를 계획했는데…….”

케니는 손가락으로 왼쪽을 가리켰다. 백악관 정원 앞을 지나는 E 스트리트의 바로 건너편에 제로 마일스톤(里程元標)이 보였다.

“대통령이 된 워싱턴은…… 관저 건너편에 저 제로 마일스톤을 세운 다음 그 앞의 넓다란 자리를 빈 터로 남겨놓고 그곳을 중심으로 해서 다시 정사각형을 그렸던 거야."

그 정사각형의 새로운 중심이 된 곳은 백악관에서 남쪽으로 그은 선과 캐피톨에서 서쪽으로 그은 선이 만나는 지점이었다.

"그때부터 워싱턴은 그곳에다가 뭔가 세울 것을 계획했었군."

"죠지 워싱턴이 죽은 지 34년 되는 1833년에 워싱턴 기념탑 준비위원회가 조직되고 그 3년 뒤에는 기념탑 설계 현상모집에서 로버트 밀스의 것이 당선되었는데…… 이미 그 전부터 탑의 모양은 오벨리스크로 정해져 있었던 모양이야."

"그 전부터?"

"워싱턴의 가족 묘지에 가보면…… 그의 무덤을 비롯해서 모든 묘석이 다 오벨리스크의 모양으로 되어 있거든. 그것은 워싱턴이 평소에 그만큼 오벨리스크를 좋아했다는 뜻이지."

"오벨리스크는 이집트 사람들이 하늘의 여신을 위해서 세우던 남근의 상징인데 어째서 그것을 워싱턴이 좋아했을까?"

"그는 처음부터 이집트의 망령에 사로잡힌 사람이었지."

그래서 그는 자신이 계획하여 워싱턴 남쪽에 건설한 새 도시의 이름을 알렉산드리아로 붙였던 것이다. 알렉산드리아는 본래 알렉산더 대왕이 이집트의 서북방에 건설한 도시였고 이집트의 흑마술에다 유대교와 헬라 철학을 혼합하여 만들어 낸 이단 사상인 그노시스 신학의 본고장이었다. 그리고 그노시스의 영지주의 신학은 지금까지 기독교를 무너뜨리려는 세력들의 정신적 근원이 되어 왔던 것이다. 장누덕은 고개를 끄덕였다.

"그러니…… 그가 오벨리스크를 좋아했을 만도 하군."

그렇게 해서 그 555피트의 오벨리스크는 죠지 워싱턴이 계획하고 바랐던 대로 새로 건설된 수도 워싱턴의 중심에 서게 되었던 것이다. 그것은 또한 미국의 중심이었고 미국이 움직이고 있는 세계의 중심이기도 했다. 지구촌의 모든 인류는 자신도 모르는 사이에 이 오벨리스크를 그들의 중심에 모시고 살게 된 것이었다.

"기념탑 안의 화강암 계단에는 세계 각국에서 보내온 기념석들이 박혀있는데 로마 교황 비오 6세가 보낸 것은 설치되기도 전에 없어져버렸지."

"뭐라고 쓰여져 있었는데?"

"로마에서 아메리카로……."

비오 6세도 워싱턴을 마지막 시대의 로마로 인식했던 모양이었다.

"아주…… 적절한 표현이었군."

백악관 앞에 오벨리스크를 세워놓은 탓인지 역대 백악관의 주인들은 특이한 일화들을 많이 남겼다. 프랭클린 루스벨트가 그의 여비서와 정사를 벌이고 있는 동안 그의 아내 일레너는 동성연애에 빠져있었고 마릴린 먼로와 바람을 피웠던 죤 케네디의 아내 재클린은 남편이 죽은 후 돈 많은 늙은이 오나시스와 결혼을 해서 세상을 놀라게 했다.

린든 죤슨은 그의 집무실에서 여비서와 일을 벌이던 중 아내 클로디아에게 들켜서 망신을 당했고 로날드 레이건의 아내 낸시는 점성술사 죠앤 매클리의 점괘에 따라 대통령의 일정을 조종하고 있다는 사실이 알려져서 물의를 일으켰으며 클린턴은 그가 아칸소 주지사 시절에 허벅지를 더듬었던 폴라 죤스로부터 고소를 당해 곤욕을 치르고 있었던 것이다.

"고대의 로마가 그랬던 것처럼…… 워싱턴은 전세계의 모든 신들이 모여들어 난무하는 신들의 경연장이기도 하지. 로마 신전의 모양으로 건축한 관청에는 토오가와 스톨라를 걸친 신상들이 서 있고……”

“그런데…… 도시의 모양과 함께 로마의 우먼 파워까지도 아메리카로 옮겨 온 것 아니야?”

“우먼 파워?”

로마를 건설한 로무루스는 부하들의 신부감을 구하기 위해 사비네족의 여자들을 납치해 왔다. 이를 보복하기 위해 쳐들어온 사비네족의 군대가 로마군을 포위했을 때 납치되었던 여자들이 양쪽 군대 사이에 뛰어들어 전쟁을 저지하고 오히려 평화협정을 맺게 했다. 여자들 때문에 위기를 모면한 로마에서는 그 후로 여자들의 입김이 세어졌다는 것이었다.

그러나 로마의 우먼 파워가 강해졌던 것은 산아제한 때문이었다고 보는 학자들도 있었다. 막대한 교육비 때문에 여자들이 아이를 많이 낳지 않게 되면서 바깥 출입이 잦아졌고 바깥에서 만난 남자들과 남편의 능력을 비교하기 시작했기 때문에 아내에게 버림받지 않으려는 남자들의 눈물겨운 경쟁이 시작되었다는 것이었다.

“로레나 보비트는 무죄 평결을 받았다며?”

“그럴 수밖에 없었지. 배심원의 수가 여자 일곱 명에 남자 다섯 명이었으니까.”

남편의 성기를 부엌칼로 자른 그녀에 대한 무죄 평결 때문에 낙담한 전국남성기구는 그 비극적인 사태를 개탄하면서 남성에 대한 여성들의 폭력이 더욱 증가하게 될 것을 우려했다. 로레나의 것과 같은 부엌칼과 잘린 성기 모양의 초콜릿이 인기리에 판매되고 전 세계에서는 한 달 간 어린 아이에서 어른까지 30명 이상의 남자들이 성기를 잘리는 수난을 당했다.

이미 세상은 남자와 여자가 서로 불신하며 대립하는 난국으로 접어들고 있었다. 함께 살면서도 결혼 신고를 하지 않는 커플이 미국에서만도 260만 쌍이나 되었고 아예 남자끼리 혹은 여자끼리 함께 사는 동성애가 폭발적으로 증가하고 있어서 클린턴은 대통령에 당선되기 위해 동성애자들의 불이익 철폐를 선거 공약으로 내걸었을 정도였다.

"여신에게 잘 보이기 위해서 오벨리스크를 세웠는지는 모르지만…… 언젠가는 워싱턴 기념탑도 콘돔을 덮어쓸 날이 오겠군."

장누덕이 피식 웃으면서 그렇게 말했다. 얼마 전 프랑스의 에이즈 협회가 파리의 콩코드 광장에 서 있는 오벨리스크에 길이 22미터 폭 3.5미터의 대형 콘돔을 덮어씌웠던 일이 생각났던 것이다.

"그게…… 이미 시작되었지. 엘더스 박사의 상원 청문회 봤어?"

"아…….'

죠이슬린 엘더스는 클린턴이 의무청장으로 임명한 여자였다. 그녀는 아칸소 주의 보건부장관 시절부터 학생들에게 콘돔을 나누어 주어야 한다고 주장했던 대담한 여자인데 상원 의원이 그래도 되는 거냐고 질문을 하사 난 한마니로 의원들을 삼삼하게 만들어 버렸던 것이다.

"그 여자가 뭐라고 답변했는지 기억하고 있어?"

"생각나는군…… 나는 한다면 하는 사람이오!"

"이미 전세계에서 남자들의 수난 시대가 오고 있는 거야. 영국에서는 남편들의 30퍼센트 이상이 아내에게 매를 맞으며 산다더군."

"영국의 여자들은 정말 대단해. 코스모폴리탄의 조사를 보니까 67퍼센트의 여자가 남편 아닌 남자와 관계를 가졌다고……. 그런데 그 67이란 숫자가 재미있어. 서울의 ‘리빙뉴스’ 지가 중산층 부인들을 상대로 설문 조사를 했는데……. 다시 태어나도 지금의 남편과 결혼을 하겠느냐고 물었더니 67퍼센트가 노우! 였다는 거야.”

“드디어…… 하늘 황후의 시대가 오고 있는 거지.”

기억력이 좋은 케니는 구약 성경에 나오는 예레미야 선지자의 경고를 인용해서 말하고 있었던 것이다.

그런즉 너는 이 백성을 위하여 기도하지 말라

그들을 위하여 부르짖어 구하지 말라

내게 간구하지 말라 내가 너를 듣지 아니하리라

너는 그들이 유다 성읍들과 예루살렘 거리에서

행하는 일을 보지 못하느냐

자식들은 나무를 줍고 아비들은 불을 피우며

부녀들은 가루를 반죽하여

하늘 황후를 위하여 과자를 만들며

그들이 또 다른 신들에게 전제(奠祭)를 부음으로

나의 노(怒)를 격동하느니라……

케니는 적십자 본부 앞을 지나 버지니아 애비뉴로 들어섰다가 알렌 리 호텔 앞으로 돌았다. 장누덕이 아는 체를 했다.

“알렌 리…… 저건 내가 묵을 호텔이야.”

“용하게도 싼 곳을 골라잡았군.”

“싸기도 하고…… 죠지 워싱턴 대학에서 가까우니까.”

장누덕이 알아본 바로는 그 호텔 근처에 학생들의 기숙하는 집이 모여 있다고 했던 것이다. 과연 대학가답게 거리는 비교적 조용한 편이었다. 엘란트라를 몰고 뒷골목으로 들어간 케니는 한 우중충한 건물 앞에서 브레이크를 밟았다.

"이 건물이야?"

"음…… 양승업 사장의 아들 양은국이 바로 이 건물에서 자취를 하고 있었지."

미리 연락이 되어 있었는지 케니는 관리인에게 자신의 이름만을 밝히고 나서 장누덕에게 계단을 올라가자는 눈짓을 했다. 관리인이 안내한 양은국의 방은 4층이었다. 마스터 키로 도어를 열어준 관리인은 별로 내키지를 않는지 방안으로 들어가지 않은 채 밖에서 서성거리고 있었다. 케니가 방안을 둘러보며 말했다.

"남학생의 방치고는 제법 정돈이 되어 있는 것을 보니 양은국의 성격은 꽤 깔끔했던 모양이로군."

"그래서 양 사장도 그 아들에게 큰 기대를 걸었겠지."

방은 침실 겸 공부방이 주방과 연결되어 있었는데 공부방의 가구는 책상과 의자 그리고 침대 하나와 검은색 인조 가죽이 덮인 긴 의자 하나에 20인치짜리 TV세트가 그 전부였고 옷장은 벽에 붙어 있는 것이었다. 책상 위에는 생명 공학 관계의 책들과 각종 사전류가 가지런히 꽂혀있있고 긴 의사의 옆에는 동기타 하나가 비스듬히 놓여있었다. 케니는 방안을 둘러보다가 의자의 등받이에 걸쳐져 있는 티셔츠를 집어서 그것을 펼쳐들었다. 회색 바탕의 티셔츠에는 빅토리아(VICTORIA)라고 휘갈겨 쓴 검은색 글씨가 찍혀져 있었고 그 글자들 사이에 자주색의 단풍잎 두 개가 그려져 있었다.

"빅토리아라면…… 영국의 여왕도 있고 로마 신화에 나오는 승리의 여신도 되고 오스트레일리아의 주 이름과 캐나다의 도시 이름도 있는데…… 단풍잎이 그려져 있는 것을 보면 캐나다 국기와 관계가 있지 않을까?"

그러나 FBI요원인 케니 앞에서 장누덕이 그런 식으로 말한 것은 공자 앞에서 문자를 쓴 꼴이라는 것을 곧 깨달았다. 케니는 그의 말을 듣지도 않은 채 티셔츠만 자세히 살펴보고 있었던 것이다.

"양은국의 친구들에 대해서는 들어본 적 있어?"

"비교적 여러 아이들과 잘 사귀었던 모양인데…… 여기까지 놀러 온 친구가 있었는지는 모르겠군."

그는 티셔츠를 본래의 자리에 내려놓고 나서 옷장을 열었다. 옷장에도 여러 가지 셔츠며 바지들이 가지런히 걸려있었다.

"이 방에 자주 찾아온 사람은……?"

그는 방안의 여기 저기를 더 살펴보다가 다시 주방 쪽으로 걸음을 옮기면서 물었다.

"양사장 부인이 아들을 만나러 자주 왔다더군."

주방도 잘 정돈되어 있었으나 싱크대 위에는 1리터짜리의 빈 우유팩 하나가 놓여있었고 토스터 앞에는 빵 가루가 약간 떨어져 있었다. 아마도 양은국은 그가 죽던 날 우유와 토스트로 간단히 식사를 하고 나서 밖으로 나간 모양이었다. 싱크대 옆의 냉장고 안에는 사과 쥬스 한 병이 들어있을 뿐 거의 텅 비어있었다.

"사장 아들이어서 늘 외식을 했나……?"

케니는 다시 주방의 쓰레기통을 뒤지다가 그 속에서 담배 꽁초 하나를 집어냈다. 노란 필터가 달린 그 담배에는 금박으로 '555'라는 글씨가 박혀있었다. 장누덕이 또 아는 척을 했다.

"555라면…… 영국의 로드맨스에서 나오는 담배 아냐?"

그것은 기이하게도 워싱턴 기념탑의 높이 555피트와 그 숫자가 같았던 것이다. 로드맨스라면 유럽의 금융계를 장악하고 있는 유대계 재벌 로드챠일드 가와 관계가 있는 것으로 알려져 있었다.

"……이상하군."

"무엇이……?"

"양은국은 담배를 안 피우는 것 같은데 담배 꽁초가 있으니……."

그러고 보니 방에도 주방에도 재떨이나 라이터 같은 것이 보이지 않고 있었다. 그렇다면 양은국 말고 또 다른 사람이 주방까지 들어왔었다는 증거였다. 그 사람은 담배를 어딘가 부벼 꺼서 쓰레기통에다 집어던졌던 것 같았다. 케니는 식탁 앞의 의자 밑에서 담배가루를 발견했다.

"로드맨스의 555는…… 알다시피 제법 귀족 취향의 담배거든. 그런데 이 꽁초를 버린 사람은 담배를 아무렇게나 비벼 꺼서 그 꽁초를 쓰레기통에 버렸어. 어딘가 어울리지 않는 현상은 우리의 관심사가 되지."

케니가 주방에 있던 폴리에틸렌 팩에 담배 가루와 꽁초를 조심스럽게 싸고 있는 동안에 장누덕은 공부방으로 돌아와서 케니가 그렇게 하듯이 뭔가 정상에서 벗어난 것이 있는가 살펴 보았다.

(…… 나도 하나 찾아냈나!)

모두 가지런히 꽂혀있는 책들 가운데 한 권이 절반쯤 삐져나와 있는 것을 그는 발견했던 것이다.

<지시유전자 개론>

그것이 책의 제목이었고 저자는 GWU, 즉 죠지 워싱턴 대학의 말리카 레이 박사로 되어 있었다.

(지시 유전자라…… 유전자 중에서도 지시하는 놈이 있고 지시를 받는 놈이 있는가?)

장누덕은 호기심이 생겨서 그 책을 뽑아 펼쳐보았다. 책 속에는 복잡한 도식과 기호들이 가득히 들어있어서 눈이 아플 지경이었다.

(역시 하나님의 설계도를 캐내는 학문은 복잡하구나……)

책을 덮어서 다시 제자리에 꽂으려던 그는 문득 책갈피 사이에 삐죽이 나와있는 종이 조각의 한 귀퉁이를 발견했다. 무심코 뽑아본 그 종이 조각에는 이상한 부호가 그려져 있었다.

वह नहीं आएगी

그것은 마치 빨랫줄에 꼬불꼬불한 뱀들을 무질서하게 널어놓은 것 같은 모양이었다. 장누덕은 비행기 안에서 보았던 세 마리의 코브라 뱀이 생각나서 온몸에 소름이 돋는 것 같았다. 그는 종이 조각을 케니에게 보여줄까 하다가 또 공자 앞에서 문자 쓰는 꼴이 될까봐 그냥 자신의 주머니에 그것을 집어넣었다. 나중에 보여주어도 늦지 않을 것 같기 때문이었다.

"여기까지 왔으니……."

케니는 필요한 것을 다 보았는지 관리인에게 며칠만 더 현장을 보존해 달라고 부탁해 놓고 나서 장누덕에게 그만 나가자는 눈짓을 했다.

"……여기까지 왔으니 호텔로 가서 체크인을 해 놓는 게 낫겠군."

양은국이 살던 아파트에서 호텔까지는 걸어도 되는 거리였기 때문에 그들은 차를 아파트 앞에 둔 채로 걸어서 호텔로 갔다. 별로 넓지는 않았으나 숙박료에 비하면 알렌 리 호텔은 그런 대로 괜찮은 편이었다. 체크인을 한 다음 케니와 함께 방으로 올라가서 가방을 던져놓고 다시 복도로 나오던 장누덕의 표정이 갑자기 굳어졌다.

"루디…… 왜 그래?"

뒷모습이지만 분명히 그 여자였다. 비행기에서 코브라가 들어있는 아기 바구니와 장누덕 사이의 11—B에 앉아있던 펀자비 드레스의 그 여자가 복도 끝의 방으로 들어갔던 것이다.

"아…… 아니야."

그는 양은국의 일에 초점을 맞추기 위하여 비행기에서 있었던 일을 케니에게 말하지 않았다.

"이제…… 어디로 가지?"

"아직 현장을 못 봤지 않아?"

"아……."

케니가 말하는 현장이란 양은국의 시체가 발견된 그레이트 폴스를 말하는 것이었다. 그들은 다시 케니의 흰색 엘란트라를 세워놓은 곳까지 걸었다. 양은국이 살던 아파트 앞을 지날 때 케니가 그의 소매를 잡아디녔다.

"루디…… 관리인이 안 보이지?"

밖에서도 보이게 되어 있는 관리인 사무실이 비어있었던 것이다. 장누덕이 어리둥절하고 있는 사이 케니는 어느새 차에 올라타서 시동을 걸고 있었다. 아파트 골목을 빠져나온 차는 버지니아 가를 따라서 내려가다가 오른쪽으로 방향을 틀었다. 시선을 앞으로 둔 채 케니가 입을 열었다.

"너무 상식적인 질문이지만…… 양 사장이나 양은국에게 원한을 품을 만한 사람은 없었을까?"

"신광 그룹의 창업자가 크리스천이고 장로이기 때문인지…… 신광은 지금까지 재벌치고는 별로 지탄받을 만한 과오가 없었던 편이었지. 남에게 원한을 살 만한 일도 물론 없었던 것 같고."

"가족 중에서는……?"

장누덕은 잠시 고개를 갸웃거리더니 말했다.

"양기현 회장이 자수성가한 사람이고 양승업 사장이 외아들이었으니 유산문제로 다툴 일은 없었을 것이고…… 양은국 역시 외아들인데다가 누이동생 은실이는 이제 겨우 열일곱 살이라니 의심할 수 있는 대상은 못되지."

"양은국의 어머니는 어떤 사람이야?"

차는 인디언 관리국과 FRB 그리고 국립과학원과 약사협회 건물을 차례로 지나더니 루스벨트 브릿지를 건너고 있었다.

"그 쪽에…… 그 쪽에 문제가 좀 있다면 있는 셈이지."

"문제가……?"

"신광에 있는 후배의 말에 의하면…… 양은국의 장례식 문제 때문에 양사장 부부 사이에 약간의 트러블이 있었다고 하더군."

양은국의 시체가 그레이트 폴스에서 발견되자 양 사장은 정확한 사인 규명을 위해 부검을 하려고 했으나 부인의 강력한 반대 때문에 서둘러 시신을 한국으로 가져갔던 것이다. 그러나 시신이 한국에 도착하자 이번에는 또 장례식 때문에 사장 부부의 의견이 엇갈리게 되었다. 양 사장의 부인 허진숙은 갑자기 아들의 장례를 절에서 하자고 고집을 부렸던 것이다.

"장로 집안의 아들이 죽었는데 절에서 하자니…… 빗나가도 한참 빗나갔었군. 부인은 본래 불교 신자였나?"

  "친정이 바로 그런 집안이라더군. 양 사장과는 대학 시절에 만나 연애를 했는데 양기현 장로가 결혼을 반대하는 바람에 허진숙이 교회에 나갈 것을 약속하고 결혼 허락을 받았던 모양이야."

  "그렇다면…… 결혼 후에는 교회엘 나갔었겠군?"

  "그렇지. 양 장로와 결혼 후에 이따금씩 교회에 나가기도 했다는데 결국은 다시 부처님 쪽으로 돌아선 거지."

  다리 건너편에는 알링턴 국립묘지가 보이고 있었다. 한국전과 월남전에서 전사한 많은 군인들이 잠들어 있고 댈러스에서 죽은 존 케네디와 그가 죽은 지 5년 후에 다시 암살당한 로버트 케네디도 묻혀있는 곳을 바라보며 그들은 지금 장례식 이야기를 하고 있었던 것이다.

  "결국 며느리를 잘못 얻은 셈이로군…… 그러나 시어머니인 회장 부인은 아직 살아계시다며?"

  "그래서 어쩔 수 없이 장례식은 교회에서 강행되었지만…… 묘지에는 중들이 찾아와서 독경을 했대."

  "그러나…… 그런 게 무슨 문제야? 목사인 너에게는 문제가 될지도 모르지만."

  "개니…… 이딘기 이올리지 않는 것에 시건의 힌트기 있디고 히길래 네게 말해 주는 거야. 양기현 장로의 집안에서 그 허진숙이라는 여자는…… 어쨌든 어울리지 않는 존재였음에는 틀림 없으니까."

  장누덕은 자신의 제보가 제법 쓸 만했다는 것을 깨달았다. 케니가 몇번씩이나 고개를 끄덕여 가며 무엇인가 생각하는 것 같았기 때문이었다.

  "…… 그랬었군."

혼잣말처럼 그렇게 중얼거리던 케니가 다시 입을 열었다.

"양승업 사장은…… 어디서 허진숙을 만났지?"

"대학생 때였다는데…… 어디서 만났는지는 모르겠어."

다리를 다 건넌 엘란트라는 많은 종류의 나무들이 늘어서 있는 죠지 워싱턴 메모리얼 파크웨이로 들어서고 있었다.

"그런데 루디…… 신광에 있는 네 후배는 왜 너한테 사장 부인에 대한 이야기까지 해 준거야?"

"너도 알다시피 기업이라는 조직 속에는 여러가지 파벌이 있게 마련이지. 학교 파벌이라든가 인맥이라든가……."

"그거야 어디든지 다 있는 거 아니야?"

"신광 그룹은 사장 아들의 장례식이 끝나자마자 대대적인 기구 개편과 인사 이동을 계획하고 있는 모양인데…… 내 후배는 회장 비서실에 있기 때문에 뭔가 이상한 낌새를 눈치챘던 것 같아."

"그것이 사장 부인과 관련이 있다는 말인가?"

"그 계획의 핵심은…… 전 회장이나 양 사장의 측근이었던 인물들을 대거 탈락시키거나 한직으로 내몰고 사장 부인 계열의 인물들을 요직에 들여앉히려는 데 있다는 거야."

"그런 정도의 파워 게임은 기업에서 흔히 있는 일 아니야?"

"문제는 사장의 인맥이 부인의 인맥에 밀리고 있다는 특이한 현상이기 때문이지."

"그런데 양사장이란 사람은…… 자신의 측근들을 제거하려는 움직임이 있는데도 팔짱을 낀 채로 구경만 하고 있다는 거야?"

"어쩐 일인지는 모르지만 지금으로서는 사장보다도 부인의 입김이 더 강한 모양이야."

"그 쪽에도 우먼 파워가 작동하기 시작했군…… 그런데 그 쿠데타 계획을 사장 부인 허진숙이 직접 지휘하고 있대?"

"바로 거기서부터가 또 문제지…… 지금으로부터 3년 전에 허진숙의 남동생 허상구가 사람 하나를 추천해서 신광에 입사시켰는데…… 그 자가 단 3년만에 과장에서 이사로 초고속 승진을 했다는군."

"그런 것도 기업에서는 있을 수 있는 일이지."

"그런데…… 바로 그 자가 이번 일을 주도하고 있다는 거야."

"도대체 그 유능한 인재는 어떤 사람이지?"

"이름은 신정길, 30세, 국적은 미국……. 죠지 타운 대학에서 경영학을 전공하여 박사 학위를 받은 후 펜타곤의 전략부서에서 한 1년 간 일했지. 그의 모친이 미국인인데 그녀가 거기 있었거든."

"모친이 미국인이라면…… 백인이란 말이야?"

"와스프는 아닌 모양인데 좀더 알아봐야겠어."

와스프(WASP)란 앵글로 색슨계의 백인 개신교도를 말하는 것이었다. 그런 성분의 사람들이 미국을 주도한다고 생각하여 그 대열에 끼지 못하는 사람들이 비양대는 뜻으로 만들어낸 말이었던 것이다.

"그 미국인 여자가 왜 칭크와 결혼을 했을까?"

칭크란 백인 아이들이 째진 눈과 납작 코의 동양계 아이들을 멸시하는 뜻에서 부르는 말이었다.

"글쎄…… 가끔 그런 이변이 생기기도 하니까."

차가 죠지 타운 파이크로 들어섰을 때 도로 표지판에는 랭글리라는 글자가 나타났다. 랭글리라면 바로 CIA본부가 있는 곳이었다. 우거진 랭글리의 숲을 바라보며 장누덕이 혼잣말처럼 중얼거렸다.

"소련이 무너지고 KGB도 없어졌으니…… 요즘은 CIA도 심심하겠군."

"프랜시스 후쿠야마의 논문 안 읽어봤어? 세상은 이제 장사꾼의 시대로 들어섰다고…… CIA는 요즘 산업 쪽의 정보활동에 맹렬히 달려들고 있지."

"드디어 일곱번째 천사가 등장할 때가 다가온 것 같군."

"바벨론의 장사꾼들……?"

그것은 바로 성경의 요한계시록에 나오는 내용이었다. 일곱 개의 대접을 든 일곱 천사가 대접을 쏟을 때마다 지구상에 재앙이 내리는데 마지막 일곱번째 대접을 쏟을 때 큰 지진이 일어나며 타락한 큰 성(城) 바벨론이 장사꾼들과 함께 멸망하게 된다는 것이었다.

> 바벨론아 네 영혼의 탐하던 과실이 네게서 떠났으며
> 맛있는 것들과 빛난 것들이 다 없어졌으니
> 사람들이 결코 이것들을 다시 보지 못하리로다
> 바벨론을 인하여 치부한 이 상품의 상고(商賈:장사꾼)들이
> 그 고난을 무서워 하여 멀리 서서 울고 애통하여 가로되
> 화 있도다 화 있도다 큰 성(城)이여……

장누덕이 잠시 요한계시록의 환상에 잠겨있을 때 케니의 질문이 또 계속되었다.

"허진숙의 동생과 신정길은 어떤 관계야?"

"그 허상구는 한국에서 오퍼상을 하고 있었는데…… 점점 욕심이 커졌는지 무기 장사로 큰 돈을 벌어보겠다고 뛰어다니다가 펜

타곤에 있던 신정길을 알게 되었던 모양이야."

"그래서…… 그래서 신광 그룹이 방위산업에 손을 대게 되었군."

케니도 신광 그룹에 대해서는 꽤 정보를 가지고 있는 모양이었다. 한국정부가 자주국방을 내세우며 무기국산화 계획을 시작하자 내로라 하는 큰 기업들이 다투어 가며 방위산업에 손을 대고 있었는데 신광만은 고집스럽게 그것을 외면하고 있었다. 그런데 그 신광이 어찌된 셈인지 뒤늦게 그 일에 뛰어들기로 한 것이 바로 3년 전이었던 것이다.

어쨌든 서울에 있는 장누덕의 후배가 그에게 전화를 걸어서 양은국의 죽음에 대한 진상을 알아봐 달라고 도움을 요청한 이유가 이제 거의 드러난 셈이었다. 결국 그것은 양은국의 죽음도 기업 안의 이런 수상한 분위기와 관계가 있지 않겠느냐 하는 의혹에서 출발했던 것이다.

흔히 돈 많은 사람의 가족 중에서 누군가가 원인 모르게 죽어 그것이 자살인가 타살인가 분별하려면 그 죽음으로 인해서 이득을 보는 사람이 누구인가를 찾아보는 것이 수사의 고전적인 정석이었다. 그러니 양은국은 양 사장의 외아들이고 그의 유일한 후계자였으니 그가 죽어서 이득을 볼 만한 경쟁자는 아무도 없었던 것이다.

"신광에 관계되는 사람으로…… 양은국이 죽던 날 누군가 워싱턴에 온 적은 없었나?"

"신광의 지사가 미국에도 많이 있고 또 많은 사원들이 출장을 오기도 하지만…… 그때 워싱턴에는 아무도 없었어."

워싱턴은 공업이나 상업도시도 아니고 정치의 중심지이기 때문에 주로 외교관이라든가 신문기자 그리고 로비스트들이나 들락거리는 곳이었다. 그런 곳에 신광 그룹 비즈니스맨들이 아무도 없었다는 것은 전혀 이상한 일이 아니었던 것이다.

"그…… 허상구라는 사람은?"

"서울에서 미국 손님을 접대하고 있었다는군."

차는 소나무와 참나무 그리고 단풍나무들이 우거진 숲 속으로 들어서고 있었다. 그레이트 폴스 국립공원의 간판이 보였다.

"어쨌든 루디…… 이 사건은 결국 내게로 돌아올 것 같은 예감이 드는구나."

연방수사국이 담당해 온 일은 주로 조직 범죄에 관한 것이었다. 그러나 요즘은 그것도 차츰 전문화되어 마약 관계는 DEA(마약단속국)로 넘어갔고 연방수사국은 주로 컴퓨터 범죄라든가, 유괴와 테러 사건 그리고 환경 범죄 등에 관한 수사를 담당하고 있었다. 어쨌든 케니는 이번 양은국 사건에서 어떤 조직 범죄의 냄새를 발견한 것 같았다.

"FBI에서…… 한국계는 너뿐이야?"

"아니야…… 꽤 있어."

사실은 그것이 별로 좋은 현상은 아니었다. 그것은 바로 미국에서 한국인 또는 동양계에 관련된 범죄가 늘어나고 있다는 증거이기도 했다. 동양계의 범죄에 백인 수사관이 나서는 것은 별로 효과적이지 못하기 때문에 그 쪽과 닮은 요원을 쓰는 것이었다.

"거기도 백인의 비율이 많이 줄었겠군……."

결국 FBI요원의 인종별 비율은 그 인종의 범죄비율과 비례한다고 보아도 될 것 같아서 그렇게 물었는데 케니가 고개를 끄덕거렸다.

"우리 요원이 모두 1만 명쯤 되는데…… 그 중에서 흑인 여성만

5천 명이 있어."

(……절반이나!)

그가 처음 본 FBI 빌딩의 인상이 왜 그렇게 어두웠는지 몰랐었는데 이제 그 이유를 알 것 같았다. 어쨌든 그곳에 흑인들이 그토록 많다는 것은 미국의 거의 모든 도시를 다 점령해 버린 흑인들의 세력과 영향력이 얼마나 큰 것인가를 말하는 것이었다.

"그런데…… 어째서 여자가 그렇게 많지?"

"컴퓨터 시대니까."

"……거기도 역시 우먼 파워로군."

계획된 도시답게 워싱턴의 주변은 잘 가꾸어져 있었지만 특히 공원 안에 들어서니까 딴 세상에 온 것처럼 조용해서 마치 꿈속으로 들어선 것 같았다. 숲 속의 주차장에는 이미 워싱턴 경찰청의 폴리스 카 한 대가 대기하고 있었다.

"아…… 피터슨 반장이십니까?"

그는 폴리스 카에 기대어 서 있던 사복의 흑인에게 손을 내밀었다.

"미스터 쵸이……?"

"그렇습니다. 빈기롭게 해서 미안히군요. 이 쪽은 루디 장 목사…… 죽은 양은국과 관계가 있는 분입니다."

미국에서 아직도 남아있는 좋은 습관 중의 하나는 목사를 만났을 때 사람들이 존경하는 표정을 보이는 것이었다. 피터슨 반장도 그런 사람들 중의 하나여서 대번에 진지한 표정을 지으며 손을 내밀었다.

"반갑습니다."

피터슨 반장은 장누덕과 악수를 나누고 난 후 앞장서서 걸으며 케니에게 물었다.

"이 사건을…… FBI에서 맡게 됩니까?"

"아직 모르겠습니다. 제가 피터슨 반장께 협조를 의뢰한 것은…… 다만 제게 부탁을 해 온 장 목사가 제 친구이기 때문에 도와주지 않을 수 없어서였습니다. 그런데…… 워싱턴 경찰청에서는 이 사건을 종결시켰습니까?"

"경찰에서는 종결시킨 상태입니다만……."

한 주일이 멀다고 살인 또는 테러 사건이 벌어지고 심지어는 백악관까지 습격을 당하기도 하는 워싱턴에서 한국 유학생 하나가 시체로 발견되었다는 것이 그리 중요한 사건은 아니었다. 더군다나 그 유족이 더 이상의 수사를 원하지 않아서 시체를 가져가 버렸으니 경찰이 사건을 재빨리 종결시켜 버린 것은 당연한 일이었던 것이다.

"그러나 반장께서는 아직도 뭔가 미심쩍은 일이 있으신 모양이군요."

반장은 눈을 껌뻑거렸다. 그럴 때마다 굵게 접힌 그의 쌍꺼풀이 펴졌다가 다시 오무라지고 있었다. 그들은 주차장을 빠져나와 폭포 쪽으로 나가는 오솔길로 들어섰다.

"제가 보기에…… 양은국의 시체는 여러 가지 면에서 그가 타살되었다는 것을 증명하고 있었습니다. 타살이라는 것을 알면서도 그냥 사건을 종결시킨다는 것은 경찰의 수치이지요."

"그가 타살되었다는 증거들은 어떤 것이었습니까?"

갑자기 많은 물소리들이 들려오는 것 같아서 장누덕은 오른쪽을 바라보았다.

(…… 폭포로구나!)

그는 토론토에서 태어났기 때문에 나이아가라 폭포는 어려서부터 늘 보면서 자라났다. 그 나이아가라는 그저 폭포의 규모가 크고 웅장하다는 것 뿐이었는데 포토맥의 그레이트 폴스는 정말 대단하다. 나지막한 산들의 사이로 흘러 내려오는 물줄기와 아기자기하게 솟아있는 바위들의 틈새를 타고 이리저리 갈라져서 흘러내리고 있는 폭포들은 마치 한 폭의 동양화를 보고 있는 것 같았다.

(이것은 정말로…… 하나님께서 그려놓으신 그림이로구나!)

장누덕이 그 아름다움에 취해서 넋 나간 사람처럼 서 있는 동안 피터슨 반장은 케니와 함께 콘크리트로 만들어 놓은 전망대 밑으로 내려가고 있었다. 장누덕이 따라 내려가자 피터슨은 삐죽삐죽한 바위들 사이의 움푹 들어간 곳을 손가락으로 가리켰다.

"시체가 발견된 곳은 바로 여깁니다. 머리를 위쪽으로 하고 엎드려져 있었지요."

그는 비로소 주머니에서 사진 몇장을 꺼내어 케니에게 보여주었다.

"이것이 시체가 발견되었을 때 경찰에서 촬영한 것입니다."

케니는 반장이 내미는 사진들을 받아서 그것들을 살펴보더니 장누덕에게 그것을 보여주었나.

(아니…… 이것은?)

사진에 찍혀진 시체는 티셔츠에 블루진 차림이었는데 그 티셔츠는 놀랍게도 양은국이 살던 방의 의자 위에 놓여있었던 바로 그것이었다. 가슴에 빅토리아라는 글자가 찍혀있고 그 글자 속에 자주빛의 단풍 잎 두 개가 그려져 있었던 것이다. 케니가 다시 피터슨 반장에게 물었다.

"양은국이 타살된 것 같다는 이유는 무엇입니까?"

“그의 얼굴은 이렇게 형태를 알아볼 수 없을 정도로 뭉개어져 있
습니다. 그러나 보시다시피 이 지점으로부터 위쪽에는 얼굴이 그
지경이 될 정도의 높이에서 뛰어내릴 만한 곳이 없습니다. 있다면
오히려 아래쪽에 있지요.”

“또…… 어떤 심증이 있습니까?”

“경찰이 시체를 발견했을 때…… 시체는 무릎의 아래까지만 물
에 젖어있었습니다. 시체가 물에 떠내려온 것이 아니라는 증거이
지요.”

“그렇군요.”

“그리고 시체는 맨발이었는데…… 그가 정말 자살을 하려했었다
면 굳이 양말과 구두를 벗을 필요가 없었을 것 아닙니까?”

케니는 그의 말을 주의 깊게 듣고 있다가 이제 되었다는 듯이 말
했다.

“수고하셨습니다. 이 사진은 제가 좀 빌려가도 되겠습니까?”

“가져가십시오. 카피가 또 있으니까요.”

주차장으로 나오면서도 케니는 계속해서 피터슨 반장에게서 받
은 사진들을 들여다 보고 있었다.

뱀들이 춤추는 곳에

그레이트 폴스에서 돌아와 호텔 앞에서 케니와 헤어진 장누덕은 어쩐지 아직 호텔로 들어가고 싶은 생각이 없어서 손목시계를 들여다 보았다. 6천 피트 상공에서 연기처럼 사라졌다가 다시 나타난 그 펀자비 드레스의 여자와 한 층에서 머문다는 것은 아무래도 께름칙한 일이 아닐 수 없었던 것이다. 그 시커먼 코브라 뱀들이 호텔 안의 여기저기서 기어다니게 될는지도 모른다는 생각을 하니 다시 소름이 돋는 것 같았다.

"4시 35분……."

어차피 호텔에 들어가기에는 아직 이른 시간이어서 그는 죠지 워싱턴 대학 쪽으로 걸음을 옮겨놓기 시작했다. 양은국의 방에 있던 책 중에서 <지시유전자 개론>의 저자인 말리카 레이 교수가 생각났기 때문이었다.

(그가 양은국을 직접 가르친 담당교수라면…….)

그렇다면 양은국에 대한 좀더 자세한 정보를 얻을 수 있을는지도 몰랐다. 또 워싱턴 경찰청이 만일 양은국에게서 채취한 혈액이나 세포를 가지고 유전자 검사를 했다면 그것은 유전공학의 권위인 GWU의 유전공학 연구소와 관련이 있을 수도 있었다.

(그레이트 폴스에서 발견된 시체가 양은국의 것이 아닐 수도 있다…….)

그러한 가정은 장누덕의 고정관념을 깨뜨려 준 하나의 의외였다. 그 시체가 양은국의 것이 아니라고 생각한 사람은 이제까지 아무도 없었기 때문이었다. 그 시체는 양은국의 옷을 입었고 그의 운전면허증을 가지고 있었다. 그러나 사무실에 정리할 일이 있어서 들어가봐야 한다며 그를 알렌 리 호텔 앞에 내려준 케니는 혼잣말처럼 이상한 질문을 했었다.

"루디…… 똑같은 그림이 그려진 티셔츠를 두 장 사는 사람 봤어?"

그렇게 물어놓고서 케니는 그의 대답도 들어보지 않은 채 차를 몰고 달려가 버렸던 것이다.

(똑같은 그림의 티셔츠…….)

가슴과 등에 여러 가지 그림을 넣기 시작하면서 티셔츠는 젊은이뿐만 아니라 어린 아이에서 노인까지 즐겨입는 인기 상품이 되었다. 관광지에서 파는 기념 상품이나 단체의 일원임을 나타내는 유니폼에서 구호를 적어넣은 시위 용품에 이르기까지 티셔츠의 용도는 급속도로 확장되었다.

티셔츠의 매력이란 다른 디자인의 것을 자주 바꿔 입음으로써 다양한 분위기를 즐기는 것이기 때문에 똑같은 그림의 것을 두 장 구입하는 경우는 거의 없다고 할 수 있었다. 그런데 양은국의 방에 있던 것과 그레이트 폴스에서 발견된 시체가 입고 있던 것은 똑같은 모양에 똑같은 그림의 티셔츠였던 것이다.

(그러나…… 똑같은 티셔츠를 두 장 구입하는 경우가 있다!)

그것은 바로 신혼부부나 연인들이 그 커플의 관계를 나타내기 위하여 똑같은 그림 똑같은 무늬의 티셔츠를 '세트'로 구입하는 경우였다. 그러나 그레이트 폴스에서 발견된 시체가 남자의 것이었다니까 그런 가능성도 없어지는 것이었다.

(혹시…… 게이?)

그러나 동성애란 본래 남녀간의 대립 현상이 심각해진 유럽이나 미국의 백인들 사이에서 일반화되고 있는 현상이었다. 한국을 비롯한 동양계에도 그런 일들이 아주 없는 것은 아니지만 그러나 미국처럼 대통령 선거에까지 영향을 미칠 정도로 큰 문제가 되어 있지는 않았던 것이다.

그러므로 양은국과 그레이트 폴스에서 발견된 시체가 같은 모양의 티셔츠를 입고 있었다고 해서 두 사람이 게이의 관계였을지도 모른다는 가설은 일단 적중할 만한 확률이 적다고 볼 수 있었다. 또 티셔츠에 그려진 그림이 어떤 단체의 상징이나 이념을 담고 있는 것도 아니므로 그것을 유니폼이라고 볼 수도 없는 것이었다.

(빅토리아…….)

그것이 장누딕의 추측대로 캐나다의 빅토리아를 의미한다면 그 이름과 양은국의 사이를 연결해 주는 고리가 없는 것도 아니었다. 캐나다의 밴쿠버 섬에 있는 도시 빅토리아는 브리티시 콜럼비아 주의 주도(州都)였고 밴쿠버 시티에서는 배로 1시간 30분쯤 걸리는 거리에 있었다. 그런데 양은국의 아버지 양승업은 밴쿠버 시티에 있는 UBC 즉 브리티시 콜럼비아 대학에서 전자공학을 공부한 사람이었던 것이다.

(UBC…… 빅토리아…… 양은국…… GWU……)

장누덕이 여기저기서 물어가며 말리카 레이 교수의 방을 찾아갔을 때 그녀는 마침 외출하려던 참이었는지 베이지색의 정장에다 목에 스카프까지 두른 외출복 차림으로 그를 맞았다.

"저…… 말리카 레이 교수님이십니까?"

"레이가 아니라 라이로 읽지요."

"아……라이 교수님, 실례했습니다."

그러면서도 장누덕은 부지런히 머리를 굴려보았다. 레이(Ray)를 라이로 읽는다면 그것은 인도 사람의 이름인 것 같았다. 라이 교수가 시계를 들여다 보며 물었다.

"무슨 일이시죠?"

"제 이름은 루디 장이라고 합니다. 인디언들을 상대로 선교하는 목사이지요."

인디언이라는 단어를 듣고 라이 교수의 눈빛이 약간 반짝하는 것 같다가 다시 본래의 표정으로 돌아가는 것을 그는 재빨리 간파했다.

"인디언이라면…… 아메리칸 인디언 말씀인가요?"

그로써 라이 교수가 십중팔구 인도 사람이라는 것이 판명된 셈이었다. 그녀는 비로소 장누덕의 특이한 행색을 바라보며 이해가 간다는 듯한 표정이 되었다. 그녀가 다른 사람들처럼 처음부터 장누덕의 행색을 낯설게 보지 않았던 것은 역시 인도 출신이기 때문이었는지도 몰랐다. 대개의 인도 사람들은 남의 옷차림에 별로 신경을 쓰지 않는 편이었던 것이다.

"그렇습니다."

인도인치고는 제법 피부가 희고 세련된 모습이어서 외모만으로는 그녀의 나이를 짐작하기가 어려울 정도였다. 특히 사람을 들여다 보는 듯한 인도인 특유의 그 눈매 때문인지 장누덕의 목소리가 약간 떨려나왔다.

"인디언 보호구역을 여기저기 찾아다니고 있기 때문에 일정한 주소가 없습니다만 국적은 캐나다로 되어 있지요……. 저는 본래 한국계 혈통이고 한 주일 전에 사고로 죽은 양은국이란 학생과 좀 관계가 있습니다."

장누덕이 거기까지 자신을 소개하자 라이 교수는 비로소 조금 관심이 생긴 듯 그에게 자리를 권했다. 장누덕이 미안스러운 듯이 말했다.

"방금 외출하시려는 참이었던 것 같은데…… 괜찮겠습니까?"

그녀는 장누덕을 안심시키기 위해서인지 자신도 소파에 앉으면서 말했다.

"아뇨…… 아직 시간이 좀 있어요."

"양은국 학생은 평소에 어떤 편이었습니까? 공부는 잘 했었나요?"

"아주 얌전하고 공부도 열심이어서 나를 많이 도와주었지요. 아까운 학생이었는데……. 어떤 관계이신지는 모르겠지만 정말 안됐습니다."

라이 교수는 위로의 말을 핑계하여 그와 양은국과의 관계는 구체적으로 어떤 것인가를 묻고 있는 것 같았다.

"아시다시피 한국 사람들은 친척관계를 중요시 하기 때문에…… 그저 따지다 보면 온국민이 다 친척인 셈이지요. 그러나 사실은…… 제가 목사이기 때문에 이 일에 끼어들게 된 겁니다."

"엑키의 집안이 모두 크리스천이라는 말은 들었어요."

아마도 학교에서는 '은국' 의 이니셜인 EK를 엑키라는 애칭으로

부르고 있었던 모양이었다.

"그래서…… 은국 군의 정확한 사인(死因)이 무엇인가를 좀 알아봐 달라는 부탁을 받았지요. 교수님께서 말씀하신 대로 그의 도움을 많이 받으셨다면 그와 함께 수행하신 프로젝트도 있었겠군요?"

라이 교수는 고개를 끄떡였다.

"그러문요."

"얼마 전 화제가 되었던 수정란 복제연구도 이 대학에서 했다는 기사를 읽었습니다만……."

그러자 라이 교수는 장누덕의 눈 속을 들여다 보더니 힌두 사원의 여신처럼 신비한 미소를 띠우면서 입술을 열었다.

"그 정도의 연구는 누구나 하는 것이지요."

"예……?"

그런 식으로 말하는 교수의 태도가 너무 뜻밖이어서 장누덕이 놀라는 것을 보며 그녀는 재미있다는 듯이 좀더 환하게 웃었다.

"수정란 복제 실험을 한번 하는 데 필요한 연구비는 단돈 2백 달러면 되거든요. 죠지 워싱턴 대학에서 그런 일에나 매달리고 있으면 대학이 유지되겠어요?"

결국 그런 정도의 연구는 아무 것도 아니라는 식의 대답이었던 것이다. 그렇다고 하면 이 대학은 세상 사람들이 알고 있는 것 이상으로 더 엄청난 일들을 저지르고 있는 것이 아닌가 걱정이 될 정도였다.

"은국 군의 방에서 교수님의 저서인 지시유전자 개론이라는 책을 본 적이 있습니다만…… 지시유전자란 무엇입니까?"

"예를 들면…… 생명체의 초기 수정란 세포 안에서 장차 그 생명체가 완성된 형태를 만들도록 지시하고 통제하는 유전자가 있는데 그 이름을 형태조성 지시유전자라고 하지요."

라이 교수의 말을 듣고 장누덕은 놀라지 않을 수가 없었다.

"아니…… 그럼 그 유전자들은 뭘로 지시를 하지요? 깃발을 흔들던가 핸드폰으로 지시를 하기도 하나요?"

놀라는 그의 표정이 재미있었는지 라이 교수는 이제 아주 마음 놓고 깔깔대며 웃었다.

"지시유전자는 모포겐이라는 단백질 분자들을 만들어 냅니다. 이 단백질 분자들이 수정란 세포 안의 초기 조직들 사이로 서서히 돌아다니면서 각 세포들에게 팔이며 다리, 손가락 그리고 척수와 두뇌 등 생명체의 각 부위를 만들도록 지시하고 그 위치까지 정해 주는 거예요."

"그렇다면 모포겐이란 단백질 분자들은…… 작업 명령을 전달하는 컴퓨터의 전자파와 같은 것이라고 할 수 있나요?"

"재미있는 연상이로군요."

컴퓨터에 사용되고 있는 실리콘 칩 대신에 단백질층을 사용하여 살아있는 생물 칩을 만드는 연구가 진행되고 있다는 기사를 장누덕도 읽은 적이 있다. 단백질로 컴퓨터를 만들면 사람이 그것을 제작할 필요가 없고 컴퓨터 자체가 스스로 형성될 수도 있다는 예측도 나왔었다. 말하자면 사람이 아기를 낳듯 컴퓨터 스스로가 번식을 할 수도 있다는 의미였던 것이다.

"교수님의 책이 제겐 너무 어려워서 아직 읽어보지를 못했습니다만…… 지시유전자를 연구하는 목적은 무엇입니까?"

"지시유전자를 조작할 수 있게 되면…… 손상된 인간의 사지나 내장 또는 두뇌나 척수까지도 원형대로 복구할 수 있는 길이 열리게 되지요."

 그러나 장누덕은 이미 그 이상의 경우까지도 예상할 수가 있었다. 지시유전자를 조작하게 되면 생물체나 사람의 모습을 무슨 형태로든 원하는 대로 바꿔서 만들 수도 있다는 뜻이었던 것이다.

 "그건 매우…… 매우 신기한 일이로군요."

 "목사님 입장에서 볼 때엔…… 그런 것들이 신의 영역에 도전하는 위험한 연구라는 것을 말씀하고 싶으시겠지요?"

 실제로 유전공학자들이 깜짝 놀랄 만한 연구 결과를 발표할 때마다 교회들로부터 많은 공격을 받고 있는 것도 사실이었다.

 "아…… 저는 그저 사람이 하나님의 설계를 들여다 볼 수 있다는 놀라운 사실에 감탄하고 있을 따름입니다. 그러나 다만…… 유전자를 조작하거나 합성해 보려는 많은 시도들이 장차 어떤 끔찍한 결과를 가져오게 될는지…… 그것이 걱정될 뿐이지요."

 그러한 일들도 사실은 벌써부터 시작되고 있었다. 이미 1982년 백악관 소속의 의학관계 특별위원회는 하원의 청문회에 제출한 보고서에서 인간이 유전자를 동물에 이식하여 인간화된 동물을 노예로 이용할 수 있는 가능성이 있다고 밝혔던 것이다.

 그로부터 세계 각국의 학자들은 인간의 유전자를 동물에 이식시키는 실험에 열을 올리기 시작했다. 일본 오오사카 대학의 의학부가 인간의 유전자를 쥐의 세포에 주입시키는 데 성공한 것을 필두로 샌프란시스코 종합병원에서는 태아의 세포를 쥐의 몸에 이식시켜서 자라게 하는 데 성공했고 영국의 벤쳐기업인 이무트란은 인간의 유전자를 가진 돼지를 번식시키기 시작한 것이다.

 "인류의 역사가 시작된 이래로……"

 라이 교수는 왼쪽 다리를 오른쪽 다리 위에 포개면서 다소 도전적인 시선으로 장누덕을 바라보았다.

"……사람은 늘 위험한 개발을 계속해 왔고 그럴 때마다 교회의 반발에 부닥쳤었지요. 그러나…… 인간의 이성을 신뢰하지 않는다면 과학의 발전이란 있을 수 없지 않을까요?"

"그러나 문제는…… 그러한 개발의 결과들이 늘 좋지 않은 목적에 전용되어 왔다는 점이지요."

사실 하나님의 영역을 들여다 보기 위한 욕구는 이미 자제할 수 있는 한계를 넘고 있었다. 83년에는 독일의 함부르크 대학에서 토마토와 황소의 세포를 열충격으로 융합시켜서 동물과 식물의 잡종을 만들어 내었고 또 멕시코에서도 식물의 세포를 흰 쥐의 피하에 이식하여 증식시키는 데 성공하여 사람들을 놀라게 했던 것이다. 장누덕은 성경의 레위기가 이런 일들에 대하여 이미 경고한 것을 기억하고 있었다.

너희는 내 규례를 지킬지어다

네 육축(六畜)을 다른 종류와 교합시키지 말며

네 밭에 두 종자를 섞어 뿌리지 말며

두 재료로 직조한 옷을 입지 말지며……

성경은 세상이 처음 창조되었을 때에 모든 것이 보기에 좋았더라고 즉 완전하였다고 기록해 놓았다. 그러나 사람이 하나님을 떠나면서부터 그 질서가 파괴되기 시작했다. 사람이 손을 대면 댈수록 생태계는 더욱 헝클어져 왔던 것이다. 생태계를 함부로 파괴하지 말라는 성경의 경고는 신명기에도 다시 나오고 있었다.

네 포도원에 두 종자를 섞어 뿌리지 말라
그리하면 네가 뿌린 씨의 열매와
포도원의 소산이 다 빼앗김이 될까 하노라
너는 소와 나귀를 겨리하여 갈지 말며
양털과 베실로 섞어 짠 것을 입지 말지니라

"그런데 목사님……"

라이 교수가 드디어 손목 시계를 들여다 보며 말했다.

"설마…… 유전자 강의를 듣기 위해서 찾아오신 것은 아닐텐데요?"

그제서야 장누덕은 정신이 펄쩍 드는 듯 눈을 크게 떴다.

"앗차…… 이거 너무 놀라운 이야기를 듣다 보니 이야기가 엉뚱한 곳으로 흘렀군요. 은국 군에 대한 이야기로 들어가겠습니다. 늘 가깝게 지내셨다니까 말씀인데…… 최근에 뭐 태도라든가 행동에 달라진 느낌은 없었습니까?"

"전혀 없었어요."

"교수님의 일을 돕는 것 외에…… 교우관계는 어땠습니까?"

"글쎄, 내가 뭐 그것까지는…….”

라이 교수는 좀 난처한 듯이 고개를 갸웃거리다가 메모지에다가 몇 명의 이름을 적었다.

게리 클랜튼

윌리엄 메이플

챈드라 싱

로빈 류

프랭크 이와자키

　그녀가 적어가는 이름들은 미국이 과연 연방국가라는 것을 실감
나게 해 주고 있었다. 그 이름들 중에서 싱은 역시 인도인인 듯했
고 류는 중국계일 것이며 이와자키는 틀림없이 일본계 같았던 것
이다.
　"학교 밖에서의 관계는 내가 모르겠고…… 연구 프로젝트에 함
께 참여했던 학생들이 대개 이 정도예요."
　"여학생은 없었습니까?"
　"물론 여학생도 있기는 하지만…… 이상하게도 엑키는 여학생들
과 별로 친하지 않았어요."
　그가 여학생들과 별로 친하지 않았다면 그 확률이 적었던 가설
즉 양은국에게 게이 친구가 있을지 모른다는 가능성도 생각해 볼
만한 것이었다. 그는 교수가 적어준 이름들 중에서 또 하나의 이름
에 주목했다.
　"이 윌리엄 메이플이라는 학생은…… 은국 군과 얼마나 친했습
니까?"
　메이플은 즉 단풍나무라는 뜻이기 때문에 양은국의 티셔츠에 있
던 그 단풍잎을 떠올렸던 것이다. 그러나 라이 교수의 대답은 별로
기대할 만한 힌트가 없는 것 같았다.
　"윌리와는…… 별로 친하지 않았지요. 그 학생도 엑키만큼이나
공부를 잘해서 늘 경쟁하는 사이였으니까요."
　"이들 중에서 특별히 친했던 학생은……?"
　"아마도…… 로빈과 가까웠을 거예요. 같은 아파트에 산다는 말
을 들었거든요."

“로빈의 패밀리 네임인 류(Liu)는 중국 성인 모양이지요?”

라이 교수는 고개를 끄덕였다.

“로빈의 조상은 이미 1백년 전에 신대륙에 들어왔다고 하더군요.”

“신대륙이라면…… 뉴욕이나 워싱턴이었습니까?”

“아뇨…… 금을 찾아서 캘리포니아로 들어왔던 류씨네 조상들은 차츰 북상하여 캐나다의 밴쿠버 쪽으로 올라갔던 모양이에요. 로빈의 부모들은 지금도 밴쿠버의 차이나타운에 계신다고 들었습니다.”

그렇다면 결국 로빈이라는 학생도 일단은 빅토리아의 단풍잎과 관계가 가까워지는 것이었다.

“이 챈드라 싱은…… 인도 출신인가요?”

“인도에 대해서 잘 아시는 것 같군요. 하지만 그 학생이 시크 교도는 아니에요. 인도에서는 싱이란 성이 매우 흔한 성이니까요.”

시크교란 인도의 서북부 펀잡 지방에서 발생한 힌두교의 개혁파 교단을 의미하는 것이었다. 이슬람의 영향을 받아 우상 숭배를 배격하고 카스트 제도의 철폐를 주장하며 테러도 불사하는 극렬한 종파로 알려져 있었다. 그 시크교도들이 모두 싱(Singh)이라는 성을 사용하고 있었던 것이다.

“…… 더 필요한 것이 있으신가요?”

“혹시…… 은국 군의 사체에서 채취한 유전자 검사라든가…… 하는 것이 있었습니까?”

라이 교수의 표정이 좀 싸늘해지는 것을 그는 느꼈다.

“우리 대학은…… 그런 것과 관계 없습니다. 그것은 수사기관에서나 하는 일이지요.”

외출복 차림의 라이 교수를 붙잡고 더 이상 시간을 끌면 안된다는 것을 장누덕은 느끼고 있었다. 더 필요한 것이 있으면 나중에 다시 방문를 하는 수밖에 없었다. 그는 학생들의 이름이 적힌 메모지를 들고 일어섰다.

"교수님…… 도와주서서 대단히 감사합니다."

"참고가 되었을지 모르겠군요. 더 필요한 것이 있으면 언제라도 찾아오세요."

라이 교수는 면담을 빨리 마무리하기 위해서인지 소파에서 일어서며 손을 내밀었다. 꾸벅 고개를 숙이며 그녀의 손을 잡은 장누덕은 손에서 전달되어 오는 보드라운 감촉으로 보아 새삼스럽게 라이 교수가 아직 상당히 젊은 여인이라는 느낌이 들었다.

"감사합니다."

"안녕히 가세요."

장누덕은 도어 쪽으로 걸어가면서 메모지를 주머니에 넣으려다가 문득 거기 또 하나의 메모지가 들어있는 것을 깨달았다.

"아……."

그는 다시 라이 교수 쪽을 향해서 돌아섰다.

"교수님…… 은국 군이 가지고 있던 지시유전자 개론의 채간피에 이런 쪽지가 끼워져 있었습니다. 혹시…… 쪽지에 그려져 있는 이 그림도 유전공학에서 사용하는 도표입니까?"

라이 교수가 장누덕에게로 다가서며 그 메모지를 들여다 보자 은은한 화장품 냄새가 그의 코끝을 간지럽혔다. 그는 목사답지 않게 코를 벌룸거리며 무르익은 여인의 내음에 취하고 있었다. 잠시나마 로맨틱한 환상에 잠겨있던 장누덕의 귓가에 여인의 웃음소리가 들려왔다.

“이건…… 힌디어예요.”

“옛?”

은밀한 환상에 빠졌다가 정신이 펄쩍 든 장누덕은 마치 나쁜 짓을 하다가 들킨 소년처럼 얼굴을 붉혔다. 다양한 인종이 혼거하고 있는 인도에는 야벳계에 속하는 북방의 힌디어와 셈계에 속하는 남쪽의 드라비다어를 비롯하여 약 850개의 언어가 혼용되고 있지만 인도 정부는 힌디어를 공용어로 규정하고 있었던 것이다.

“그게 힌디어였군요…….”

그것을 빨랫줄에 코브라 뱀을 널어놓은 것 같다고 생각했던 자신의 무식함이 탄로난 것 같아서 그의 얼굴은 더욱 붉어졌다. 그는 손으로 뒤통수를 긁으며 다시 물었다.

“무슨…… 뜻인가요?”

“워허 네힌 아…… 애…… 기…… 그 여자는 오지 않는다는 뜻이에요.”

“그 여자는 오지 않는다……?”

그는 좀 얼떨떨한 기분이었다. 메모의 내용이 꼭 무슨 포르노 영화나 페이퍼 북의 제목 같았던 것이다.

“은국 군이 힌디어를 배웠던가요?”

“아마도…… 챈드라에게서 기초 정도는 배웠을 거예요.”

조금 정리가 되어 가는 것 같던 장누덕의 머리속이 또 헝클어지기 시작하는 것 같았다.

(이 꼬불꼬불한 힌디어의 메모를 기록한 사람은 누구였을까? 누군가 힌디어를 알고 있는 사람이었을 것이다…….)

그것은 양은국 자신이었을 수도 있었고 아니면 인도인 학생 챈드라 싱이었을 수도 있고 아니면 어떤 다른 인도 사람 즉 예를 들자면 라이 교수일 수도 있었던 것이다. 그는 얼른 라이 교수의 안색을 살폈다. 그러나 그녀는 태연한 표정으로 어깨를 치켜보였다.

"재미있네요. 유전공학 책에 여자에 관한 메모가……"

"은국 군은 여학생들과 별로 친하지 않았다고 하셨는데 좀 뜻밖이지요?"

"학교 밖에 있었을 수도 있겠지요."

"그렇군요…… 하여간 감사합니다."

그는 다소 아쉬운 표정을 지으며 라이 교수의 방을 나왔다. 장누덕이 지금까지 살아오면서 그의 어머니 황수정 외에는 별로 매력 있는 여자를 만나지 못했었는데 오늘 만난 라이 교수는 그가 여자에게서 여성으로서의 매력을 느낀 매우 드문 경우 중의 하나가 되었던 것이다.

교수의 방을 나와서 복도를 걸으면서도 그는 한참 동안이나 그녀의 향긋한 내음에 휩싸여 있었다. 그러한 장누덕의 기분 좋은 도취는 그가 계단을 내려가 아래층 복도에서 편자비 드레스 차림의 여자를 만날 때까지 줄곧 계속되었다. 그는 마침 여자 화장실에서 나오고 있던 그 여자와 정면으로 마주쳤던 것이다.

"유…… 엑타 비르하나!"

그렇게 부르짖으며 손가락으로 여자의 얼굴을 가리키자 그녀는 갑자기 몸을 돌리더니 쿵쾅거리며 복도를 따라 도망치기 시작했다.

"기달려요! 당신에게 말할 것이 있어!"

그러나 어느새 그 여자는 복도 끝에 있는 계단을 통하여 다음 층으로 내려가고 있었다. 이번에는 그 여자를 꼭 잡아야 한다는 생각에서 그는 있는 힘을 다해 여자를 뒤쫓았다.

(뭔가 이상하다……!)

그는 불과 몇시간 사이에 한번도 가보지 못한 인도라는 나라와 매우 가까워진 느낌이었다. 비행기에서 만난 엑타 비르하나와 말리카 라이 교수 그리고 챈드라 싱이라는 학생에 이르기까지 여러 개의 낯선 이름들이 갑자기 히말라야의 눈 덮인 산봉우리들처럼 그에게 성큼 다가와 있었던 것이다.

(이건…… 단순한 우연이 아닐는지도 몰라!)

여자는 계속해서 계단을 뛰어내려 가더니 결국 현관을 통해서 바깥으로 달려나가고 있었다. 여자가 계속 달아나는 것으로 보아 뭔가 장누덕에게 잘못한 일이 있는 것은 틀림 없는 것 같았다. 여자는 학교 밖의 도로까지 나가더니 '포기 보톰'의 지하철 역 쪽으로 달려가고 있었다.

(이번에는 놓치지 말아야지…….)

지나가는 사람들이 무슨 일인가 하여 바라보는데도 그는 아랑곳하지 않고 마구 뛰어서 여자가 내려간 지하철 역으로 따라내려갔다. 여자는 벌써 자동 판매기에서 티켓을 사들고 안으로 들어가고 있었다. 그는 우선 안내 부스에서 루트 맵을 뽑은 다음 사정이 어떻게 되는지 몰라서 10불짜리 페어 티켓을 샀다.

"기다렷—"

여자는 벌써 로슬린 쪽에서 들어오는 오렌지 라인에 올라타고 있었다. 헐떡거리며 달려온 장누덕은 마악 닫히고 있는 도어 사이로 간신히 빠져서 올라탔다. 여자가 올라탄 앞의 칸으로 씨근거리며 옮겨가고 있던 그는 생각이 달라진 듯 걸음을 멈추었다.

(내가 지금 저 여자를 잡아서…… 무엇을 하겠다는 것인가?)

비행기 안에서 워낙 놀랐었기 때문에 그녀를 붙잡으려고 했었는데 막상 생각해 보니 여자를 잡은 다음에 어떻게 하느냐가 더 문제였다. 여자가 그에게 잡혀서 소리라도 지른다면 오히려 남자 쪽이 나쁜 사람으로 몰릴 수도 있었고 경찰에 고발을 하더라도 경찰이 그 사건을 얼마나 중요하게 생각하겠느냐도 문제였던 것이다.

(어떤 여자인지…… 미행이나 해 보자.)

그렇게 방향을 바꾼 다음 여자 쪽에서 보이지 않도록 오히려 사람들 틈으로 몸을 숨긴 채 그녀를 지켜보기 시작했다. 여자는 잠시 주위를 두리번거리다가 그가 따라오지 못한 것으로 판단했는지 좌석에 앉아서 편한 자세를 잡고 있었다. 전차가 네 번을 정거하고 출발하는 동안 꼼짝도 안하고 있던 여자는 스미소니안 역을 지났을 때 다시 사방을 두리번거리기 시작하더니 자리에서 일어섰다.

장누덕은 손에 들고 있던 루트 맵을 들여다 보았다. 다음 번의 랑팡 플라자 역에서는 오렌지 라인과 블루 라인 그리고 옐로우 라인과 그린 라인이 모두 교차하고 있었다. 엑타 비르하나는 거기서 내리거나 아니면 다른 라인으로 갈아타려는 모양이었다.

전차가 랑팡 플라자 역으로 들어서자 여자는 다시 사방을 둘러보더니 차에서 내렸다. 장누덕도 내려서 여자를 미행하기 시작했다. 그가 예상했던 대로 여사는 역 구내를 이리지리 돌아다니더니 그린 라인의 전차가 들어서자 그것으로 갈아타고 있었다.

(이 여자는 지금…….)

여자가 올라탄 그린 라인의 바로 옆칸에 올라타서 다시 루트 맵을 들여다 보면서 장누덕의 표정이 잠시 어두워졌다. 그린 라인은 아나코샤 강을 건너서 도시의 동남부 즉 SE 지역으로 들어가는 전철이었던 것이다. 해가 진 후에는 절대로 나다니지 말며 특히 SE 지역을 조심하라던 택시 운전수의 충고가 생각나고 있었다.

(여기서 포기할 수는 없지 않은가……?)

위험하다는 SE지역에도 많은 한국 사람들이 들어가서 야채 장사나 가발 장사들을 하고 있었다. 그러나 그 지역에서 돈을 벌다가 저녁이 되면 백인들과 마찬가지로 고급 승용차를 타고 인근의 버지니아 주나 멜릴랜드 주의 자기들 집으로 돌아가기 때문에 흑인들로부터 질시와 미움을 사고 있었던 것이다.

그러고 보니 전차 안에 앉아있는 사람들은 모두가 다 흑인이었다. 그러나 장누덕은 애써 태연하려 했다. 한국인이라면 그들이 미워하겠지만 장누덕은 오히려 아메리칸 인디언인 줄로 여겨지는 경우가 더 많았다. 아마도 인디언들과 오랫동안 함께 생활을 한 데다가 또 그들과 같은 모습을 하고 있어서 그런 것 같았다.

미국에서 흑인들이 인디언에게 적대 감정을 품는 일은 거의 없었다. 그것은 인디언들이 흑인들보다 훨씬 못한 대우를 받고 있기 때문이었다. 장누덕은 한번 SE 지역의 위험과 부닥쳐 보기로 작정하고 앞 칸의 여자만 계속해서 살폈다. 전차는 벌써 워터프런트와 네이비 야드 역을 지나서 종점인 아나코샤 역으로 들어서고 있었다.

본래 그린 라인은 아나코샤를 지나서 슈틀랜드와 브랜치 애비뉴 쪽으로 연장하도록 계획되어 있었으나 아직은 아나코샤 역이 종점이었으므로 엑타 비르하나도 어쩔 수 없이 그 역에서 내릴 것이 뻔했다.

(드디어 모험이 시작되는군…….)

그가 엑타 비르하나의 뒷모습을 쫓아서 아나코샤 역에 내렸을 때에는 어느새 날이 어두워지기 시작하고 있었다. 역 앞에는 벌써부터 꼬불꼬불한 머리카락을 수십 갈래로 땋아 늘였거나 혹은 아예 시원하게 밀어버린 흑인들이 껌을 질겅질겅 씹으며 돌아다녔고 카세트 녹음기에서 쏟아져 나오는 요란한 소리에 맞추어 온몸을 흔드는 패들도 있었다.

(앗차…….)

엑타 비르하나는 그림자처럼 재빨리 역 구내를 빠져나가더니 대기하고 있던 검은색 승용차에 올라타고 있었다. 당황한 장누덕은 좌우를 두리번거리다가 마침 빨간색의 힐탑 택시 한 대가 서 있는 것을 발견하고 뛰어가서 그 차에 올라탔다.

"앞의 검은색 크라이슬러를 따라갑시다."

그렇게 말해 놓고 백 미러를 바라보니 흑인 운전수가 매우 날카로운 시선으로 자기를 바라보고 있었다. 운전수는 차를 몰기 시작하면서 물었다.

"동행입니까, 미행입니까?"

동행이라면 바싹 따라가고 미행이라면 멀찌감치서 쫓아가야 하기 때문에 그렇게 묻는 것 같았다.

"…… 미행입니다."

운전수는 알았다는 듯이 여유있는 표정으로 느긋하게 앞차를 따라가기 시작했다. SE 지익은 거리의 모습부디가 워싱턴의 다른 곳들과는 많이 틀리는 것 같았다. 도로는 넓게 뚫렸으나 도로변에는 큰 빌딩도 별로 없었고 주택들은 손질이 안되어서 마치 비어있는 도시 같았다. 페인트가 벗어져서 녹물이 흘러내린 창틀에는 유리창들이 다 깨어져서 제대로 남아있는 것이 별로 없었다.

"……담배 드릴깝쇼?"

"아뇨…… 안 피웁니다."

운전수는 빨간 갑에 들어있는 라크 담배 한 개비를 뽑아서 피워

물더니 카세트 테이프의 음악에 맞추어 몸을 흔들기 시작했다. 악마적인 노래만을 부르는 슬레이어의 '블랙 매직' 이었다. 슬레이어라는 그룹의 이름 자체가 살인자라는 뜻이었던 것이다.

"이봐요…… 지금 그거 무슨 음악인지 알아요?"

"알게 뭡니까…… 그냥 블랙이란 말만 들어가면 좋은 거지!"

수틀랜드 파크웨이를 따라서 달리던 크라이슬러는 나무들 사이로 우회전을 하더니 한 우중충한 건물 속으로 들어가고 있었다. 슬레이어의 노래를 흥얼거리며 몸을 흔들던 택시 운전수는 제법 눈치가 빨라서 건물로부터 상당히 떨어진 거리에 차를 세웠다.

"저 건물은…… 무슨 건물입니까?"

"아, 저거 말씀이오? 퓨너럴 홈이라우."

"아…….”

퓨너럴 홈이라면 장의사라는 뜻이었다. 미국 사람들은 관 뚜껑을 열어놓고 장례식을 하기 때문에 시체의 얼굴을 곱게 화장하고 깨끗한 옷을 입히는 데서부터 장례식과 매장 등 모든 일을 맡아서 하는 곳이 퓨너럴 홈이었던 것이다.

"수고했습니다."

장누덕은 택시 요금을 주고 차에서 내려 건물 쪽으로 천천히 접근했다. 어두워 오는 하늘 아래 어깨를 우그리고 서 있는 그 건물에는 '사이먼 휠러의 집' 이라고 쓴 검은색 글씨가 보이고 있었다.

어둠의 바퀴 속으로

쓰레기통을 거꾸로 엎어놓은 것처럼 모양이라고는 전혀 찾아볼 수 없는 우중충한 2층짜리 콘크리트 건물의 바로 앞까지 다가간 장누덕은 이제부터 어떻게 하느냐를 결정하는 수밖에 없었다.

(여기까지 와서 돌아갈 수는 없지 않은가……?)

땅거미가 내려앉는 도로에는 그 흔한 자동차 한 대도 보이지 않았고 길 건너편에는 지저분한 주택들이 늘어서 있었으나 모두가 폐가처럼 보여서 과연 사람이 살고 있는 것인지도 분간할 수 없을 정도였다. 가로수의 빛깔조차 흑백 영화처럼 바래 있었다.

"아무리 장의사지만…… 별로 기분 좋은 동네는 아니로군."

그는 혼자 중얼거리면서 장의사 주변을 살펴보았다. 건물의 뒤쪽으로 제법 넓은 주차장이 있는데도 펀자비 드레스의 여자를 태운 검은색 세단은 지하 주차장으로 들어간 모양이었다.

"장례식하러 온 것도 아니니 정식 입장은 안되겠고……."

도로 쪽으로 현관이 있기는 했으나 안내원이 용무를 묻기라도 한다면 대답할 말이 궁색할 것 같아서 그는 어두운 입을 벌리고 있는 지하 주차장 입구를 지나 비탈길을 걸어 내려가기 시작했다.

(어딘가 그들이 세워놓은 차가 있을 텐데…….)

그는 주차장 진입로의 벽 쪽으로 몸을 바싹 붙이면서 걸었다. 주차장에도 경비원이 있을지 모르기 때문이었다. 벽을 따라 커브를 돌아내려가자 눈에 익은 검은 세단이 보였다. 그리고 바로 그 차가 세워져 있는 맞은편에는 'EXIT'라고 쓴 출구 표시가 보였다. 출구의 계단 앞까지 다가간 장누덕은 거기서 또 잠시 망설여야 했다. 계단이 위쪽과 아래쪽으로 모두 나 있었기 때문이었다.

(위는 두 층이고 아래쪽은 몇층인지 모르니……. 일단 위로 올라가서 살펴보는 수밖에 없겠군.)

그는 위층 쪽으로 올라가서 밖으로 나가는 도어를 살그머니 밀어보았다. 도어는 잠겨있지 않았다. 도어 밖은 복도로 되어 있었고 복도의 양쪽으로는 사무실처럼 보이는 몇개의 방과 휴게실 등이 배치되어 있었으나 사람의 기척은 아무 데도 없었다. 복도를 따라 걸어나오자 건물 전면 쪽의 넓다란 로비가 나타났다.

(장사가 잘 안되는가……?)

로비의 리셉션 데스크에는 안내원이 없었고 경비원의 모습도 보이지 않았던 것이다. 로비의 벽에는 브론즈로 양각한 솔로몬의 글이 적혀 있었다.

헛되고 헛되며 헛되고 헛되니
모든 것이 헛되도다
사람이 해 아래서 수고하는 모든 수고가
자기에게 무엇이 유익한고
한 세대는 가고 한 세대는 오되

땅은 영원히 있도다……

그는 고개를 갸웃거렸다. 장누덕 자신도 인디언 마을에서 여러 번 장례식을 집전한 적이 있고 그럴 때마다 유가족들에게 주는 위로의 말은 대개 신약 성경에 나오는 부활의 소망에 관한 것들이었다. 그런데 이 장의사는 특이하게도 솔로몬의 탄식을 로비에 내걸어 놓고 있었던 것이다.

장례식장으로 사용되는 홀과 휴게실에도 사람이 없어서 그는 다시 로비에서 돌아 올라가는 계단을 따라 2층까지 가보았다. 2층에는 사이먼 휠러 사장의 방을 비롯하여 몇개의 사무실과 상담실 그리고 여러 가지 장례식의 절차와 의례를 보여주는 전시실 등이 있었는데 역시 사람의 모습은 거기서도 찾아볼 수가 없었다.

(그렇다면…… 지하 쪽인 게로군.)

방마다 도어를 열어보아도 잠겨있거나 아무도 없는 것 같아서 그는 다시 비상구 계단을 통해 아래로 내려가기 시작했다. 지상층과 지하 1층의 주차장을 지나 한 층을 더 내려가 보니 장의사의 창고인 듯 빈 관들과 여러 가지 장례 도구들이 가득히 들어차 있었고 그 한쪽에는 시체 처리하는 곳도 있는시 약품 냄새가 코를 찌르고 있었다.

(그들이 어디로든 들어갔을 텐데……?)

그는 비상 계단을 한 층 더 내려가 보았다. 어디선가 말소리가 두런두런 들려오고 있는 것 같았다. 도어를 열자 긴 복도가 나타났다. 다 꺼져 가는 형광등 겨우 한 개가 천정에 켜져 있어서 복도는 매우 어두웠다. 조심스럽게 인기척이 들려오고 있는 쪽을 향해서 다가가기 시작했다. 신경이 모두 곤두서서 머리 끝에 모이고 있는 것 같았다. 말소리가 좀더 또렷하게 들려오는 것 같아서 그는 걸음을 멈추고 숨을 죽였다.

"미행한 사람은 없었습니까?"

그러자 여자의 목소리가 들려왔다.

"없었소."

비행기 안에서 워싱턴 DC의 DC가 무슨 뜻이냐고 물어오던 바로 그 목소리였으나 뜻밖에도 상당한 무게가 실려있어서 그는 깜짝 놀라지 않을 수가 없었다. 여자의 가라앉은 목소리가 다시 이어졌다.

"건물 외곽에 경비원을 서너 명 배치해 두는 게 좋겠소."

"알겠습니다. 그러면 회의실로 모시겠습니다."

장누덕은 다시 고개를 갸웃거렸다. 그들의 말소리는 분명히 방 안에서 흘러나오고 있었는데 그 사람은 여자를 또 다른 회의실로 모시겠다고 말했던 것이다. 아마도 방안에 따로 회의실이 구분되어 있던가 다른 회의실로 가는 비밀 통로가 있는지도 몰랐다.

두런거리는 소리가 사라졌기 때문에 그는 소리가 들려나오던 방의 도어 로크를 잡고 가만히 비틀어 보았다. 도어는 안에서 잠겨있었다. 한동안 잠긴 도어 밖에 서 있던 그가 이제 더 이상의 정탐은 불가능할 것으로 판단하여 발길을 돌리려고 하는 순간 안쪽으로부터 약간 둔탁한 발소리가 천천히 도어 쪽으로 다가오고 있었다.

(누군가 밖으로 나오는 모양이다……)

그는 얼른 반대쪽 방의 도어 로크를 비틀어 보았다. 열려있었다. 그가 잽싸게 맞은편 방으로 들어가서 도어를 닫고 문틈으로 내다보니 몸집이 뚱뚱한 흑인 하나가 그 방에서 나오고 있었다. 검은색 제복에 명찰을 달고 있는 것으로 보아 장의사의 경비원인 것 같았다. 그가 비상계단 쪽으로 걸어가자 장누덕은 다시 나와서 그가 나온 방의 도어를 열어보았다.

"뚱뚱한 녀석이 꼼꼼하기는……."

도어는 다시 잠겨져 있었던 것이다. 그는 잠시 생각해 보다가 발소리를 죽여가며 비상구 쪽으로 걸어간 경비원을 쫓아갔다. 허리를 구부린 채로 어두운 계단을 걸어 올라가고 있는 뚱뚱한 경비원의 뒷모습이 보였다. 그가 지하 2층으로 나가는 도어를 열고 창고 쪽으로 들어설 때쯤 뒤쫓아 간 장누덕의 몸이 공중으로 솟구쳤다.

(주여…… 용서하옵소서!)

그의 발과 주먹으로 목과 허리의 급소를 맞은 경비원은 비명 한 번 질러보지도 못하고 그 자리에 쓰러졌다. 재빨리 그의 몸을 뒤지면서도 장누덕은 실소를 금치 못했다.

"목사가 사람을 때리다니……."

그는 경비원의 허리에 달려 있던 열쇠 꾸러미를 떼내어 자신의 허리에 찬 다음 손수건으로 경비원의 입에 재갈을 물리고 창고에 있던 로프로 그의 손과 발을 다 묶고 나서 주위를 돌아보았다. 나무로 만든 검은 관들이 죽 늘어서 있는 가운데 이집트 왕들의 관처럼 돌로 깎이서 만든 관 하나가 보였다. 그는 무거운 경비원의 몸뚱이를 간신히 들어서 커다란 돌 관에 집어넣고 육중한 뚜껑을 드르룽 밀어서 닫아버렸다.

"미안하네. 그 속에서 미리 죽음의 연습이나 해 두게나……."

다시 아래층으로 내려간 그는 경비원의 열쇠 꾸러미를 들고 경비원이 나온 방의 도어 로크에 열쇠들을 밀어넣기 시작했다. 여러 번 시도를 하다가 겨우 맞는 열쇠로 도어를 열고 들어가 보니 아무도 없는 방 안에는 역시 코를 찌르는 약품 냄새만 가득 차 있었고 스테인리스 강판으로 덮인 작업대들이 여러 개 놓여있었다.

"이런……!"

그 중 한 개의 작업대 위에는 시체 하나가 눕혀져 있었는데 마치 해부라도 한 듯 복부가 활짝 열려져 있었던 것이다. 모든 내장이 다 제거된 그 시체는 백인 남자의 것이었고 얼굴이 꽤 늙어보였다. 이 시대에도 죽은 자의 유가족들이 시체가 썩지 않도록 미이라 처리를 의뢰하는 경우가 있다고 들었는데 아마도 그 시체는 방부처리를 하기 위해서 막 내장을 뽑아낸 모양이었다.

시체의 건조를 위한 것인지 근처에는 건조로를 비롯해서 여러 가지 장비들과 컨트롤 박스들이 들어차 있었다. 별도의 회의실 같은 것이 있는가 하여 방안을 둘러보았으나 그런 것은 보이지 않았다. 그렇다면 그 회의실이라는 것은 아무래도 비밀의 통로로 연결이 되어 있는 것 같았다.

(회의나 상담을 하려면 지상층에서 해도 될 터인데…… 왜 끔찍한 시체처리실이 있는 지하로 내려왔을까?)

그는 방의 여기 저기를 살펴보면서 눌러보거나 두드려 보고 하다가 벽면에 붙어있는 기계장치 하나를 유심히 들여다 보았다. 벽이나 바닥이 열려야 한다면 무엇인가로 위장을 해 놓았을 것 같아서였다. 장치에는 'ON' 이라고 표시되어 있는 스위치가 두 개 있었고 그 중의 하나에는 빨간불이 켜져있었다.

(불이 켜져있는 스위치는 장치에 전원을 끌어들이는 것일테고…… 또 하나는 무엇일까?)

자세히 보니 불이 켜져있지 않은 'ON' 옆에는 A에서부터 Z까지의 문자가 표시되어 있는 버튼들이 장치되어 있었다. 그 문자판으로 암호를 눌러서 벽면을 열게 되어 있는 것인지도 몰랐다. 그는 일단 두 번째의 'ON' 으로 손가락을 가져갔다.

"설마…… 이 스위치를 켠다고 해서 방안이 다 무너져 버리거나 하는 것은 아니겠지."

그는 용기를 내어서 스위치를 눌렀다. 그러자 문자판 모두에 일제히 불이 들어왔다. 이제부터 암호를 눌러야 하는 것 같았다. 그는 가능성이 있어보이는 문자들을 이것 저것 눌러보았다. 사장의 이름인 SIMON WHEELER에서부터 인도 여자의 이름인 EKTA VIRHANA 그러다가 아리바바가 보물창고를 열었던 암호인 SESAME까지도 눌러보았으나 모두 허사였다.

(이러다간 날 새겠군…….)

그는 모든 것을 포기한 채 그만 돌아서서 나가려고 하다가 다시 한 번 원망스러운 듯이 그 'ON' 의 스위치를 노려보았다. 그의 머리 속에 엉뚱한 생각이 떠올랐다.

(ON…… 그것은 이집트의 헬리오폴리스가 아닌가?)

그는 지금 창세기 41장에서 이집트 왕 바로가 히브리 사람의 아들인 요셉을 총리로 임명하는 장면이 생각났던 것이다.

> 그가 요셉의 이름을 사브낫바네아라 하고
> 또 '온' 제사장 보디베라의 딸 아스낫을
> 그에게 주어 아내를 삼게 하니라……

이집트의 '온' 이란 오늘날 카이로의 북쪽 16킬로 지점에 있는 헬리오폴리스를 말하는 것이었다. 그것은 태양의 성읍이라는 뜻으로 태양신 숭배의 중심지였다. 이곳 사람들은 태양을 향하여 여러 개의 오벨리스크를 세웠는데 이는 하늘 황후에게 바치는 뜨거운 남근을 의미하는 것이었다. 유다의 선지자 예레미야는 바벨론 왕이 오벨리스크를 파괴할 것이라고 예언하였다.

> 그가 또 벧세메스의 주상(柱像)들을 깨뜨리고
> 애굽 신들의 집을 불사르리라……

벧세메스란 이름도 역시 히브리 말로 '태양의 성읍' 이란 뜻이었다. 그러나 헬리오폴리스의 오벨리스크들은 나중에 결국 로마와 이스탄불에 한 개씩 빼앗겼고 또 다른 두 개는 알렉산드리아로 옮겨졌다가 런던과 뉴욕으로 들어가서 서 있게 되었다. 결국 그것을 가져간 자들은 그들의 나라들이 모두 저주받은 제국 '바벨론' 임을 자인한 꼴이 되어 버린 것이었다.

"궁색해서 나온 발상이긴 하지만……."

그는 스스로 생각해 보아도 어이가 없다는 듯이 한숨을 쉬었다.

"스위치 하나에서 헬리오폴리스까지 연상하다니 비약이 지나치군……."

그래도 혹시나 하는 마음에서 그는 헬리오폴리스와 관계있는 어휘들을 여러 가지로 눌러보았다. HELIOPOLIS, OVELISK, ROMA, LONDON, NEW YOUK에서 PHARAOH라 든가 POTIPHERAH, ASENATH까지 시도해 보았으나 모두 허사였다. 그러다가 그는 문득 바로가 요셉에게 지어주었다는 이집트식 이름 '사브낫바네아' 가 생각났다. 유대멸망사를 기록한 요세푸스는 그 난해한 이름의 뜻을 '비밀을 여는 자' 라고 해석했던 것이다.

"비밀을 여는 자……."

뭔가 의미가 있을 것 같은 이름이었다. 그러나 이번에는 그 이름

의 영어식 스펠링이 생각나지를 않았다. 그는 이것 저것 비슷하다
고 생각되는 것들을 눌러보았다. 본래 ‘스펠’이라는 단어가 주문
(呪文) 또는 마술(魔術)의 뜻도 있다는 것이 생각나서 장누덕은 또
한심한 생각이 들었다. 그는 어쩌다가 저 펀자비 드레스의 여자에
게 끌려들어서 마법의 주문이나 두들겨 대는 별난 목사가 되어버
린 것이었다.

　“어……?”

　그가 아무렇게나 누른 것이 ‘ZAPHNATH PAANEAH’ 였는데 갑
자기 스위치 보드의 여기 저기에서 오색의 불빛들이 왔다갔다 하
는 것 같더니 육중한 소리를 내며 기계장치가 통채로 움직이기 시
작했던 것이다. 장누덕은 마치 비밀의 문을 열었던 알리바바처럼
가슴을 두근거리며 장치가 작동하는 모습을 지켜보고 있었다.

　마침내 기계장치가 있던 벽면에는 커다란 구멍이 뚫리고 그 속
에서는 다시 아래쪽으로 내려가는 계단이 나타났다. 그는 얼른 벽
속으로 들어가서 안쪽의 개폐장치를 찾았다. 안쪽에서는 오히려
통로의 개폐가 간단해서 열고 닫는 스위치뿐이었다. 그는 벽을 원
래대로 닫아 놓고 나서 계단을 따라 아래로 내려가기 시작했다.

　한참을 내려가던 그는 마침내 회의실에 들어가는 깃으로 보이는
두짝 문을 발견했다. 그러나 바로 그 문을 열고 들어가서 그들과
만나려는 것이 아니기 때문에 또 다른 문이 없는지를 찾아보았다.
회의실로 들어가는 문에서 조금 떨어진 곳에 한짝 문으로 된 도어
가 보였다. 도어 로크를 잡고 가만히 돌려보았다. 밖의 장치가 든
든해서인지 안의 도어는 그대로 열려있었다. 방이 너무 어두워서
그는 눈동자를 크게 열며 안을 살펴보았다.

　(영사실까지……?)

어두운 방안에는 영사기와 슬라이드 프로젝터로 보이는 기구들이 설치되어 있었다. 대학이나 기업들의 세미나실에도 회의중에 필요한 화면을 보여주기 위해서 영사실을 갖추고 있지만 장의사 집에도 그것이 있다는 것은 좀 뜻밖인 것 같았다. 아마도 고객들에게 시체의 처리 방법이나 분묘의 치장 사례들을 보여주기 위한 것인지도 몰랐다.

(그러나 고객에게 선전 화면을 보여주며 상담하기 위한 회의실이라면…… 구태여 이런 지하실에 만들어 놓을 필요가 없지 않은가……?)

그는 살그머니 영사실 안으로 숨어 들어가서 영사 창구를 통해 회의실 안을 들여다 보았다. 회의실의 타원형 테이블에 둘러앉아 있는 사람들은 모두 일곱 명이었다. 테이블의 상좌에는 엑타 비르하나 여인이 앉아있었고 그녀에게 무엇인가 설명하고 있는 사람은 갈색 머리의 백인 남자였다.

(아니…… 저 친구는?)

다시 그의 머리속이 혼란스러워지고 있었다. 지금 그 백인 남자의 바로 옆에 앉아있는 흑인 청년은 바로 뉴욕의 라과디아 공항에서 워싱턴으로 날아온 DL1747의 남자 승무원이었던 것이다. 그의 명찰에 적혀있던 이름이 그린이었다는 것을 그는 기억할 수 있었다.

(엑타 비르하나와 그린이 전부터 아는 사이라면…….)

그렇다면 그녀가 6천 피트 상공에서 연기처럼 사라져 버리는 것은 아주 간단한 일이었던 것이다. 비행기 안에서 승무원과 공모한다면 그녀가 숨을 곳은 얼마든지 있을 수 있었다. 숨어있는 것을 보고도 못본 척하면 되기 때문이었다. 타원형의 테이블에는 그린

말고도 흑인 남자 두 명과 여자 한 명이 더 있었고 동양계로 보이
는 남자도 한 명 있었다. 동양계 남자는 꽤 젊어보였는데 그 머리
카락만은 이상하게도 완전히 백발이었다.

장누덕은 어두운 방안을 살피다가 헤드폰을 찾아내어 머리에 쓴
다음 회의실에서 영사실로 보내는 지시를 받아들도록 장치해 놓은
스위치를 켰다. 헤드폰을 통해서 회의실 사람들의 말소리가 들려
오기 시작했다. 무슨 내용인지는 아직 모르겠으나 갈색 머리의 백
인 남자가 보고하는 말 중에는 투탕카멘이라는 이름이 자주 등장
하고 있었다.

(투탕카멘이라면…… 이집트 18왕조의 소년 왕이 아닌가?)

투탕카멘은 아멘호텝 4세의 뒤를 이어 어린 나이에 왕이 되었다
가 요절한 3천3백여 년 전의 이집트 왕이었다. 전통적으로 태양신
‘라’를 섬기던 이집트 사람들은 히브리 사람 요셉이 총리가 되고
그 민족이 번성하여 거대한 세력을 형성하게 되자 자기네 신의 이
름을 히브리 사람들이 기도할 때 사용하는 아멘이라는 말과 합쳐
서 ‘아멘-라’로 불렀었다.

히브리 사람들과의 연합을 상징하기 위해서 합성되었던 ‘아멘—
라’의 이름은 세월이 흐르면서 아예 ‘아멘’이 되어 버렸다. 히브리
의 ‘아멘’이 이집트의 ‘라’를 눌러버렸던 것이다. 아멘 신을 유일
신으로 섬겨서 이집트의 번영을 이룩해 놓은 아멘호텝 왕의 뒤를
이어 강대한 이집트의 왕좌에 등극한 그의 아들은 마음이 교만해
져서 자신의 이름을 아멘의 화신이라는 뜻의 투탕카멘이라고 했다
가 그만 어린 나이에 요절하고 말았던 것이다.

그런데 이 사이먼 휠러 장의사의 사람들은 비밀의 문을 여는 암
호로서 고대 이집트어인 ‘사브낫바네아’를 사용했을 뿐만 아니라

지금은 또 먼지 낀 투탕카멘의 이름을 입에 올리고 있었다. 장누덕은 이 오벨리스크의 도시 워싱턴에 오면서 자신이 자꾸만 인도와 이집트의 미로 속으로 빠져들어 가고 있는 것 같았다.

"지도자 동지…… 우리의 작전은 대성공입니다. 투탕카멘의 유전자는 완전히 살아났습니다."

백인 남자가 그렇게 보고하는 말을 듣고 장누덕은 또 한번 깜짝 놀랐다. 그는 지금 3천3백년 전에 죽은 투탕카멘의 유전자를 살려냈다고 말했던 것이다. 사실은 마이클 크라이튼이 〈 쥬라기 공원 〉이라는 소설을 발표하여 화제가 되기 이전부터도 많은 과학자들이 고대의 생물로부터 유전자를 찾아내는 일에 몰두하고 있었다.

침엽수의 수액으로 형성된 호박이라는 보석 속에 갇혀있던 모기의 혈액에서 공룡의 유전자를 찾아내어 그것을 재생시킨다는 것이 그 소설의 내용이었는데 브리검 영 대학의 연구팀은 8천만년 전에 있었던 공룡의 뼈에서 소량의 DNA를 추출했고 플로리다 주에서 발견된 미이라의 유전자를 분석한 결과 현재 아시아인의 것과 똑같다는 것이 판명되기도 했던 것이다.

"우리의 연구 성과는……"

엑타 비르하나는 엄숙한 표정으로 말했다.

"인류의 역사를 우리 쪽으로 돌아오게 만들었다. 우리의 환생설이 세계를 지배하게 될 것이고…… 전세계의 모든 종교는 곧 하나로 통합될 것이다."

장누덕의 머리속이 다시 얼떨떨해 오고 있었다. 이들은 지금 투탕카멘의 유전자를 살려내어 그를 이 시대에 다시 살아나게 함으로써 환생설을 증명하고 세계의 모든 종교를 하나로 통합시키겠다고 했던 것이다. 역사가 자기네 쪽으로 돌아왔다는 것은 그것이 지금까지 그들의 반대편인 교회 쪽에 있었다는 뜻이기도 했다. 갈색 머리의 사내가 고개를 숙여보이며 여자의 의견에 동조했다.

"이 실험이 성공하면 우리가 목표로 한 모든 교회들은 다 붕괴될 것이고 전세계의 인류는 두 손을 들고 환호하게 될 것입니다."

본래 성경의 기본 교리는 하나님이 세상을 창조했다는 창조론에서 시작하여 사탄의 유혹으로 죽게 된 사람을 다시 살리기 위해 그 아들 예수 그리스도가 이 세상에 와서 고난을 당했다는 구원론으로 이어지고 있었다. 그리고 인류의 구원을 위해서 설정해 둔 유예 기간이 다 끝나면 부활한 예수 그리스도가 다시 재림하여 세상을 심판한다는 종말론으로 결론을 맺고 있었던 것이다.

그러므로 사탄이 이 하나님의 마스터플랜에 대항하기 위하여 고심하며 만들어낸 것이 바로 환생설이라는 거짓말이었다. 그것은 에덴 동산에서 뱀이 하와에게 금단의 열매를 먹으라고 유혹할 때부터 이미 시작되고 있었다. 환생설이란 바로 사람이 하나님을 배신하도록 유혹하기 위해서 만들어낸 사탄의 각본이었던 것이다.

뱀 :　하나님이 참으로 너희더러 동산 모든 나무의 실과를
　　　먹지 말라 하시더냐?

하와 : 동산 나무의 실과를 우리가 먹을 수 있으나 동산 중앙
　　　에 있는 나무의 실과는 하나님의 말씀에 너희는 먹지
　　　도 말고 만지지도 말라 너희가 죽을까 하노라 하셨느
　　　니라.

뱀 :　너희가 결코 죽지 아니하리라……

이것이 바로 사탄의 환생설이었다. 이 환생설의 유혹은 대홍수로 인하여 모든 인류가 다 죽고 노아와 그의 세 아들 셈과 함과 야벳과 그 아내들만이 살아남았을 때에도 다시 시작되었다. 그때 사탄은 함의 자손들을 유혹하여 셈의 장자권을 뒤엎도록 선동했다.

그러나 함의 자손들이 형의 가문인 셈을 뒤엎기가 두려워서 머뭇거리고 있을 때 사탄은 바로 그 환생설의 거짓말로 그들을 유혹했다. 사탄은 함으로 하여금 형제에 대한 사랑을 포기하고 오히려 저주하도록 만들기 위하여 바로 그 환생설로 혈통의 기억을 망각하게 했던 것이다.

"너희는 노아의 자손이 아니다……. 너희는 가인 자손의 환생이다!"

가인이 그 아우 아벨을 죽임으로써 땅에서 저주를 받아 농사를 짓지 못하게 되었을 때 하나님은 그의 자손들을 먹여 살리기 위해서 금속으로 기계 만드는 기술을 익히게 하셨다. 그러나 그들이 다시 죄악에 빠져서 하나님의 새 백성인 셋의 자손들까지도 함께 타락하게 되자 하나님은 대홍수로 지상의 모든 생명들을 쓸어버리셨다. 이 때에 기계를 만들던 가인의 자손은 다 죽고 셋의 후손인 노아의 가족만 살아남게 되었던 것이다.

"우리가 가인 자손의 환생이라고……?"

함의 자손들이 고개를 갸웃거리고 있을 때 사탄의 거짓말은 계속되었다.

"너희는 금속을 제련하고 기계를 만드는 일에 능하지 않느냐…… 그것은 바로 가인 자손의 재능이었다!"

하나님께서 대홍수를 계획하실 때 노아의 가족을 살리기 위하여 그에게 큰 방주를 지으라고 명하셨다. 그때에 하나님께서는 방주를 짓도록 하기 위하여 셈에게는 나무로 건축하는 기술을 함에게는 가인 자손에게 주셨던 금속 제련과 기계 제조의 기술을 그리고 야벳에게는 배를 건조하고 항해하는 기술을 주셨던 것이다.

그런데 사탄은 금속 기술이 본래 가인의 것이며 그것을 가인에게 준 것은 바로 자기였노라고 거짓말을 했다. 이렇게 해서 스스로 셈의 아우가 아니라 가인 자손의 환생이라고 믿게 된 함의 자손들은 홍수로 죽은 가인 자손의 자격으로 셋의 자손인 셈에 대한 복수에 나섰던 것이다.

스스로의 탐욕 때문에 셈에 대한 어이없는 복수를 감행했던 혁명군의 총수 니므롯은 동생으로서 형을 몰아낸 일을 합리화함으로써 혁명의 명분을 세우기 위하여 사탄이 가르쳐 준 환생의 교리를 온 천하에 선포했다.

"나는 가인의 환생이다!"

"함의 백성은 모두 가인 자손들의 환생이다!"

이런 니므롯의 거짓말은 같은 함의 자손이었던 이집트의 신화에도 반영되었다. 전통적으로 태양신을 섬기던 이집트에 새로 나타난 오시리스라는 신은 바로 가인의 상징이었다. 오시리스는 그 동생 셋과 싸우다가 죽었는데 그의 아내 이시스는 아들 호루스에게 남편의 복수를 해 달라고 조른다. 이렇게 해서 복수의 신이 된 호루스는 삼촌 셋을 죽이고 오시리스의 시체를 다시 살려내는 것이다.

반역으로 천하를 장악한 니므롯이 죽은 다음에도 이 환생설은 그의 아내 세미라미스에게로 전승되었다. 니므롯이 죽자 세미라미스는 뱃속에 들어있던 그의 아들 담무스를 낳았는데 그녀는 니므롯의 권력을 계승하기 위해서 다시 이 환생설을 써먹었다.

"담무스는 니므롯의 환생이다!"

이렇게 해서 세미라미스는 니므롯의 아내이면서 동시에 그의 어머니가 되었던 것이다. 이로부터 많은 여신들이 아들을 안은 모신(母神)으로 변신하기 시작했다. 이는 뱀의 유혹으로 죽게 된 사람을 살리기 위하여 하나님이 구원자를 보내겠다고 선언한 사실을 이용해서 스스로 하늘 황후가 되려는 음모였던 것이다.

내가 너로 여자와 원수가 되게 하고
너의 후손도 여자의 후손과 원수가 되게 하리니
여자의 후손은 네 머리를 상하게 할 것이요
너는 그의 발꿈치를 상하게 할 것이니라

하나님은 뱀에게 선언한 대로 구원자를 이 세상에 보냈다. 그러나 이미 많은 가짜들이 '여자의 아들'로 세상에 와있어서 정작 구원자가 세상에 왔을 때에는 아무도 그를 알아보지 못하였다. 그가 십자가에 달려 죽은 후에야 비로소 그를 믿게 된 사람들이 천국의 복음을 전했으나 이미 사탄의 환생설이 전세계에 유포되어 있어서 복음의 전달자들은 가는 곳마다 박해를 당하고 수난을 겪어야 했던 것이다.

그러나 그리스도의 제자들이 많은 피를 흘려가며 복음을 전했기 때문에 사탄의 교리인 환생설은 마침내 그 빛을 잃기 시작했다. 거기에 결정타를 가한 것이 물리학자 스티븐 호킹의 빅뱅 이론이었다. 금세기 최고의 물리학자로 인정받고 있는 그가 시간의 역사에는 그 시작과 끝이 있다는 학설을 발표하여 환생설과 윤회설을 일시에 잠재워 버렸던 것이다.

그러므로 지금 엑타 비르하나가 환생설을 증명함으로써 역사를 자기네 편으로 돌아오게 하였다는 것은 교회의 품으로 들어갔던 역사를 다시 되찾아 온다는 뜻이었던 것이다. 갈색 머리의 사나이가 여인에게 머리를 조아리며 맞장구를 쳤다.

"그렇습니다……. 이제 모든 종교는 우리의 영원한 어머니이신 하늘 황후에게 무릎을 꿇게 될 것입니다."

엑타 비르하나가 이번에는 PA의 승무원이었던 그린을 바라보며 물었다.

"내가 가져온 코브라는 어떻게 되었나?"

"잘 보관하고 있습니다."

"우리는 투탕카멘의 유전자를 주입할 때 코브라의 독과 유전자를 함께 주입할 것이다. 뱀의 유전자는 생명의 근원이며 윤회의 바퀴인 동시에 뱀의 독은 복수를 다짐하는 호루스의 정신이기도 한 것이다……. 투탕카멘의 유전자를 주입하기 위해서 확보해 둔 육체는 지금 어디 있는가?"

여자가 그렇게 말하자 흰 머리의 동양 남자가 고개를 숙이며 말했다.

"제가…… 다시 한번 확인하고 오겠습니다."

흰 머리의 남자가 자리에서 일어서더니 테이블 뒤에 있는 작은 문을 통해서 옆방으로 나가고 있었다. 결국 그들은 투탕카멘의 유전자와 뱀의 독을 사람의 몸에다 주입해서 3천3백년 전의 소년 왕 투탕카멘을 현재에 환생시키려고 하는 모양이었다. 그러나 잠시 후 다시 들어온 흰 머리의 남자가 당황한 표정을 지으며 여자에게 보고했다.

"저…… 지도자 동지."

“무슨 일인가?”

“확보해 놓은 육체가 없어졌습니다.”

“뭐라구!”

장누덕은 시체 처리실에 있던 노인의 시체를 생각했다. 그러나 만일 그들이 소년 왕 투탕카멘을 환생시키려 한다면 그가 지하 3층의 작업대 위에서 보았던 그 백인의 시체는 너무 늙어있는 것 같았다. 여자는 계속해서 소리를 질러댔다.

“도대체…… 그 말리카 라이는 뭘하고 있었던 게야!”

여자가 외치는 소리를 듣고 장누덕은 깜짝 놀랐다. 그녀의 입에서 튀어나온 이름은 바로 죠지 워싱턴 대학의 말리카 라이 박사를 가리키고 있었기 때문이었다. 여자가 화를 내자 흰 머리의 사내가 고개를 숙이더니 그녀의 귀에다 대고 무엇인지 오랫동안 보고하고 있었다.

(이집트 왕의 유전자를 주입할 육체가 없어졌다고 화를 내면서 라이 박사의 책임을 거론한다면……)

아마도 라이 박사가 그 실험 대상물을 보관하고 있었던 모양이었다. 그렇다면 그들이 유전자를 살려내고 그것을 시체나 혹은 산 사람에게 주입하는 실험을 라이 교수에게 맡기고 있었다는 추측이 가능하게 되는 것이었다.

(라이 교수가 보관하고 있던 육체란 무엇일까…… 혹시?)

번개 같은 영감이 장누덕의 머리 속으로 지나가고 있었다. 라이 교수가 실험의 대상을 선택한다면 우선 손쉽게 접근할 수 있는 학생 중의 하나를 고를 수도 있었던 것이다. 만일 그레이트 폴스에서 발견된 시체가 양은국의 것이 아니라면 라이 교수는 바로 그 양은국의 시체거나 혹은 살아 있는 양은국을 보관하고 있었는지도 몰랐다. 흰 머리의 사내로부터 귓속말을 듣고 있던 엑타 비르하나는 다시 벌컥 화를 냈다.

"디트로이트……?"

그녀는 눈을 치켜뜨며 흰 머리의 사내를 노려보더니 다시 갈색 머리의 백인 남자를 바라보았다.

"나와 같은 인도 출신이기 때문에 많은 연구비를 내면서 이 일을 의뢰했는데…… 말리카 라이는 처음부터 우리 일에 적극적이 아니었다. 우리 공작원들 다 풀고 말리카 라이를 죽여서라도 물건을 찾아내라."

"알겠습니다. 그러나…… 라이 박사를 죽이면 실험은 누가 하지요?"

"내가 다른 실력자를 찾겠다. 너희는 우선 디트로이트로 가는 모든 루트를 철저하게 차단하고 잃어버린 물건부터 찾아라!"

"네."

그들의 회의는 거기쯤에서 끝나는 것 같았다. 그들보다 먼저 빠져나오기 위해서 영사실의 도어를 열다가 그는 엉겁결에 그것을 도로 닫아버렸다. 도어 밖에 키가 큰 흑인 하나가 장승처럼 버티고 서 있었던 것이다. 그러니 오래 끌어서 해결될 문제가 아니었다. 재빨리 정신을 가다듬고 나서 다시 문을 박차며 나서는 것과 동시에 상대방의 사타구니를 걷어찼다. 상대방의 키가 커서 그의 발길질은 쉽게 적중되었다.

"으……."

문을 막고 서 있던 장승은 사타구니를 움켜잡으며 쓰러졌으나 장누덕도 볼에 쇳덩어리 같은 주먹을 맞고 비틀거려야 했다. 상대는 하나가 아니었던 것이다. 볼을 맞고 휘청거리면서도 그는 적의

수를 세어보았다. 상대는 네 명이나 되었고 그 중의 하나는 그가
재갈을 물려 돌관 속에 넣어 놓았던 뚱보였다.

(저 놈이 어떻게 돌관에서 나왔지……?)

상대가 많으면 오래 끌수록 불리하기 때문에 속전 속결이 필요
했다. 그는 힘차게 몸을 젖히며 돌려차기로 두 명을 연타하고 나서
뒤에 있던 뚱보의 목덜미를 수도로 후려친 다음 계단을 뛰어오르
기 시작했다.

“유…… 확킨 챕!”

상대방도 만만치 않은 자들이어서 장누덕의 정확한 타격에도 쓰
러지지 않고 그를 뒤쫓아 올라오고 있었다. 그는 시체 처리실의 도
어를 열고 뛰어나와 그것을 닫으려 했으나 바깥쪽에서 닫으려면
어떻게 하는 것인지 알 수가 없었다. 쫓아오는 자들이 이미 계단을
다 올라와 시체 처리실 안으로 뛰어들고 있었다. 그는 두리번거리
며 뭔가 손에 잡을 만한 것을 찾았다.

(……할 수 없지!)

그는 내장을 꺼낸 노인의 시체를 집어들었다. 생각보다는 많이
가벼웠다. 그는 시체의 발목을 잡고 그들을 향해서 마구 휘둘렀다.
그들 중의 하나가 시체의 머리통에 제 머리를 맞아서 뒤로 벌렁 자
빠지고있었다. 그가 시체를 집어던지고 복도로 뛰어나오자 바로
뒤에서 따라오는 뚱보가 보였다. 그는 비상계단 쪽을 향해서 뛰었
다.

(지하 주차장까지 가려면…… 두 층을 더 올라가야 한다!)

지상층의 로비에도 이미 경비원이 배치되어 있을 것 같아서 아
무래도 지하 주차장으로 나가는 쪽이 나을 것 같았던 것이다.

(말리카 라이…… 그녀는 이 일로 얼마를 받았을까?)

수정란의 복제 실험 같은 2백 달러짜리 연구에나 매달리고 있으면 대학이 어떻게 유지되겠느냐고 그녀는 말했던 것이다. 그녀는 결국 어둠 속을 구르는 환생의 바퀴 속으로 뛰어들었다가 살해당할지도 모르는 위기에 처하게 된 것이었다. 숨이 차서 그런지 뚱보의 올라오는 속도가 느려지자 뒤따라오던 키다리가 그를 젖히고 앞장서서 뛰어 올라오고 있었다.

지하 주차장에도 적이 대기하고 있었다. 양복을 단정하게 입은 백인 청년 네 명이 헐떡거리며 뛰어올라온 장누덕을 에워쌌다. 그를 따라 올라온 경비원들이 우르르 주차장으로 들어섰을 때 어디선가 귀뚜라미 우는 소리가 들려왔다.

— 찌르륵 찌르륵…….

그 소리는 뚱보의 허리에서 나고 있었다. 뚱보는 얼른 허리에 차고 있던 비퍼를 눌러서 껐다. 그제서야 장누덕은 그가 어떻게 결박을 풀고 돌관 속에서 나왔는지를 알게 되었다. 그의 허리에 차고 있던 비퍼가 울리는 바람에 지나가던 다른 경비원이 그를 꺼내주었고 그래서 침입자가 있다는 것을 알게 되었던 것이다.

(앞에 네 명 뒤에 네 명…….)

태권도에서도 다수의 적과 겨루는 대련법이 있기는 하지만 장누덕은 아직 여덟 명과 대련을 해 본 적이 한번도 없었다. 더군다나 이들이 특수한 목적을 가지고 움직이는 조직에 속해 있다면 무기를 가지고 있을 것 같은데 그에 대한 대책도 전혀 없었던 것이다.

"잡아라!"

누군가가 그렇게 소리치자 적들은 일제히 공격을 가해오기 시작했다. 사방에서 발과 주먹이 날아들어 장누덕은 정신을 차리기조차 어려울 지경이었다.

(이거 오늘…… 목사가 별짓 다하는군!)

갑자기 뒤통수에 강한 타격을 받고 그는 땅바닥에 뒹굴었다. 그들 중의 하나가 쌍절곤을 휘둘렀던 것이다. 이미 미국에도 한국을 비롯해서 중국과 일본 무술의 수련관들이 많이 진출해 있기 때문에 미국인들도 나름대로 여러 가지의 무술을 구사하고 있었다. 그 중에서도 쌍절곤은 홍콩 영화에 등장하여 인기를 끌더니 미국의 폭력배들이 애용하는 무기가 되어 있었다.

(이 놈들이……!)

떼거리로 덤비면서 또 무기까지 사용하자 장누덕은 화가 났다. 그러나 다시 일어서려다가 그는 강한 발길에 턱을 채여서 뒤로 벌렁 넘어졌다. 그리고 뒤이어 날아오는 수많은 발길질에 난타당하면서 펄떡거리고만 있었다.

(이 놈들에게…… 태권도의 위력을 보여줘야 하는데…….)

그러나 그의 의식은 점점 어둠 속으로 꺼져들어가고 있었다. 그 어둠 속에서 시커먼 코브라 뱀들이 독한 혀를 휘두르며 날아드는 것 같았다. 그러면서 이제는 그의 헐떡거림조차도 천천히 잦아들기 시작했다. 그가 차가운 콘크리트 바닥에 몸을 깔며 길게 엎드려졌을 때 어디선가 우르릉거리며 바퀴소리 같은 것이 스며들어오고 있었다.

동남풍아 불어라

"허리를 꽉 잡아요!"

세찬 바람 속에서 날카로운 목소리가 들려왔기 때문에 있는 힘을 다해 앞사람의 허리를 껴안았다. 아물거리는 의식 속에서도 수많은 바퀴들이 그를 둘러싸고 구르는 소리가 들려오고 있었다. 모터바이크는 한두 대 정도가 아니라 꽤 여러 대인 모양이었다.

"모닝사이드로!"

누군가 그렇게 소리치고 있었다. 그들은 아직 사우드 이스트 즉 워싱턴의 동남구역을 달리고 있는 모양이었다. 폭력배들에게 뭇매를 맞던 것이 생각났다. 쌍절곤을 휘두르는 소리가 아직도 그의 뒤통수 근처에서 들려오고 있는 것 같았다. 코브라 뱀처럼 달려드는 그 쌍절곤의 숲 속에서 빠져나온 것을 확인이라도 하려는 듯 그는 서늘한 바람을 한 모금 들이켰다. 목구멍에서 쿨룩거리며 기침이 끓어올라왔다.

바람 속을 꽤 오래 달리고 나서야 바퀴들의 소음은 겨우 그 기세를 누그러뜨렸다. 모닝사이드에 도착한 모양이었다. 볼을 스쳐가는 바람의 세기가 차츰 약해지는 것 같더니 이윽고 엔진 소리가 하나 둘씩 잦아들다가 멈추기 시작했다. 몇사람이 그에게 달려들면서 그를 부축했다.

(괜찮습니다…….)

그렇게 말하려 했으나 기침 때문에 그의 음성은 아직 목구멍을 넘어오지 못하고 있었다. 몇개의 계단을 올라가는 것 같더니 다시 문 여는 소리가 들렸고 그는 비로소 푹신한 침대에 눕혀졌다.

"머리의 상처가 보이도록 엎어놓으세요."

여자의 목소리가 들려오자 사람들은 다시 그의 몸을 뒤집었다.

"거즈…… 그리고 소독약도 가져와요!"

뒤통수 위에서 여자의 음성이 흘러내려왔다. 그리고 이어서 그녀의 손이 자신의 머리 한쪽을 눌러대기 시작하자 그는 비로소 머리 부분에 아픔을 느끼면서 얼굴을 찡그렸다.

"……그냥 아물 수 있을까요?"

"아무래도 꿰매야겠어."

"병원에 안 가도 될까?"

"가죽을 꿰매는 데는 파우하탄의 솜씨가 의사보다 더 나을 거예요."

파우하탄이라면 4백년 전에 버지니아 지역에 살고 있던 원주민의 이름이었다. 그의 머리를 소독한 여자는 아마도 파우하탄 부족에 속하는 인디언 여자인 모양이었다.

"……머리카락을 좀 잘라내야 되겠죠?"

"머리카락이 상처로 들어가지 않도록 조심해야 돼."

"보기가 흉하겠는걸?"

뒤통수에서 잠시 가위질하는 소리가 들리더니 정말 누군가가 머리의 가죽을 꿰매고 있는지 뒤통수 부분이 따끔거리고 있었다. 파우하탄의 여자는 자기 손가방이라도 수리하듯이 그의 머리가죽을 꿰매고 있는 모양이었다. 여자는 그의 뒤통수를 제법 여러 번 따끔거리게 하더니 다시 그 부분에 뭔가 바르고 덮는 것 같았다.

"아무래도 보기 흉하군."

"모자라도 하나 덮어쓰면 되겠지."

"그런데…… 아직도 혼수 상태인 모양이지요?"

"아냐. 바늘이 들어갈 때마다 얼굴을 찡그리던걸."

그는 더 이상 눈을 감고 있을 수가 없어서 천천히 눈을 뜨면서 상체를 일으켰다. 머리뿐만 아니라 가슴과 허리도 몹시 결리고 있었다. 아직 미간을 찡그린 채로 그는 천천히 주위를 둘러보았다. 먼저 인디언 여자가 눈에 들어왔고 그 뒤에 둘러서 있는 여러 명의 흑인 사내들이 보였다.

"정신이 좀 드세요?"

그렇게 묻는 여자의 음성과 모습이 어딘가 낯익어 보여서 그는 고개를 갸웃거렸다. 그는 컴퓨터에서 화면을 합성하듯 무표정한 여자의 얼굴에 검은색의 모자를 씌워보았다.

"당신은……."

"그래요. 우리는 구면이에요. 델라테 메엔 디츠니카우스."

그녀가 나중에 한 말은 자신의 이름이 델라테라는 뜻이었다. 그녀는 바로 장누덕을 마중하기 위해 공항에 나왔던 검은 모자의 청년이었던 것이다. 역시 인디언의 감시 능력은 대단했다. 델라테는 그의 행방을 계속해서 뒤쫓고 있다가 위기에 처했을 때 구해 내었던 것이다.

"메에과에치(고마워요)."

그가 손을 내밀자 좀처럼 웃지 않던 여자는 비로소 보일 듯 말 듯한 미소를 머금으며 악수에 응했다. 본래 인디언은 남자든 여자든 잘 웃지 않는 것이 그 특징이었던 것이다. 웃지 않는 근엄한 표정과는 다르게 그녀의 손은 매우 보드라웠다. 손의 감촉을 통해 느껴지는 그녀의 나이는 스무 살이 채 안되는 것 같았다.

"이 분들은 모두 모닝사이드 교회의 형제들이에요."

그녀는 장누덕에게 등뒤에 서 있는 흑기사들을 소개했다. 아마도 그들이 델라테와 함께 장누덕을 구해 낸 모터바이크의 기사단인 모양이었다.

"교회라구요……?"

모닝사이드도 역시 우범지대인 사우드 이스트 지역에 속하는 곳이어서 그는 교회라는 말을 듣고 깜짝 놀랐던 것이다. 역시 사람의 선입관이란 매우 부정확한 것이라는 생각을 하며 모두에게 고맙다는 인사를 했다.

"고맙습니다, 형제들."

그때였다. 흑인들의 뒤쪽으로부터 서늘한 바람이 스며들어왔다. 도어가 열리고 한 동양인 소녀가 걸어 들어왔던 것이다. 흑인들의 표정이 금새 밝아지면서 소녀를 반겼고 델라테는 몸을 돌이키며 그녀를 끌어안았다.

"어서 와요…… 마더 샌디."

그는 좀 어리둥절한 채로 그들의 허깅(포옹)을 바라보고 있었다. 그가 보기에 소녀는 기껏해야 열다섯 정도밖에 안되어 보였는데 델라테는 그녀를 마더 샌디라고 불렀던 것이다. 소녀는 아직도 델라테의 품에 안긴 채로 장누덕을 바라보며 물었다.

"이 분이 루디 장 목사님이세요?"

“맞아요.”

소녀는 델라테의 품안에서 빠져나와 장누덕 쪽으로 다가오더니 눈물을 글썽거리며 그의 손을 잡았다.

“반가워요, 장 목사님.”

장누덕이 아직도 얼떨떨하여 델라테를 바라보자 그녀는 비로소 설명을 해 주었다.

“샌드라 양은 한국인 2세이고 한국명으로 민소연이라고 하는데…… 바로 이 자매가 모닝사이드 교회의 창립자이기 때문에 우리 형제들은 샌드라 자매를 마더 샌디라고 부르지요.”

그러나 아직도 장누덕은 갈피를 잡을 수가 없었다. 이 작은 소녀가 어떻게 교회의 창립자가 되었는지를 이해할 수 없었기 때문이었다. 곁에 서 있던 한 흑기사가 웃으면서 설명을 해 주었다.

“워싱턴에 온 한국인들은 주로 우리가 사는 사우드 이스트 지역에 들어와서 장사를 시작했는데…… 처음에는 그들이 모두 부지런하고 친절하여 우리 흑인들의 호감을 샀었지요.”

그러나 그들이 보기에 한국인들은 이상한 사람들이었다. 흑인 거리에서 열심히 장사하여 돈을 좀 벌면 백인들이 사는 버지니아나 메릴랜드 교외의 좋은 집을 사서 이사를 할 뿐만 아니라 고급 승용차를 타고 거들먹거리며 다니기 때문에 이내 흑인들의 미움을 사기 시작했던 것이다.

샌디의 아버지인 민씨네도 모닝사이드에서 부지런히 야채 장사를 하며 돈을 벌더니 버지니아의 오크턴으로 이사를 했다. 그러나 당시 아홉 살이던 어린 샌디는 부모를 따라가지 않고 그대로 모닝사이드에 남겠다고 고집했다. 학교까지의 거리가 가까울 뿐만 아니라 샌디의 부모가 이민 와서 처음 시작한 그로서리(식품점) 일로 눈코 뜰 새 없을 때 그녀를 돌보아 준 흑인 부부와 정이 들었기 때문이었다.

학교가 가깝다는 이유로 부모를 설득하여 모닝사이드에 남았던 샌디는 일요일에도 오크턴에 가지 않고 거의 모닝사이드에서 지냈는데 근처에 갈 만한 교회가 없는 것이 문제였다. 그녀가 부모와 함께 다니던 한인 교회는 버지니아 쪽에 있었던 것이다. 결국 샌디는 흑인 부부를 졸라서 가정 예배를 드리기 시작했다.

"샌디를 좋아하는 이웃들이 점점 모여들기 시작하면서 모닝사이드 교회가 형성되었지요. 그래서 아직 우리 교회에는 목사님이 없습니다."

"그럼…… 누가 주일 예배를 인도하지요?"

"어린 샌디가 예배를 인도했지요. 그러다가…….”

장누덕은 델라테의 그 다음 이야기를 듣고 깜짝 놀랐다. 샌디는 부모와 함께 버지니아의 한인 교회에 들렀다가 서울에서 유학 온 양은국이란 대학생을 만나게 되었는데 그가 장로의 손자이고 한국에서 주일학교 교사로 일했다는 것을 알게 되자 그날로 그의 손을 잡아 이끌고 모닝사이드 교회로 왔다는 것이었다.

"그래서 엑키는…… 워싱턴에 오자마자 우리 교회의 예배 인도자가 되었지요."

양은국의 동참으로 모닝사이드 교회가 점점 모양을 갖추며 자라고 있을 때 뜻밖에도 그의 실종 사건이 일어났던 것이다. 샌디가 장누덕을 보자마자 눈물을 글썽거렸던 것은 모닝사이드 교회에 처음으로 목사님이 나타났다는 감회 때문이기도 했지만 그가 양은국의 사건을 조사하러 왔다는 것을 이미 들어서 알고 있기 때문인 것 같았다.

“은국 오빠는 어떻게 되었을까요?”

“…… 아직 몰라요.”

그는 일단 목사로서 모닝사이드 교회의 형제들과 함께 감사 예배를 드리지 않을 수가 없었다. 그들은 함께 영어로 ‘내 주를 가까이’를 불렀고 장누덕은 이사야서의 말씀으로 그들을 위로했다.

> 땅 끝의 모든 백성아 나를 앙망하라
> 그리하면 구원을 얻으리라
> 나는 하나님이라 다른 이가 없음이니라……

장누덕이 말하는 동안 샌디는 줄곧 눈물을 흘렸고 델라테도 손끝으로 눈가를 닦아내었다. 듣고 있던 흑인들의 표정도 차츰 밝아져서 마치 그들의 검은 피부가 환하게 빛나고 있는 것 같았다. 그는 앞으로 자주 모닝사이드 교회에 들려줄 것을 약속하고 나서야 그곳을 나올 수가 있었다. 검은 헬멧을 쓴 델라테가 모터바이크에 올라타면서 그녀의 모자를 빌려쓴 장누덕에게 뒷자리에 올라타라는 손짓을 했다.

“허리를 잡으세요!”

그가 샌디와 흑인 형제들에게 손을 흔들어 보이자 델라테는 곧 액셀러레이터를 비틀었다. 요란한 폭음과 함께 바이크는 어둠 속을 뚫고 달리기 시작했다. 그는 자신이 껴안고 있는 델라테의 허리 사이즈를 가늠해 보며 장의사를 빠져나올 때 허리를 꽉 잡으라고 소리쳤던 그 사람이 바로 델라테 그녀였다는 것을 확인할 수 있었다.

“마더 샌디의 이야기는…… 매우 감동적이로군요.”

"어린 아이와 같지 아니하면 하나님의 나라에 들어갈 수 없다는 말씀이 사실이라는 것을 깨닫게 해 주지요."

"아까 파우하탄이라는 말을 들었는데…… 델라테 아가씨도 포카혼타스의 후예입니까?"

포카혼타스는 4백 년 전에 살았던 파우하탄 추장의 딸이었다. 그녀는 아버지에게 잡혀서 죽을 뻔한 영국 정착민의 지도자 존 스미스를 구해 주고 추장을 설득하여 정착민과 우호관계를 갖도록 했다. 그녀는 나중에 한 영국 사람과 결혼하여 영국으로 건너갔다가 천연두에 걸려서 스물 두 살의 꽃다운 나이로 죽게 되었다.

이러한 포카혼타스의 사례는 바로 아메리칸 인디언들의 비극을 상징하는 것이기도 했다. 그 후로 금광을 찾아서 신대륙으로 몰려든 백인들은 원주민들을 마구 학살하였고 면역성이 없는 원주민들에게 유럽에서 들여온 악성 전염병을 옮겨 줌으로써 그들이 떼죽음을 당하게 했던 것이다. 그래서 콜럼버스가 이 대륙을 발견했을 때에는 1억이 넘던 원주민들 중에서 지금은 겨우 6백만 정도가 살아남아 있을 뿐이었다.

"포카혼타스의 비극은…… 지금도 계속되고 있지요."

그것은 사실이었다. 미국만 하더라도 원주민 관리국에서 그들을 보호한답시고 하는 일은 집을 주고 먹을 것을 배급해서 사육하는 일뿐이었다. 노동의 의미를 잃어버린 인디언들은 술과 마약에 중독되어서 점점 그 평균 수명이 단축되었고 지금은 거의 50세를 밑돌고 있게 된 것이었다.

"그래서 원주민들은…… 아직도 기독교인들을 저주하고 있지요?"

사실 콜럼버스를 따라온 청교도들은 모두가 그에게 이용된 것뿐이었다. 청교도들을 유인하여 신대륙을 개척하도록 해 놓고 그 뒤에서 권력을 요리한 자들은 모두가 워싱턴에 오벨리스크를 세운 것과 같은 이교도의 무리들이었던 것이다.

콜럼버스만 해도 그랬다. 그는 항거하는 원주민을 학살하여 그 시체를 개에게 먹일 정도로 잔인한 인물이었다. 그의 이름은 그리스도를 본따서 크리스토퍼 콜럼버스라고 했는데 그야말로 그리스도의 이름을 뒤집어 쓴 이리였던 것이다. 그는 나중에 자신을 후원해 주었던 이사벨라 여왕이 죽자 거의 미치광이가 되어 죽어간 성격파탄자이기도 했다.

그를 밀어주었던 이사벨라 여왕의 이름마저 우연하게도 이스라엘을 우상의 나라로 만들어서 멸망시킨 가나안 출신의 왕비 이세벨의 이름에서 온 것이었다. 성경에는 이세벨이 죽자 선지자 엘리야의 예언대로 개들이 그 고기를 다 뜯어먹었는데 장사를 하려고 보니 머리뼈와 발과 손바닥만 남아있었다고 기록되어 있는 것이다.

"그래요……. 그러나 이제 겨우 원주민들은 자신들을 멸망시킨 자들이 청교도가 아니라 그들 뒤에 숨어서 총을 쏘아댄 깡패들이었다는 사실을 알기 시작했지요."

"어떻게 알기 시작했나요?"

"인디언들이 예수를 믿기 시작했기 때문이지요. 예수는 결코 사람에게 총질을 하라고 가르친 적이 없거든요."

"무서운 일이로군요. 4백년 동안이나 그것을 모르고 있었으니……."

"저들이 철저하게 기독교의 껍질로 위장하고 있었기 때문이지요. 목사님, 그랜드 캐넌에 가보신 적이 있나요?"

“아뇨.”

그랜드 캐넌은 콜로라도 강이 아리조나의 대지를 침식하여 만들어 낸 278마일에 이르는 대계곡을 말하는 것이었다. 넓이 10마일에 깊이도 1마일이나 되는 이 계곡을 보지 못한 사람은 미국에 대하여 말하지 말라고 할 만큼 관광의 명소였는데 아직 장누덕은 거기에 가본 적이 없던 것이다.

“원주민들이 살던 그 계곡을 백인들이 발견한 것은 4백년 전이었는데, 그 계곡의 기이한 봉우리마다 모두 이름이 붙기 시작했지요. 이시스 신전, 오시리스 신전 그리고 호루스 신전⋯⋯.”

델라테의 말을 듣고 장누덕은 깜짝 놀랐다.

“그것은 모두 이집트의 신들이 아닙니까?”

“또 있어요. 브라마 신전, 비슈누 신전, 시바의 신전 그리고 부다의 신전⋯⋯. 그것은 모두 힌두교 신들의 이름이지요.”

“거기 혹시⋯⋯ 예수의 신전은 없습니까?”

“없어요.”

“⋯⋯ 다행이로군요.”

예수가 거기 없었다니 모든 신들 가운데 한몫 끼는 망신만은 겨우 면한 셈이었다. 그러나 어쨌든 미국이란 나라가 처음부터 무엇인가 잘못 시작되었다는 것을 장누덕은 그 일에서도 실감하고 있었다. 모르는 사람들이 미국을 기독교 국가라고 오해하고 있었는데 사실은 모든 종교의 자유를 인정한다면서 우상의 소굴을 만들어 놓은 현대판 로마에 불과했던 것이다.

그는 신광 그룹에 가있는 후배 김정환이 언젠가 디즈니랜드를 구경하고 와서 이상하다는 듯 중얼거리던 말을 기억하고 있었다. 디즈니랜드는 미국 어린이들의 꿈과 정신을 길러주기 위해서 만들어졌다고 자랑하는 놀이 장소였다. 그런데 거기에는 짐승들과 악마와 유령과 요정들과 해적만 있을 뿐 예수는 없더라는 것이었다. 바로 그것이 미국의 실체였던 것이다.

"미국이 장차 어떻게 될 것이라고 생각하세요?"

"처음부터…… 미국은 함의 장막으로 들어가고 있었지요."

애굽의 신들이나 그리스와 로마의 신들 그리고 힌두교의 모든 신들에 이르기까지 그 기원은 함의 넷째 아들인 가나안 즉 페니키아 사람들이 만들어 내기 시작한 반역의 신화로부터 비롯되어 바벨론을 거쳐서 모든 민족에게 번진 악의 씨들이었던 것이다.

"미국의 역사도 처음부터 종말을 예감하고 시작되었다는 뜻이로군요."

성경의 창세기에는 대홍수에서 살아남은 노아가 그 세 아들의 자손들이 어떻게 될 것인가를 예언해 놓은 대목이 있었다.

셈의 하나님 여호와를 찬송하리로다

가나안은 셈의 종이 되고

하나님이 야벳을 창대케 하사

셈의 장막에 거하게 하시고

가나안은 그의 종이 되게 하시기를 원하노라

셈과 야벳은 그 아버지 노아가 벌거벗은 채 잠들었을 때 그를 덮어준 아들들이었다. 그러나 함의 아들인 가나안은 하나님을 배반하고 최초로 반역의 신들을 만들어 낸 장본인이었던 것이다. 세 아들이 다 하나님을 배반하더라도 셈이 먼저 하나님께로 돌아올 것이며 야벳은 그 셈의 장막에 있어야 창대하게 되리라는 것이었다.

지금까지 야벳에 속하는 유럽과 미국의 백인들이 번영했던 것은 그들이 셈의 장막에서 온 예수를 따랐기 때문이었다. 그러나 그들은 이제 함의 장막으로 들어가고 있었다. 그들이 워싱턴에 주술적인 오벨리스크를 세우고 그랜드 캐년에 함의 신들을 끌어들였기 때문에 미국은 결국 스스로 만들어 놓은 올가미에 걸리기 시작했다.

미국의 모든 도시들은 아프리카에서 잡아다가 노예로 부렸던 흑인들에 의해 점령되기 시작했던 것이다. 그런데 워싱턴의 동남쪽에서 그 함의 자손들이 예수를 믿기 시작했다는 것이었다. 노아는 함의 자손 전부를 저주하지 않고 오직 반역의 신을 처음 만들어낸 그의 넷째 아들 가나안만을 저주했는데 과연 함의 다른 자손들은 구원의 기회를 얻고 있었던 것이다.

"모닝사이드의 흑인들이 예수를 믿기 시작했다니 놀라운 일입니다."

"동남풍이 불기 시작했다는 뜻이지요."

그것은 바로 애굽을 탈출한 이스라엘 사람들이 홍해를 건너서 약속의 땅으로 행군하기 시작한 사건을 의미하는 것이었다.

> 모세가 바다 위로 손을 내어민대
> 여호와께서 큰 동풍으로
> 밤새도록 바닷물을 물러가게 하시니
> 물이 갈라져 바다가 마른 땅이 된지라……

델라테의 바이크는 바람을 가르며 아나코샤 강을 건너고 있었다. 장누덕은 신학교 동창들 가운데서 모닝사이드로 보낼 만한 친구가 없을까 생각해 보면서 다시 그녀에게 물었다.

"원주민들에 대한 선교는 어떻습니까?"

"매우 어려워요. 그들의 정신이 거의 황폐되어 있는 상태이니까요."

"델라테 자매님도…… 파우와우 회원인가요?"

'파우와우'는 본래 원주민들의 장로 회의와 같은 것이었으나 지금은 원주민의 자각을 촉구하는 모임의 이름이 되어 있었고 토론토의 친구 레모오토도 그 모임의 토론토 지부장이었던 것이다.

"선더버드의 휘장을 보셨을 텐데요."

그것은 바로 그녀가 달고 있는 뇌조(雷鳥)의 휘장을 말하는 것이었다. 뇌조는 인디언 토템폴의 맨 위에 올라앉는 하늘의 새였던 것이다. 관리국의 보호정책 때문에 죽음의 길을 걷고 있는 인디언들을 살려내는 길은 결국 그들을 영적으로 각성하게 하는 것밖에는 없었다. 펜실바니아 애비뉴를 달리고 있던 델라테가 물었다.

"호텔로 가실 예정이세요?"

장누덕은 다시 그 코브라 뱀을 가지고 온 엑타 비르하나를 생각하며 목을 움츠렸다. 그러나 이제 어차피 시작된 싸움이니 부딪혀 나가는 수밖에 없었던 것이다.

"네."

"목사님의 다음 일정은 어떻게 되세요?"

파우와우의 감시망을 통해 계속해서 장누덕을 추적하고 보호하려면 앞으로의 일정을 아는 것이 필요했던 것이다.

"지금까지 알아낸 것들에 의하면…… 양은국 군이 죽지 않았을 가능성도 어느 정도 있습니다. 그가 만일 살아 있다면 그가 디트로이트 쪽으로 갔을 가능성이 있구요."

디트로이트는 자동차 공업으로 이름난 도시였다. 함의 자손이었던 니므롯이 만들어낸 것이라고 주장하는 바퀴 문명의 대표적인 작품이 바로 자동차라고 할 수 있었으므로 어쩐지 디트로이트도 양은국의 사건과 관계가 있을 것처럼 여겨지는 것이었다. 니므롯의 아내였던 세미라미스는 이 바퀴에 환생설의 고리를 걸어넣어 하나님을 대적했던 것이다. 그러나 사실 바퀴는 니므롯의 작품이 아니라 방주를 만들 때부터 노아의 장자인 셈이 목재를 운반하기 위하여 사용한 것이었고 이미 바벨론 이전 시대의 수메르에서도 바퀴를 사용하고 있었다. 그러나 세미라미스가 이것으로 환생설의 교리를 설명하기 위해서 그것이 니므롯의 발명이라는 거짓말을 꾸며내었던 것이다.

"혹시……."

바이크가 컨스티튜숀 애비뉴를 달리고 있을 때 장누덕은 어둠 속에 솟아있는 오벨리스크의 빨간 두 눈이 불을 켜고 있는 것을 바라보며 물었다.

"혹시 양은국이 죽지 않았다고 하면 그레이트 폴스에서 발견된 시체는 누구의 것이었을까요?"

"경찰에서는 왜 그 시체가 엑키의 것이라고 했지요?"

"시체에서 양은국의 운전면허증이 나왔고 양은국의 옷을 입고 있었기 때문입니다."

"양은국의 옷……?"

"네. 블루진에 티셔츠를 입고 있었는데 회색의 티셔츠에는 빅토리아라고 휘갈겨 쓴 검은색 글씨가 찍혀져 있었고 그 글자들 사이에 자주색의 단풍잎 두 개가 그려져 있었지요."

"그랬군요. 저도 엑키가 그 티셔츠 입은 것을 본 기억이 나요."

"혹시……. 그와 똑같은 티셔츠를 입은 사람이 없었나요?"

"없었어요. 그밖에 제가 도울 일은 없을까요?"

델라테의 바이크는 오벨리스크 앞을 지나 인디언 관리국 앞을 달리고 있었다. 장누덕은 자신이 붙잡고 있는 가냘픈 여인의 허리가 대견하게도 든든하다는 것을 느끼며 말했다.

"양은국의 행방을 찾는 일에 파우와우가 도움이 될 수 있다면……."

"디트로이트에는 어떻게 가실 예정이세요?"

"비행기로 가야할 것 같습니다만."

"그 밖의 모든 루트는 저희가 조사를 해 보지요."

"그리고…… 사이먼 휠러 장의사 주변을 잘 감시해 주십시오. 그 장의사와 인도 여자인 엑타 비르하나 그리고 그린이라는 델타의 승무원이 엑키의 사건과 관련이 있는 것 같습니다."

"알았어요."

호텔 앞에 도착하여 손을 내미는 델라테의 표정은 다시 근엄한 파우하탄 여인의 모습으로 돌아가 있었다.

"오늘…… 여러 가지로 감사했습니다."

"조심하세요."

그는 델라테와 악수를 하고 헤어져서 방으로 들어오자마자 도청 장치가 없는지 방안을 모두 조사한 다음 시계를 들여다 보았다. 서울은 지금 오전 아홉 시였다. 그는 수화기를 들고 국제선을 불러 서울의 지역번호 82를 누른 다음 그의 후배 김정환의 전화번호를 눌렀다. 신호가 몇번 들어가더니 마침 김정환이 나왔다.

"여보세요……?"

"쟈니…… 나 루디야."

김정환의 미국식 이름은 죤이었고 그 애칭이 쟈니였던 것이다.

"아…… 형님. 아침부터 어쩐 일이십니까?"

"아침이라니…… 여긴 저녁이야."

"아…… 그렇군요. 뭣 좀 잡혔습니까?"

"이제 시작이지. 그런데…… 한 가지 조사해 줄 일이 좀 있어."

"말씀하세요."

"양승업 사장과 허진숙이 어떻게 만나서 결혼하게 되었는지 좀 알아봐 줄 수 있을까? 그리고 가능하다면…… 그들이 만나기 전에 어떤 과거가 있었는지 알 수 있다면 더욱 좋겠고."

"스토리가 그렇게까지 거슬러 올라갑니까?"

"4천년 전으로 올라갈는지도 몰라."

"옛……?"

장누덕의 머리속은 지금 애굽왕 아멘호텝과 그의 아들 투탕카멘의 이야기로 가득 차있어서 그런 말이 나왔던 것인데 그 말을 듣고 김정환이 놀라는 것도 무리는 아니었다. 그가 너무 혼란을 일으킬 것 같아서 장누덕은 말을 바꾸었다.

"농담이고…… 나에게 더 말할 것은 없나?"

"아…… 그렇지 않아도 전화를 기다리고 있던 참이었습니다. 이곳의 신정길 이사가 시카고로 출장을 갔는데 비행 스케줄을 보니 워싱턴에 들르는 것으로 되어 있더군요. 아마 벌써 도착되어 있을 것입니다. 시카고를 거쳐서 UA602편으로 오전 10시 12분 워싱턴의 내셔널 공항에 도착하게 되어 있습니다."

10시 12분이라면 장누덕보다 33분 먼저 내셔널 공항에 도착했다는 이야기였다.

"왜 좀더 빨리 알려주지 않고……."

"비서실을 거치지 않고 신 이사가 직접 수속을 했기 때문에 모르고 있었지요."

"그 신 이사라는 사람은…… 어떻게 생겼나?"

"별다른 특징은 없습니다만…… 30세의 나이에 어울리지 않게 머리카락이 하얗게 세었지요."

"뭐라고?"

그는 깜짝 놀랐다. 바로 사이먼 휠러 장의사의 지하실에서 엑타 비르하나의 패들과 회의를 하고 있던 흰 머리의 사내를 기억 속에 떠올렸기 때문이었다. 그는 분명히 동양계의 얼굴을 지니고 있었고 나이는 젊어보였는데 머리만 백발이었던 것이다.

"그래서 알아보기가 쉬운 편이지요."

아마도 그의 백발은 펜타곤에서 일했다는 그의 모친 쪽에서 물려받은 유전인지도 몰랐다. 백인들의 머리 색깔 중에는 금발이나 갈색 머리, 빨간 머리도 있지만 은발이라는 것도 있었던 것이다.

"그가 어느 호텔에 예약을 했는지는 알고 있어?"

"그가 직접 했기 때문에 아무도 모릅니다."

"좋아. 아마도 내일쯤은 디트로이트 쪽으로 움직일 것 같은데……. 거기서 다시 연락할게."

"알겠습니다. 부탁하신 일이 오늘 중으로 조사되면 알렌 리 호텔로 팩스를 넣겠습니다."

"오우케이."

그는 다시 케니의 집에 전화를 걸었다. 신호가 가더니 자동 응답이 나왔다.

"케니입니다. 지금은 전화를 받을 수가 없사오니 삐 소리가 들리면 메시지를 남겨주시기 바랍니다."

그는 잠시 생각해 보다가 메시지를 남기지 않고 그대로 전화를 끊은 다음 케니의 행방을 생각해 보았다. 무슨 약속이 있다는 말은 없었던 것으로 보아 그가 길에 있지 않으면 사무실에 남아있을 것 같았다. 사무실로 전화를 걸자 과연 케니가 전화를 받았다.

“아…… 루디. 어디 갔었어?”

“여기 저기 좀 쏘다니다 들어왔지. 날 찾았었나?”

“저녁을 먹자고 전화를 했더니 방에 없더군.”

그제서야 장누덕은 아직 저녁도 못 먹었다는 것을 깨달았다.

“양은국의 일은…… 좀 진전이 있었어?”

“별로…… 그의 차를 찾아냈다는 것뿐이야.”

“차를? 어디서?”

“덜레스 공항이었네. 주차장에 얌전히 서 있더군.”

덜레스 공항이라면 시체가 발견된 그레이트 폴스에서 서쪽으로 10마일도 안되는 거리에 있었다. 본래 워싱턴 근교에는 내셔널, 덜레스 그리고 볼티모어 등 세 개의 민항용 공항이 있었던 것이다.

“뭔가 연결이 되는 것 같기도 하군. 그런데…… 아직 사무실에서 뭘하고 있어?”

“신정길의 어머니라는 다이앤 신의 파일을 조사하고 있었지. 처녀 때 이름은 다이앤 케이퍼…….”

“그…… 케이퍼의 스펠링은 어떻게 되지?”

“케이, 에이, 피, 유, 알……”

“카푸르…… 그건 카푸르야! 인도식 이름이지.”

“그걸 어떻게 알았지?”

“인도에…… 라지 카푸르라는 50년대의 유명한 희극 배우가 있었거든.”

"루디…… 넌 인디언 전문가라더니 인도에 대해서도 조예가 깊구나."

"신학을 할 때 인도의 역사에 좀 흥미를 가졌었지."

"그런데…… 케이퍼든 카푸르든 왜 그 이름에 관심이 있는거지?"

장누덕은 그제서야 델타의 비행기에서 있었던 일이라든가 그 후에 잇달았던 인도 사람들과의 만남에 대해서 얘기했다.

"그런데 케니…… 저녁은 먹었어?"

"사실은…… 아직 안 먹었어."

"내 그럴 줄 알았지."

혼자 사는 남자들이 어지간하면 그냥 끼니를 넘기기 일쑤라는 것을 장누덕도 잘 알고 있었던 것이다. 그러나 그가 케니를 불러내고 싶었던 이유는 FBI의 전화에도 보안성이 없을 것이라는 생각이 들었기 때문이었다. 통신수단이 발전하면 할수록 감시의 기능도 더 강력해지고 있다는 것이 이제 상식처럼 되어 있었던 것이다.

"루디…… 너도 아직 안 먹은거야?"

"워싱턴에는 아무도 저녁 사주는 사람이 없더군. 허지만 이런 늦은 시간에 저녁을 먹을 만한 데가 있을까?"

"내가 한 군데 안내해 주지. 지금 곧 그리로 갈 테니까 기다려."

"알았어, 기다릴게."

그는 전화를 끊고 나서 TV의 전원을 켰다. 마침 화면에는 'X―파일'의 주인공 폭스 멀더 요원이 나오고 있었다. 여덟 살짜리 소녀가 한 형사를 죽게 만드는 이야기인데 형사 때문에 죽었던 남자가 소녀로 환생해서 복수를 한다는 줄거리였다.

미국의 한복판에서 환생설을 주제로 한 드라마가 방영되고 있다는 사실이 이제 전혀 이상스럽지 않을 정도로 그는 이미 이 나라의 정체를 다 파악한 것 같았다. 이미 'X—파일'은 환생설뿐만 아니라 우주인, 점성술, 인간 복제 등 기독교를 공략할 수 있는 모든 무기를 총동원해서 미국인들을 미혹하고 있었던 것이다.

"…… ?"

전화의 벨이 울리고 있었다. 아무리 트래픽(교통량)이 없는 시간이라 하더라도 케니가 사무실에서 호텔까지 오려면 아직 멀었을 텐데 이상했다.

"여보세요……."

전화에서는 여자의 목소리가 흘러나왔다. 이 쪽에서 응답하기 전에 여자는 자신의 이름을 먼저 밝혔다.

"목사님…… 저 말리카 라이 교수예요."

한밤의 피리소리

약속이 있다면서 외출복을 입고 있던 말리카 라이 교수가 이런 늦은 시간에 전화를 했다는 것은 이상한 일이었다. 더군다나 어떻게 그가 묵고 있는 호텔을 알아냈는지도 이상하지 않을 수 없었다.

(…… 보통 여자가 아니로군.)

그는 저 사이먼 휠러 장의사의 지하실에서 엑타 비르하나가 외쳤던 말을 생각해 보았다.

— 도대체…… 그 말리카 라이는 뭘 하고 있었던 게야!

엑타 비르하나가 그렇게 흥분했던 것으로 보아 밀리카 라이 교수는 자신이 보관하고 있던 '육체'를 분실했기 때문에 어떤 위기에 몰리고 있는 것인지도 몰랐다. 그는 일단 그녀에게서 더 알아내야 할 정보가 있기 때문에 모르는 척하며 전화를 받았다.

"아…… 라이 교수님. 어쩐 일이십니까?"

"좀 난처한 일이 생겼어요."

"네……?"

"만나뵙고 말씀을 드렸으면 좋겠는데……"

“저…… 사실은 제가 약속이 좀 있거든요. 내일 아침에 만나시면 안될까요?”

“어머……그래요?”

상대방은 좀 난처한지 한동안 말을 끊고 있었다. 전화가 끊겼는가 생각하고 있는데 교수의 목소리가 다시 이어졌다.

“그러면…… 내일 아침은 괜찮으시겠어요?”

사실 장누덕은 한시라도 빨리 디트로이트 쪽으로 날아가고 싶었으나 어차피 말리카 라이 교수 쪽에서 전화가 걸려왔으니 좀더 자세한 정보를 알아본 다음에 나서는 편이 좋을 것 같았다.

“괜찮습니다. 어디서 어떻게 만나실까요?”

상대방은 또 잠시 생각하는 것 같더니 말을 이었다.

“스미소니안 캐슬을 아시나요?”

그것은 영국인 과학자 스밋슨이 기증한 사재를 기금으로 설립된 스미소니안 협회의 붉은색 본부 건물을 말하는 것이었다. 13개의 박물관을 거느리고 있는 소미소니안 협회는 보유하고 있는 자료만도 8천만 점이 넘는다는 거대한 기관이었다. 장누덕은 공항에서 택시를 타고 후버 빌딩을 향하여 달릴 때에 창밖으로 지나가는 그 스미소니안 캐슬을 본 적이 있다.

“대략은…… 압니다만,”

“그 건너편에 자연사 박물관이 있는데……열시 반에 거기서 만나요.”

“네……?”

박물관이라면 꽤 넓을 텐데 도대체 그 넓은 곳의 어디서 만나자는 것인지 알 수가 없어서 그가 어리둥절 하고 있을 때 다시 말리카 라이 교수의 목소리가 이어졌다.

"정문으로 들어서면…… 오른쪽에 공룡 전시실이 있어요. 티라노사우루스가 있는 데서 만나지요."

과연 유전 공학의 교수다운 발상이었다. 티라노사우루스는 마이클 크라이튼의 <쥬라기 공원>에서 렉스라는 이름으로 나오는 몸무게 7톤의 난폭한 육식성 공룡이었던 것이다.

"알겠습니다. 열시 반까지 그리로 가겠습니다."

"됐어요. 그리고 또…… 물어보실 것 없으세요?"

"네……?"

"목사님께서 알렌 리 호텔에 계신다는 것을 내가 어떻게 알아냈는지 궁금하지 않으세요?"

"아…… 그렇지 않아도 여쭤보려던 참입니다."

"델타의 직원이 예약하신 호텔 이름을 알고 있더군요. 워싱턴에 있는 세 공항의 도착 승객 리스트를 모두 뒤져서 루디 장이라는 이름을 찾아내었는데…… 목사님께서는 DL1747편으로 도착하셨더군요."

그는 얼른 델타의 흑인 승무원 그린을 머리에 떠올리고 있었다. 그린이라는 그 흑인 청년도 역시 사이먼 휠러 장의사의 그 회의에 참석하고 있었던 것이다.

"유전자를 추적하시는 분은 역시 사람 찾아내는 데도 비범하시군요."

"운 좋게 맞은 거예요. 그럼 내일 거기서 만나요."

말리카 라이 교수는 전화를 끊었다. 장누덕은 수화기를 내려놓으면서 멍한 표정이 되었다.

(어쨌든 보통 여자는 아니로군. 그런데 왜 하필이면 공룡이야……?)

　그러나 말리카 라이 교수가 그런 장소를 선택한 것은 사람들의 눈에 띄고 싶지 않다는 의도가 있기 때문일 수도 있었다. 'X파일'의 화면에는 다소 뚱뚱하기는 하지만 제법 육감적으로 보이는 길리안 앤더슨의 커다란 눈이 클로즈 업 되고 있었다. 다시 전화의 벨이 울렸다. 케니가 로비에서 건 전화였다.

　"알았어. 곧 내려갈게."

　그는 길리언 앤더슨의 시선에 작별을 고하며 TV를 끈 다음 방을 나섰다. 엑타 비르하나가 투숙한 방이 있는 복도의 끝 쪽은 아무런 기척도 없이 적막하기만 했다.

　(그 여자는 아직……오지 않았는가?)

　그는 엘리베이터를 타고 내려오면서도 천장이나 바닥에서 코브라 뱀이 기어나올 것만 같아 숨을 죽이고 있었다. 장누덕의 그런 긴장은 엘리베이터의 문이 열리고 로비로 걸어나가서 거기 서 있는 케니의 모습을 발견할 때까지 줄곧 계속되었던 것이다.

　"배고프지, 루디?"

　"케니…… 목사에게 금식이라는 것은 새삼스러운 것이 아니지."

　그를 자신의 엘란트라에 태운 케니는 14번가를 따라서 달리다가 포토맥 강을 건너더니 펜타곤 앞을 지나 죠이스 가로 들어섰다. 케니가 안내한 곳은 우래옥이라는 한국 음식점이었다. 그가 자주 오는 집인지 카운터에 서 있던 흰 블라우스의 여자가 반갑게 인사를 했다.

　"어서 오세요."

　"빈 자리 하나 부탁합니다."

　오래간만에 한국 사람들만 보이는 장소에 들어선 장누덕은 자기 집에 돌아온 것 같은 편안함을 느끼며 자리에 앉았다. 웨이터에게 갈비와 빈대떡 한 접시 그리고 냉면을 주문하고 나서 케니가 물었다.

"맥주나 소주 같은 거 한잔 할래?"

"케니…… 난 목사야."

"이봐, 루디…… 콜럼비아에서는 내가 너에게 술을 배웠는데 이젠 세상이 많이 달라졌구나. 그렇다고 하더라도 미국 목사들은 다 마시던데…… 조금도 안되겠어?"

"난 한국 목사거든."

"좋아…… 네가 나에게 했듯이 강제로 마시우진 않겠다."

케니는 버드와이저 한 병만을 주문하고 나서 그에게 물었다.

"그런데…… 장의사에는 왜 갔었어?"

"아…….."

그는 잠시 주위를 둘러본 다음 목소리를 약간 낮추면서 그와 헤어진 후에 일어났던 일들을 차근차근 설명하기 시작했다. 케니는 그의 이야기를 들으면서 내심 놀라는 것 같았으나 이야기가 사이먼 휠러의 사람들이 투탕카멘의 유전자를 되살려 내려고 한다는 데까지 이르러서는 좀 황당하다는 듯이 고개를 저었다.

"너 지금…… 나를 엑스 파일의 멀디 요원으로 착각하고 있는 것은 아니야?"

"허긴 나도…… 이것이 착각이라면 마음이 편하겠는데."

"이야기가 자꾸만 헝클어지는군."

"무슨 뜻이지?"

주문한 음식이 나왔기 때문에 대화가 잠시 중단되었다. 케니는 자신의 글라스에 버드와이저를 부었고 장누덕은 짤막하게 기도를 드린 다음 빈대떡을 먹기 시작했다. 케니가 맥주를 한 모금 마시고 나서 갈비를 석쇠 위에 올려놓으며 말을 이었다.

"그 동안 나는…… 경찰청에 있는 피터슨 반장의 협조를 받아서 지난 한 달 사이 워싱턴 근처에서 들어온 실종신고 상황을 조사해 보았거든."

그는 아직도 양은국이 죽지 않은 것으로 가정하면서 그레이트 폴스에서 발견된 시체의 신원을 조사하고 있었던 모양이었다. 갈비 타는 냄새를 맡으면서 시체 이야기를 나누는 것은 어딘가 좀 모양이 좋지 않아보였지만 어쩔 수 없이 그는 물었다.

"그래서…… 뭔가 잡히는 게 있었어?"

케니는 시체와 갈비는 전혀 별개라는 듯이 아직 덜 익어서 붉은 색이 도는 고기를 집어먹었다. 아직 고기가 그의 입 속에 있어서 대답할 수 있는 형편이 아니었으므로 그는 얼른 질문을 바꾸었다.

"한 달 동안의 실종 신고 건수가 얼마나 되는데……?"

그는 아직도 계속해서 고기를 집어먹고 있었다. 덜 구어진 미디엄 레어의 스테이크를 좋아하는 그의 습성이 아직 그대로 남아있었던 것이다. 고기를 씹고 있는 잇새로 그의 대답이 겨우 흘러나왔다.

"……3백 27명."

"그렇게 많아?"

케니는 다시 포크에 스파게티를 감듯이 젓가락을 돌려가며 거기다가 냉면발을 감더니 그것을 입 속에 밀어넣고 우물거리다가 꿀꺽 삼키고 나서 그에게 반문했다.

"뭘 놀라지? 어느 나라나 실종자의 수는 점점 늘어나고 있어."

그것은 사실이었다. 해마다 흔적도 없이 사라지는 사람의 수가 자꾸만 늘어나고 있다는 것이 전세계적인 추세였던 것이다. 그 중에는 물론 자의적인 가출도 있고 납치도 있을 것이고 살인도 있겠지만 특히 문제가 되기 시작한 것은 어린 아이들의 실종이었다.

대카의 빈민촌에서 일하던 의사 잭 프래거가 어린이 암시장의 실태를 폭로한 이래 각국의 인권기관들이 그 실태 조사에 나섰는데 동남아에서만 해도 년간 수만 명의 어린 아이들이 실종되고 있다는 것이었다. 그들 중 대부분은 납치되어 어린이 암시장에서 거래되는데 수공업 제품을 생산하는 공장에 노예로 팔리거나 매춘 조직으로 넘겨진다고 했다.

또 그들 중 일부는 도색 영화나 살인 영화를 만드는 데 소도구로 사용이 되기도 하고 더욱 끔찍한 것은 팔과 다리를 절단당하여 거지 전문 조직에도 팔리고 있다는 것이었다. 그리고 또 일부 전문가들은 납치된 아이들의 상당수가 이식용 장기를 채취하기 위해서 살해당하고 있을지도 모른다는 추측까지 하고 있었다.

"뭘 해? 고기가 타지 않아?"

고기를 뒤적거리고 있던 케니가 빨리 먹으라고 그를 재촉했다. 어쨌든 배가 고팠으므로 장누덕도 고기를 부지런히 집어먹으며 말했다.

"그래서…… 3백 27명을 다 조시했니?"

"우선 그들 중에서 백인과 흑인을 제외시켰지. 만일 그 시체가 양은국의 것으로 위장하기 위하여 사용되었다면 백인과 흑인은 아닐테니까. 피터슨 반장도 그 시체의 피부는 동양계의 것이라고 말하더군."

"그래서……?"

"3백 27명 중 동양계는 겨우 여섯 명…… 그들 중 세 명은 피부가 우리보다 더 검은 동남아 쪽의 사람들이었고 그 밖에는 중국인

둘과 일본인 하나가 있었는데…… 중국인 두 명은 노인이었지."

"그러면 일본인은?"

"그 일본인은……."

케니는 다시 냉면 한 젓가락을 입에 넣고 씹기 시작했다. 그가 냉면을 다 씹어서 삼킬 때까지 기다리고 있는 장누덕을 바라보던 케니는 싱겁게 웃었다.

"그 일본인은…… 여자였어."

장누덕도 따라 웃는 수밖에 없었다. 여자의 시체라면 양은국의 것으로 위장하는 데는 사용될 수가 없었던 것이다.

"그러면 결국…… 그 시체가 양은국의 것이 틀림 없다는 것인가?"

그들은 타고 있는 고기를 열심히 집어먹으면서 계속해서 시체 이야기를 지껄거려야 했다. 마치 그레이트 폴스의 시체와 소의 갈비살이 마구 뒤섞여서 씹히고 있는 듯한 느낌이었다.

"아직도 실낱 같은 가능성은 하나 남아있지."

"실낱 같은……?"

"루디…… 요즘 워싱턴에서 큰 관심사 중의 하나가 뭔지 알아?"

"워싱턴의 관심사라……."

"한국과도 관계가 있는 일이지."

"아…… 핵문제!"

걸프 전쟁을 전후하여 북한이 이라크와 이란 등에 장거리 미사일을 판매했다는 보도가 나돌면서부터 세계는 이미 그들에 대한 우려를 표명하기 시작하고 있었다. 사정거리 1천 km가 넘는 미사일을 생산하고 있는 그들이 핵탄두를 보유하게 되면 어떻게 되느냐 하는 것이었다.

그러다가 바로 92년 10월 러시아에서 북한으로 가려던 일단의 기술자들이 공항에서 출국을 금지당한 사건이 발생했다. 그리고 이 문제와 관련된 북한외교관 두 명이 러시아 당국에 의해 추방되었다는 사실을 이타르 타스 통신이 보도하면서 문제는 걷잡을 수 없이 커지기 시작했다.

출국을 금지당한 기술자들은 북한의 미사일 개발을 도와주러 간다고 말했으나 그들은 모두 미사일 기술자가 아니라 첼랴빈스크의 국방연구소에서 일하는 핵탄두 전문가들이었음이 밝혀졌다. 이로부터 워싱턴에서는 북한에 대한 제재 문제가 거론되기 시작했고 북한이 국제원자력 기구인 IAEA의 핵사찰을 거부함으로써 사태는 급속하게 악화되었다.

"갈비를 좀더 시킬까?"

케니가 타고 있는 고기를 집어서 석쇠의 가장자리로 옮겨놓으며 물었다.

"아냐, 난 됐어. 그런데 케니…… 한국에서 전쟁이 날 것 같애?"

사실 표면적인 상황은 그리 좋지 않았다. 북한은 결국 NPT 즉 핵확산금지 조약을 탈퇴했고 남북한 양쪽에서 모두 전쟁 소문이 나돌고 있는 가운데 북한 외교관들은 서방에서 전쟁불사를 호언하고 있었다. 연초에 러시아의 프리마코프 대외정보부장이 한국 대통령을 극비리에 방문했는데 뒤이어 미국 CIA의 울시 국장도 한국 대통령을 만났다고 보도되었다.

미국이 북한에 대한 경제 제재를 준비하고 러시아가 그 일에 동참하겠다고 나섰는데 이번에는 또 한국 대통령이 중국을 방문하여 정상회담을 갖는다는 발표가 있었다. 그렇게 되자 판문점에 나온 북한측 대표는 전쟁이 일어나면 서울은 불바다가 될 것이라고 협박했으며 한국측 대표에게는 당신도 살아남지 못한다고 폭언을 퍼부었던 것이다.

"지금 그들로선…… 결국 생존을 위한 카드로 핵문제를 이용하는 수밖에 없지 않겠어?"

최근에 들어서 부쩍 동서의 많은 학자들과 언론들이 남북한 문제를 전망할 때마다 결국 독일의 경우와 마찬가지로 남한이 북한을 흡수 통일하는 쪽으로 남북한 문제가 해결될 것이라는 예측들을 내놓고 있었다. 그러니 그들의 신경이 몹시 곤두서게 되었을 것은 짐작할 수 있는 일이었다.

"말하자면…… 전쟁을 불사하겠다는 그들의 발언은 아직 위협의 단계일 뿐이라는 말이로군."

"그 증거가…….."

케니의 말에 의하면 지금 북한의 외교관들이며 각급 단체의 대표들과 학자들이 부지런히 워싱턴을 드나들고 있다는 것이었다. 말하자면 표면적으로는 강경한 태도를 보이면서 뒤로는 뭔가 자신들의 생존을 보장받기 위하여 협상을 시도하고 있다는 증거였다. 그러나 케니는 그런 화제에는 관심이 없다는 듯 다시 양은국 사건으로 돌아왔다.

"자…… 양은국의 이야기를 더 계속하기로 하지. 요즘 CIA에 있는 내 친구 하나는 북한 사람들 때문에 골치를 앓고 있어."

"무슨 말이지?"

"지금까지는 대개…… 그들이 나라 밖으로 나오면 한 덩어리로 뭉쳐서 다니기 때문에 그 동태를 파악하기가 쉬웠거든."

"그런데 그 덩어리가…… 부스러지기라도 했단 말인가?"

"그들 중의 두 명이 갑자기 사라졌거든."

"아마도…… 뭔가 다른 임무를 수행하기 위해서 일행을 이탈했는지도 모르지."

"그런데 이상한 것은…… 그들이 은밀하게 없어진 자들의 행방을 찾기 위해서 여기저기 수소문하고 있다는 거야."

위에서 지시한 명령 때문에 이탈했다면 적어도 그 인솔자만은 그들의 행방을 알고 있을 것인데 그들이 어디로 갔는지 수소문을 하고 있다면 인솔자까지도 없어진 자들의 행방을 모르고 있다는 의미가 되는 것이었다.

"혹시……?"

장누덕이 그레이트 폴스에서 발견된 시체의 사진을 떠올리며 고개를 갸웃거리자 케니는 그가 무슨 생각을 하고 있는지 안다는 듯 슬며시 웃었다.

"루디…… 청바지에 티셔츠를 입은 북한 사람을 상상할 수 있어?"

"위장을 위해서 누군가 갈아입혔을 수도 있겠지."

"그러니까…… 내가 실낱 같은 가능성이 있다고 말한거야. 그런데 아까 네가 한 이야기로는 이 사건의 전개가 인도 사람들이 벌이고 있는 투탕카멘의 환생 프로젝트리든가 아니면 신광 그룹 성영진의 파워 게임 같은 것과 관계가 있을 것 같다는 쪽으로 흘러가고 있다는 뜻인데……."

그의 말을 들으며 장누덕은 동감이라는 듯 한숨을 쉬었다.

"그런 것들이…… 북한 사람들과는 관계가 없다는 말이로군."

케니는 그렇다는 듯이 냉면의 남은 가락들을 다 건져서 입에 넣은 다음 그 국물을 들이켰다.

"말하자면…… 사건의 논리가 헝클어져 있는거야."

“그러고 보니 그도 그렇군.”

그것은 사실이었다. 사건의 전개가 한 방향으로 풀려도 추적하기가 힘드는 법인데 전혀 관계없는 것들이 헝클어져서 멋대로 굴러다니고 있으니 마치 어린 아이가 키 보드를 제멋대로 두들겨 대고 있는 컴퓨터처럼 화면에는 종잡을 수 없는 현상들만 명멸하고 있었던 것이다.

“그래…… 어떻게 할거지? 내일 그 여자 교수와 만날거야?”

“상대가 걸어왔는데 안 만날 수 있겠어?”

“좀 위험할는지도 모르는데.”

그것은 사실이었다. 그들이 하던 말을 생각해 보면 지금 말리카라이 교수는 뭔가 그들에게 문책을 당할 입장이 되어 있었다. 장누덕은 바로 몇시간 전에 사이먼 휠러스로부터 간신히 도망쳐 나왔는데 다시 그가 라이 교수를 만나러 간다면 그것은 호랑이 굴에 제 발로 걸어들어가는 것이나 마찬가지였던 것이다.

“마치…… 내가 호랑이 굴이라도 들어가는 것처럼 말하는군.”

“아마…… 그것은 뱀의 굴일는지도 모르지.”

“뱀……!”

장누덕은 다시 몸서리를 쳤다. 엑타 비르하나의 바구니에서 고개를 들고 있던 세 마리의 코브라가 다시 생각났기 때문이었다. 갑자기 귓가에서 샤나이의 음산한 소리가 들려오고 있는 것 같았다. 영화나 책에서 인도를 소개할 때마다 트레이드 마크처럼 등장하는 것이 터번을 쓰고 앉아서 피리 소리로 코브라를 불러내는 갈색 피부의 인도 사람들인데 그 피리의 이름이 바로 샤나이였던 것이다.

“루디…… 이렇게 하기로 하지.”

다행히 갈비를 다 먹은 후였지만 잇 사이에 코브라의 고기가 끼어있는 듯한 느낌이어서 장누덕은 좀 찜찜한 표정으로 그를 바라보았다.

"어떻게……?"

"일과 위험을 분담하는거야."

"역시 친구가 좋기는 좋군."

"우선…… 넌 라이 교수를 만나 그녀의 이야기를 들으면서 양은국의 행방에 대한 정보를 최대한으로 알아내는 거야. 그녀와 만나는 동안 미행이 있는가를 주의하고 사이먼 휠러스 패들의 기습에 대비함은 물론…… 음식물 같은 것을 함께 먹지 않도록 주의하고."

"그 정도는 인디언 마을의 사람들도 알고 있는 호신책이지."

"그리고…… 모닝사이드 교회에 연락해서 인디언 처녀 델라테와 흑인 형제들의 엄호를 받는 편이 좋을거야. 우리 조직에서는 인원이 부족해서 널 도와줄 인력이 없어."

"난 그들에게 복음을 전해야 하는 입장인데…… 오히려 그들을 싸움에 동원하게 되었군."

"어쩔 수 없는 것 아니야? 예수의 조상인 다윗에게도 그가 도망다닐 때에 따라다닌 4백 명의 가난한 동지들이 있었어."

장누덕은 아직도 그가 성경을 제법 상세히 기억하고 있는 것에 새삼 놀라고 있었다.

"너 아무래도…… 나와 일을 바꾸어야 할 것 같구나."

"루디, 나를 전도하려는 생각은 안하는 것이 좋아."

그는 장누덕의 엉뚱한 연상을 재빨리 막아놓고 나서 말을 이었다.

"어쨌든…… 나는 그 동안 네가 가르쳐 준 양은국의 클래스메이트 다섯 명과 그리고…… 사이먼 휠러스에 모였던 자들의 정체를 알아보겠어."

"그리고…… 워싱턴에 왔다는 신정길의 행방도 추적해 보는 것이 좋을거야. 또 그의 아버지는 어떤 사람이었는가도 알아놓아야할 것 같고 카푸르라는 이름을 가진 그의 외조부는 또 누구인지……."

"너에게 멋진 데이트를 신청해 온 말리카 라이 교수라는 사람의 정체도 조사해 볼게."

케니는 버드와이저 한 병을 더 시켜서 그것을 글라스에 부었다. 케니가 맥주를 더 마시려고 하는 것은 천천히 긴장이 시작되고 있다는 뜻이라는 것을 그는 학생 때의 경험으로 잘 알고 있었다. 케니는 맥주 한 잔을 단숨에 다 비웠다.

"어때……? 이 사건에 비로소 좀 흥미가 생겼어?"

장누덕이 그렇게 물었는데도 케니는 말없이 빈대떡 한 조각을 집어서 입속에 구겨넣었다. 그런 모습도 학생 때와 똑같았다.

"좋아하지는 말아. 수사관이 관심을 갖기 시작한다는 것은 일이 위험해지고 있다는 뜻이니까. 그래서 말인데……."

그는 빈대떡 조각을 미처 삼키기도 전에 입을 열었다.

"내일은…… 네가 움직이는 도중에라도 자주 연락을 하고 서로 위치를 알아둘 필요가 있을 것 같거든…… 너 핸드폰 같은 거 없지?"

"목사가 그런 게 왜 필요하겠어?"

"그러면…… 이렇게 하지. 그 인디언 처녀 델라테에게 내 사무실 전화번호와 핸드폰 번호를 가르쳐 주고 급한 일이 있을 때에는 내게 연락을 하도록 해. 그리고……."

케니는 안주머니에서 비퍼를 꺼내더니 간단하게 사용법을 설명해 준 다음 그것을 장누덕의 윗 포켓에 넣어주었다.

"소리가 나지 않게 해 놓았으니까 진동만으로 알아채야 해."

"케니…… 호출이 너한테 오는 것이면 어떻게 하지?"

"이건 업무용이 아니니까 내가 호출하는 것이 아니면 응답하지 않아도 괜찮아. 그리고 이것은……."

그는 다시 주머니에서 성냥갑만한 작은 상자 하나를 꺼내더니 그것을 장누덕의 손에 넘겨주었다.

"이건 또 뭐지?"

"그 안에는 한 쌍으로 된 위험 신호기가 들어 있어. 두 사람이 하나씩 나눠갖고 한쪽에서 버튼을 누르면 다른 한쪽에서 위험 신호를 감지하게 되어 있는거야. 델라테와 나눠 가지고 서로 연락을 취하도록 해."

"그러다 보니 이건 너무 중무장이로군. 이러다가 권총까지 차야 하는 것 아니야?"

"사실은 그것도 필요한데…… 목사님에게 그것까지 권할 수는 없고."

"그런데 케니…… 네 오피스에 정말 엑스 파일 같은 것은 존재하지 않는거야?"

"루디, 우리가 전국의 첨단 기술자들과 점쟁이들과 무당들을 다 감시하려면 펜타곤의 예산을 다 가져다 써도 모자랄거야. 자…… 그러면 내일의 모험을 위해서 휴식을 좀 가져야 하겠지?"

그들이 빈대떡의 나머지 조각들을 다 먹어치우고 나서야 케니는 웨이터가 가져온 계산서를 들여다 보더니 마스터 카드를 내주고 나서 그에게 물었다.

"알렌 리 호텔에는…… 인도 여자 비르하나가 묵고 있다고?"

"워싱턴의 첫밤을 코브라와 함께 보내게 생겼지."

"뱀이 못 들어오게 하는 방법을 가르쳐 줄까?"

"어떤 방법인데?"

"방 주위에 담배 가루를 뿌려놓으면 못 들어온다고 하더군."

"케니…… 그렇게 하면 밖에 있는 뱀은 못 들어오겠지만 안에 있는 뱀은 밖으로 못 나갈 것 아니야?"

장누덕은 또 목덜미에 뱀이 기어가고 있는 것 같아서 손으로 목덜미를 쓰다듬었다. 케니는 웨이터가 가져온 카드 전표에 사인을 하더니 갑자기 장누덕의 등뒤 쪽을 쏘아보는 것이었다.

"왜 그래, 케니?"

정말로 코브라가 기어나왔는가 싶어서 그가 고개를 돌리려 하자 케니가 빠른 말씨로 소근거렸다.

"쉿…… 돌아다 보지 말아."

그는 전표에 사인을 한 다음 고객용 전표를 찢어내어 포켓에 넣고 나서 테이블 위에 팁을 꺼내놓았다.

"루디…… 모른 척 하고 먼저 나가 화장실 앞에서 기다려라."

"알았어."

장누덕이 일어서자 케니는 재빨리 일어서서 그의 뒤로 돌아갔다. 그는 등뒤에서 무슨 일이 일어나고 있는지도 알지 못한 채 얼른 문 쪽으로 걸어나갔다. 뒤쪽에서는 뭔가 우당탕거리는 소리가 들려오고 있었다. 그가 화장실 앞에 도착하여 막 뒤를 돌아다 보았을 때 카운터에서 여자의 인사하는 소리가 들려왔다.

"안녕히 가세요."

"아주…… 잘 먹었습니다."

케니는 태연한 표정으로 카운터의 여자에게 인사를 하며 밖으로 걸어나오고 있었다.

"무슨 일이야?"

"뱀을 한 마리 잡았지."

"뭐라구……?"

"워싱턴에는 가끔 뱀들이 기어다니거든."

그가 가리키는 뱀이란 바로 사설탐정들을 의미하는 것이었다. 그들은 자주 고성능 녹음기를 휴대하고 다니며 표적이 된 사람들의 대화를 녹음하고 그것을 원하는 쪽에 비싼 값으로 제공하고 있었다. 워싱턴은 세계를 움직이는 수도였고 각국에서 심어놓은 로비스트들이 우글거리고 있는 곳이었다. 그들이 바로 사설 탐정들의 정보를 사주는 중요한 고객이었던 것이다.

"아니…… 우리의 대화를 녹음하고 있었다는 거야?"

"걱정 안해도 돼. 테이프를 다 뽑아버렸으니까."

"이만하면 우리도…… 누군가의 중요 인물 리스트에 올라가 있는 셈이 되는 건가?"

식당 밖으로 나온 케니는 주머니에서 작은 손전등처럼 생긴 도구를 꺼내들고 차의 여기저기를 점검하고 있었다. 그가 하는 동작으로 보아 혹시 폭발물이 장치되어 있지 않은가를 확인하고 있는 것 같았다.

"케니……."

그들이 탄 차가 다시 펜타곤 앞을 지나서 포토맥 강을 건너고 있을 때 장누덕이 다시 입을 열었다.

"아까 너는…… 북한 대표단 사람들 중에서 두 명이 사라졌다고 했는데 혹시 그들의 이름을 기억하고 있어?"

"하나는 대외경제사업부 소속의 홍경수라는 자이고 또 하나는 금강 무역의 김인철 부장……."

"김인철……."

"왜…… 알 만한 이름이야?"

"아니, 그냥……."

그는 인디언 선교 후원회에 사업보고를 하기 위해 서울에 갔을 때 리진물산의 윤종혁 부장을 만난 적이 있다. 리진의 암만 지사장으로 나가있던 윤 부장이 한국과 이스라엘의 수교 재개에 따르는 사업전략의 방향을 조정하기 위해 서울에 들어와 있었던 것이다.

장누덕은 윤 부장이 리진 뉴욕 지사에 출장나왔을 때 잠시 함께 일한 적이 있고 또 부친 장세진 목사를 따라서 입북했다가 땅굴을 통해서 남하하는 모험을 함께 한 적도 있다. 그래서 오래간만에 만나 회포를 푸는 가운데 자연히 수메르의 점토판에 얽힌 한기영 차장의 모험 이야기도 화제의 하나가 되었던 것이다.

그때에 윤 부장은 한 차장의 고종사촌 되는 사람이 북한 무역대표부 소속인 금강무역의 부장으로 바그다드에 나와있었다고 이야기한 적이 있는데 아무래도 그 사람의 이름이 김인철인 것 같았다. 차를 호텔 앞에 세운 케니가 생각에 잠겨있는 그의 어깨를 두드렸다.

"자…… 내일의 데이트를 위해서 푹 쉬라구."

케니의 엘란트라가 빨간 미등을 길게 끌며 사라져 가는 것을 멍하니 바라보고 있던 장누덕은 터덜터덜 호텔 안으로 들어가 음산한 피리소리가 쏟아져 나올 것만 같은 엘리베이터의 버튼을 눌렀다.

사라진 시간들 사이로

그는 입을 벌리고 있는 공룡(恐龍)들 사이에 서 있었다. 길이 60센티미터의 힙실로폰티드에서 18미터에 이르는 브론토사우루스에 이르기까지 수많은 공룡들이 그 끈적거리는 살과 껍질을 다 벗어버리고 뼈만 드러낸 채 넓다란 전시관을 가득히 메우고 있었다. 그는 마치 없어져 버린 시간 속에서 들려오는 거대한 파충류의 합창을 듣고 있는 것 같았다.

> 혹은 소리 없는 첫비다을 날름거리고
> 혹은 소리나지 않는 입을 멍충히 열고
> 우리들의 침묵은 어느 아우성보다 더 높은 목청으로
> 역사의 문지기를 두드려 깨운다……
>
> —김장호 '파충류의 사상'

그는 사라진 시간의 늪 속에 웅크리고 있는 공룡들의 잔해들 속을 서성거리며 서울의 김정환이 호텔로 보내준 팩스를 다시 꺼내어 들여다 보았다.

양승업 사장은 1946년 서울 출생이며 부인 허진숙은 1949년 경상북도 문경군 관음리에서 태어났음. 허진숙의 부친 허대영은 문경읍에서 장사로 돈을 번 사람이었다고 하며 그 모친의 이름은 조길순으로 되어 있음. 허진숙의 언니 허인숙이 아직 생존해 있고 동생 허상구는 오퍼상인 엑심 트레이딩 회사를 운영하고 있음. 문경에서 여학교를 다닌 허진숙은 1968년부터 70년 사이 캐나다의 밴쿠버에 체재한 것으로 되어 있는데 그때에 UBC에서 공부하고 있던 양승업 사장을 만난 것으로 추정됨. 더 자세한 정보가 입수되는 대로 보낼 것이니 체류지마다 전화번호나 팩스 번호를 알려주기 바람.

—쟈니.

허진숙이 밴쿠버에 있었다면 양승업 사장을 거기서 만났으리라는 것은 쉽게 짐작할 수 있는 일이었다. 그러나 그 밴쿠버라는 이름이 장누덕에게는 예사롭게 여겨지지가 않았다.

“양은국의 티셔츠에 찍혀있던 빅토리아…… 그리고 또 어디선가 밴쿠버의 이름이 나왔었는데……?”

그렇다. 말리카 라이 교수가 적어주었던 양은국의 클래스메이트 중에는 로빈 류라는 중국식 이름을 가진 학생이 있었는데 그의 부모들도 밴쿠버의 차이나 타운에 살고 있다는 이야기를 들었던 것이다. 장누덕은 자신도 모르게 피식 웃었다.

(내가 살고 있는 밴쿠버에서…… 나도 모르는 사이에 많은 드라마가 진행되고 있었구먼.)

그가 팩스 용지를 도로 접어서 주머니에 쑤셔넣고 있을 때 갑자기 한 여자의 목소리가 은은한 향내를 타고 날아와서 그의 목을 휘 감고 있었다.

"뭔가 좋은 일이 있으신 모양이지요?"

말리카 라이 교수였다. 블루진의 바지와 재킷에 핑크색의 블라우스를 받쳐 입은 라이 교수는 정장 차림으로 처음 만났을 때보다 훨씬 편안한 느낌으로 그의 곁에 다가와 있었다.

"아…… 라이 교수님."

"그냥 말리카라고 불러주실 수 없어요? 좀 어리게 보이려고 이런 차림으로 나왔는데……."

그가 정식으로 라이 교수의 모습을 훑어보자 그녀는 두 손을 치켜들며 그 자리에서 한 바퀴를 빙그르 돌았다. 과연 그녀의 몸매는 나이를 짐작하기도 어려울 정도로 팽팽했다.

"좋아요, 말리카…… 미스터 라이께서 양해만 하신다면."

그것은 바로 남편이 있느냐고 물어본 질문이었다. 그녀는 생글거리며 대답했다.

"라이는…… 제 아버지의 성이에요."

라이가 남편의 성이 아니라면 그녀는 아직 미혼이라는 뜻이었다. 장누덕이 걸음을 옮겨 놓으면서 말했다.

"제 이름의 장도…… 제 아버지의 성입니다."

물론 서양에서도 남자가 결혼하여 성을 바꾸는 일은 없었다. 다만 자신도 역시 미혼이라는 것을 그녀에게 알려주기 위한 농담이었던 것이다. 라이 교수가 좀더 환하게 웃으며 말했다.

"매우 보수적이고 외로운 공룡들끼리 만났군요."

그녀의 말은 상대방을 은근히 자기와 동류로 끌어넣으려는 유혹적인 농담이었지만 그 가운데는 목사인 그를 진화론으로 유인하려는 의도도 포함되어 있었다. 어쨌든 장누덕은 결코 징그러운 파충류의 자손이 되고 싶지 않았기에 머리를 설레설레 흔들었다.

"나는 결코 공룡의 자손이 되고 싶은 마음은 없습니다."

그러자 다시 라이 교수가 알겠다는 듯이 고개를 끄덕였다.

"목사님들은 공룡에 대한 이야기가 나오면 좀 난처하시겠어요."

"왜요……?"

"성경에서는 천지창조가 엿새 만에 이루어졌다고 하는데 공룡이 살았던 중생대만 하더라도 1억 4천만 년 전이라고 하니……."

"창세기에는 사람들이 말하는 시간의 기준이 된 해와 달과 별이 넷째 날에 창조되었다고 했으니…… 엿새라는 것은 24시간 기준의 엿새가 아니고 여섯 개의 기간이라는 것을 알 수 있지요."

"그렇군요. 그러면 하나님은 언제 공룡을 만드셨나요?"

공룡에 관한 이야기가 나올 때마다 크리스천들이 당황하게 되는 것은 사실이었다. 하나님께서 언제 그리고 왜 공룡을 창조하셨는가 하는 의문이 생기기 때문이다. 그래서 사실은 장누덕도 성경이 공룡에 대해서 어떻게 기록하고 있는가를 찾아보았던 것이다. 성경에는 천지 창조의 다섯째 날에 공룡이 창조된 것으로 되어 있었다.

하나님이 큰 물고기와
물에서 번성하여 움직이는 모든 생물을 그 종류대로
날개 있는 모든 새를 그 종류대로 창조하시니
하나님의 보시기에 좋았더라……

그냥 넘어가면 라이 교수의 질문이 자꾸만 계속될 것 같아서 그는 답변을 해 주기로 했다.

"공룡은 창세기의 다섯째 날에 창조되었지요."

장누덕이 너무 쉽게 대답하자 라이 교수는 깜짝 놀라며 그를 바라보았다.

"다섯째 날요……?"

"창세기는 다섯째 날에 큰 물고기를 창조하셨다고 되어 있는데…… 그것이 영어 성경에는 큰 고래라고 번역되어 있지만 본래 히브리어 원문에는 탄닌이라는 이름으로 나오거든요."

"탄닌……?"

한글 성경에 '큰 물고기'로 번역되었고 영어 성경이 큰 고래라고 번역한 그 '탄닌'이라는 말의 뜻은 본래 용(龍)을 말하는 것이었다. 성경에서는 이 용을 사탄이라고 규정하는데 하와를 유혹하여 범죄하게 한 이후로 저주를 받아 다리를 잃고 기어다니게 된 뱀의 전신이라고 볼 수 있는 것이다. 장누덕의 설명을 듣고 라이 교수가 다시 물었다.

"탄닌이 용이라면 하와를 유혹한 뱀은 무엇인가요?"

"그 용이 하와를 유혹하여 금단의 열매를 먹도록 했기 때문에 하나님의 저주를 받아서 배로 기어디니는 뱀이 되있거든요."

"그러면…… 물고기가 진화하여 용이 되었고 용이 변하여 뱀이 되었다는 뜻인가요?"

라이 교수가 그렇게 파고드는 것은 역시 목사인 장누덕으로 하여금 진화론을 인정하도록 유인하기 위함이었다. 장누덕은 고개를 흔들었다.

"용은…… 물에서 살기는 했어도 물고기는 아니었습니다."

"다섯째 날에 창조되었는데도요?"

"창세기에는 이 뱀이 본래 '들짐승' 이었다고 적혀있지요."

다섯째 날에 창조된 것은 용과 물에서 사는 모든 생물과 하늘을 나는 새들이라고 되어 있었다. 그러나 저주 받은 용인 뱀은 들짐승으로 기록되어 있었던 것이다.

여호와 하나님이 지으신 '들짐승' 중에
뱀이 가장 간교하더라……

"뱀의 전신이라고 하는 그 용이 물고기가 아닌 들짐승이었다면 왜 다섯째 날에 창조되었다는 거죠?"

본래 창세기에는 하나님이 짐승을 창조하신 것이 다섯째 날이 아니라 여섯째 날이었던 것이다.

하나님이 땅의 짐승을 그 종류대로,
육축을 그 종류대로,
땅에 기는 모든 것을 그 종류대로 만드시니
하나님의 보시기에 좋았더라……

그리고 여섯째 날에 땅의 모든 짐승과 가축들과 기는 것들을 다 창조하시고 그날의 맨 마지막에 사람을 창조하셨던 것이다.

하나님이 자기 형상 곧 하나님의 형상대로
사람을 창조하시되 남자와 여자로 창조하시고
하나님이 그들에게 복을 주시며 그들에게 이르시되
생육하고 번성하여 땅에 충만하라, 땅을 정복하라……

하나님은 모든 짐승을 다 여섯째 날에 창조하셨는데 유독 용 즉 '탄닌'만은 다섯째 날에 창조하셨으므로 라이 교수가 이상하게 여기는 것도 무리가 아니었다.

"하나님께서 공룡을 다섯째 날에 창조하신 것은 사람의 시대를 열어놓기 위한 준비였습니다."

"사람의 시대라구요……?"

"다섯째 날에 창조되어 물에서 살다가 뭍으로 올라온 그 들짐승을 우리는 파충류라고 부르지요. 바로 그 공룡이 지구를 지배하다가 갑자기 멸종되어 사라져 버렸던 것입니다. 그것은 바로 하나님께서 사탄의 교만을 꺾어놓고 사람의 시대를 열기 위해서였지요."

"사탄이라뇨?"

"하나님은 모든 피조물들을 관리하기 위해서 사탄이라는 천사장을 창조하셨는데……하나님께서 그에게 많은 지혜와 능력을 주셨기 때문에 사탄은 교만해져서 스스로 하나님이 되겠다고 반심을 품게 되었거든요."

그래서 사탄은 다섯째 날에 창조된 유일한 들짐승인 공룡을 자기 식대로 사육하면서 지구를 지배하게 되었다. 그러나 그 공룡은 사탄의 방식대로 살다가 결국은 멸종되이 사라지고 밀았던 것이다.

"말리카…… 공룡이 왜 멸종되었다고 생각하십니까?"

"그것은 여러 가지 학설들이……."

'무서운 도마뱀'이라는 의미의 헬라어식 이름으로 불리는 디노사우루스 즉 공룡(恐龍)들이 왜 갑자기 지구상에서 사라지게 되었는가에 대해서는 여러 가지 사유가 거론되고 있었다. 중생대의 쥬라기에 가장 번성하던 공룡이 백악기 말기에 갑자기 사라져 버린 이유는 기후의 급변이나 지각의 변동 또는 먹이의 변화 때문이라는 여러 가지 학설들이 제시되었다.

"그래요. 여러 가지 학설들이 나와있지만 우선 누구나 인정하는 것은 공룡의 몸이 너무 커졌다는 사실이지요."

라이 교수가 그의 말을 수긍하면서 말했다.

"그렇다면 목사님도…… 진화론을 인정하시는 건가요?"

"그것은 진화론이 아니라 사고였습니다."

"사고라구요……?"

그가 말한 대로 공룡들의 변화를 연대순으로 놓고 볼 때 후기 쪽으로 갈수록 그 몸집이 엄청나게 커졌다는 것은 사실이었다. 예를 들어 중생대 초기에 나타난 노토사우루스는 몸의 길이가 1.35미터정도였는데 중기의 프라테오사우루스는 5.9미터로 커졌고 1909년 베를린 대학 탐험대가 발견한 세계 최대의 공룡 브라키오사우루스에 이르러서는 22.65미터까지 되었다가 마침내 지구상에서 사라지고 말았던 것이다.

"지구상의 모든 생물들은……그 생활 환경이 궁핍해질 때에는 약간 체구가 위축되는 변화를 보이기는 하지만 근본적으로 체형이 달라지거나 변화하지는 않습니다."

"그런데 공룡은 왜 그 몸집이 커졌다고 생각하세요?"

"모든 생물들이 다 하나님께서 창조하셨을 때의 질서를 잘 지켜나가고 있는데…… 유독 공룡만은 그 체형을 유지하지 못하고 엄청나게 커지다가 결국 멸종하고 말았지요. 말하자면…… 그 체형을 유지하도록 하는 기억의 인자에 뭔가 고장이 났다고 보아야 할 것입니다."

"고장이라구요……?"

“사탄이 교만하여져서 하나님의 자리에 앉겠다는 야심을 품기 시작했을 때 하나님께서는 바로 그의 탐욕을 멸망의 도구로 사용하신 것입니다.”

장누덕의 설명은 상당히 설득력이 있었다. 공룡들의 문제점은 바로 절제력의 상실이었던 것이다. 하나님께서 내버려 두신 그들의 몸집은 한없이 커져갔고 그들은 드디어 먹이 때문에 서로 다투다가 끝내는 서로 잡아먹기 시작했다.

본래 하나님께서 사람과 모든 동물들에게 육식을 하도록 허락하신 것은 대홍수가 지나간 이후라고 성경에는 기록되어 있었다. 그러나 탐욕을 절제하지 못하게 된 공룡들은 이미 사람이 태어나기도 전이었던 중생대부터 서로 잡아먹다가 마침내 멸망하게 되었다. 티라노사우루스처럼 성질이 난폭하고 이빨이 날카로운 육식성 공룡들이 나타나면서 공룡들의 몸집은 자꾸만 커지다가 어느 날 갑작스레 멸종되고 말았던 것이다.

“하지만…….”

라이 교수는 다시 그의 눈을 들여다 보며 미소를 띠웠다.

“창세기에 보면 뱀은 하나님이 지으신 들짐승 가운데서 가장 간교하였다고…… 즉 머리가 영리했다고 기록되어 있는데 공룡은 그렇지 않고 머리가 나빴던 것 같아요. 저걸 좀 보세요.”

브론토사우루스의 머리를 가리키는 라이 교수의 손톱에 빨간 매니큐어가 칠해져 있었다. 그것도 어제와는 다른 것이었다.

“저렇게 덩치가 크면서도 두개골은 형편없이 작지 않아요?”

“그것이 바로 사고였지요. 작은 공룡들을 보세요. 공룡의 머리는 결코 작지 않았는데 머리는 그대로 있고 몸만 커지다 보니까 결국 바보가 된 것이지요.”

라이 교수는 장누덕의 말에 일리가 있다는 듯이 고개를 끄덕이고 있었다. 장누덕은 잠시 심각한 표정으로 돌아가면서 말했다.

"결국 우리 인류도…… 마음이 교만해져서 사탄의 길을 따라가다가는 공룡처럼 바보가 되어서 자멸하게 되는지도 모르지요."

그때였다. 갑자기 라이 교수가 그에게로 달려들더니 팔장을 끼면서 급한 목소리로 속삭였다.

"위험해요…… 여기서 나가야 해요!"

그는 얼른·뒤를 돌아다 보았다. 앞발을 치켜들고 있는 티라노사우루스의 뒤쪽에 검은색 양복을 입은 백인 청년들이 이 쪽을 바라보고 있었다. 얼른 보아 여섯 명쯤 되는 것 같았다.

"어디로 갈까요?"

"어디든 빨리 가야해요."

그는 공룡 이야기를 하느라고 라이 교수가 왜 자기를 만나자고 했는지에 대해서도 아직 듣지 못하고 있었다.

"저……."

무슨 말을 하려는지 다 안다는 듯 라이 교수는 그의 팔을 잡아끌었다.

"나중에 말씀드릴게요. 좀더 빨리 걸으세요."

"차를 가져오셨습니까?"

"건너편에 있는 스미소니안 캐슬 앞의 주차장에 있어요."

그들이 중앙 홀의 매머드 모형 앞을 지나 박물관의 출구를 나설 때 검은 양복의 청년들도 공룡 전시실에서 나오고 있었다. 그들은 팔짱을 낀 채로 건물을 빠져나와 박물관 앞의 매디슨 드라이브를 건넜다. 여러 색깔의 티셔츠와 기념품들을 팔고 있는 행상들 가운데서 선글라스를 쓴 한 사내가 그들의 앞으로 달려들더니 티셔츠를 코 앞에 들이밀었다.

"하나 사세요."

뜻밖에도 그는 한국말로 말하는 것이었다. 이민 온 지 얼마 안되는 한국 사람들이 티셔츠 장사를 한다는 말을 들은 적이 있지만 지금 그는 티셔츠를 들여다 볼 형편이 아니었다.

"안 사요!"

그가 한국말로 대꾸하며 지나치려 하자 그 사내는 좀더 가까이 다가오더니 티셔츠를 다시 한번 디밀었다.

"잘 보세요, 좋은 거라구요!"

"어……?"

그는 티셔츠를 바라보다가 깜짝 놀랐다. 회색 바탕의 그 티셔츠에는 단풍잎 두 개가 그려져 있었고 거기엔 검은색 글씨로 'VICTORIA'가 박혀져 있었던 것이다.

"당신은……?"

그러나 그 사내는 장누덕이 물어볼 틈도 없이 빠른 말씨로 중얼거렸다.

"워싱턴 기념탑의 490피트로 가시오."

어느새 그는 몸을 돌이거서 좌판이 있는 쪽을 향해 뛰어가고 있었다. 검은 양복의 청년들이 뒤따라 오고 있었기 때문에 라이 교수가 또 그의 팔을 잡아다니고 있었다. 그들은 좀더 빠른 걸음으로 캐슬을 향하여 걷기 시작했다. 그들이 서두르고 있었기 때문에 라이 교수의 탄력있는 가슴이 자꾸만 그의 팔꿈치에 닿고 있었다.

(주여…….)

결혼한 성직자들은 흔히 가족에 대한 염려가 사역에 방해가 된다고 말하지만 미혼의 목사에게는 성적 충동을 극복하는 것도 어려운 일 중의 하나였던 것이다. 그의 팔을 끌며 캐슬 앞으로 다가가고 있던 라이 교수는 갑자기 방향을 바꾸어서 캐슬의 뒤쪽으로 돌아가더니 아프리카 미술 전시관으로 들어섰다.

"왜…… 아프리카지요?"

"저들을 따돌려야 하니까요."

아프리카 전시관에는 사람들이 별로 없었다. 엘리베이터를 타고 지하층으로 내려가면서 그가 다시 물었다.

"말리카…… 무슨 일이지요?"

"그들은 저를 죽일지도 몰라요."

"엣……?"

그가 깜짝 놀랐다는 듯이 눈을 크게 뜨는 것을 보고 라이 교수는 빠른 소리로 말했다.

"그들은 미친 사람들이에요."

"미친 사람들……?"

엘리베이터의 문이 열렸기 때문에 그들은 지하층으로 들어가 아프리카의 슬픔을 새겨놓은 기괴한 목각품들 속으로 걸어들어갔다. 한때 세계 최고의 문명을 자랑했던 아프리카는 오랫동안 유럽 사람들에게 짓밟히며 짐승처럼 살아왔던 것이다. 그러나 어찌된 셈인지 그들을 집어삼켰던 야벳 족속들은 이제 모두 피라미드와 호루스의 눈 속으로 빠져들어 가고 있었다.

"그들은…… 투탕카멘의 유전자로 세계를 정복하려 하고 있어요."

"투탕카멘……?"

"지금으로부터 3천 3백 년 전에 애굽을 다스렸던 소년 왕……."

"아…… 아멘호텝의 뒤를 이은 아들 말씀이로군요. 그런데 그 투탕카멘의 유전자를 어떻게 한다구요?"

라이 교수의 이야기에 귀를 기울이면서도 그는 계속해서 엘리베이터 쪽을 살피고 있었다. 미행하던 자들은 아직 나타나지 않고 있었다.

"그 소년 왕의 미이라에서 유전자를 뽑아내어 그를 이 시대에 다시 살려내겠다는 것이지요. 그들은 그 프로젝트를 저에게 의뢰해 왔어요."

"그게 도대체…… 가능하기는 합니까?"

"모든 실험은 해 봐야 아는 것이니까요."

"마이클 크라이튼의 소설에서는 나무의 수액 속에 갇혀버린 모기에서 공룡의 피를 채취했다고 썼지만 말라버린 미이라에서 무엇을 뽑아낼 수 있다는 것입니까?"

"미이라에서 DNA를 추출해 내는 작업은 이미 여러 나라에서 비밀리에 진행되고 있어요. 미네소타 대학 팀이 페루의 해안에서 살았던 원주민 여성의 미이라에서 DNA추출을 하는 중이고 플로리다에서 발견된 미이라는 독일의 뮌헨 대학 팀이 분석하고 있어요."

"2년 전에 알프스에서 발견된 아이스맨의 미이라도……."

"그건 오스트리아의 인스부르크 대학 교수들이 DNA를 분석하고 있지요."

"만약 투탕카멘의 유전자를 추출할 수 있게 된다면……정말 그를 환생시킬 수 있는 겁니까?"

그들은 '깃발' 이라는 작품 앞에 서 있었다. 못 안에 있는 다섯 마리의 물고기와 못 밖에 있는 네 마리의 비둘기 그리고 못을 들여다 보고 있는 검은 고릴라와 영국의 국기가 그려져 있었다. 가나 사람 쿠에쿠 카카누의 작품이었다.

"유전자를 뽑아내어 그 암호를 해독하기만 하면…… 원형대로 복원하는 것은 시간 문제라고 할 수도 있어요."

끔찍한 일이었다. 만일 그것이 가능하다면 시간 속으로 사라져 간 모든 사람들을 다시 살려낼 수 있다는 말도 되는 것이었다. 만약 역사상의 모든 성인들과 영웅들과 미녀들과 악당들이 다 살아서 돌아온다고 하면 그 혼란은 말로 다 할 수도 없을 것이었다.

죽은 남편들이 모두 돌아온다면 개가한 아내들은 그 입장이 몹시 난처하게 될 것이 뻔했다. 그런데 성경은 예수께서 사망과 음부(陰府)의 열쇠를 가지고 계시므로 사람이 죽으면 그가 재림하는 날까지 무덤에서 나올 수 없으며 아무 때나 죽은 자가 나와서 돌아다니는 일이 절대로 일어날 수 없다는 것을 분명히 밝혀놓고 있었던 것이다.

"그런데 말리카…… 당신은 그들에게 무엇을 잘못했습니까?"

"그들의 요구를 거절했거든요."

"무슨 요구를 말입니까?"

"그들은 저의 제자 중 하나에게 투탕카멘의 유전자를 주입하는 실험을 해 달라고 요구했는데…… 저는 그런 일을 하고 싶지 않았어요."

"제자라면…… 누구에게 말입니까?"

"그들이 원하는 실험대상은 엑키였지요."

"양은국을……?"

장누덕은 이미 그것을 알고 있었지만 짐짓 놀라는 척 하면서 그녀를 바라보았다.

"왜……왜 양은국이랍니까?"

"아시다시피 엑키는 바로 신광 그룹의 후계자이지요. 그들은 엑키의 외모와 투탕카멘의 영혼을 가진 새 인간을 만들어 내어 신광 그룹을 자기네 것으로 만들려고 했던 거예요.”

“왜 하필이면 신광 그룹입니까?”

“우선 실험의 대상이 된 것뿐이지요. 그 실험이 성공하게 되면 전세계의 모든 기업을 다 그런 식으로 빼앗아서 세계를 지배하려는 것이 그들의 계획이거든요.”

쿠에쿠 카카누가 ‘깃발’ 이라는 그림을 그린 것은 영국이 가나를 지배하며 노예와 황금을 빼앗아 가던 1935년으로 되어 있었다. 그로부터 22년 후에 가나는 독립을 얻게 되었지만 검은 고릴라는 아직도 물고기를 잡아내기 위하여 못을 들여다 보고 있었다. 국적을 바꾼 검은 고릴라의 모습은 저 죽음의 검은 개 아누비스를 닮아가고 있었던 것이다.

“그런데 양은국이 죽었기 때문에 문제가 생겼습니까?”

“엑키는…… 죽지 않았는지도 몰라요.”

“죽지 않았다구요?”

“양은국의 차가 덜레스 공항의 주차장에서 발견되었거든요.”

장누덕은 라이 교수를 처음 찾아갔을 때 그녀가 양은국의 사건에 대해서 전혀 모르는 척 하던 표정을 생각해 보고 있었다. 물론 처음 찾아간 낯선 사람에게 함부로 아무 말이나 할 수 없었다는 것은 이해할 수도 있는 일이지만 하룻밤이 지났다고 해서 또 이렇게 모든 것을 다 털어놓는 것도 이상한 일이 아닐 수 없었다.

“그런데…… 왜 저에게 그런 비밀을 다 말씀해 주시는 겁니까?”

아무래도 이제는 그것을 짚고 넘어가야 할 것 같아서 그런 식으로 추궁해 보았다. 라이 교수도 장누덕의 그런 마음을 읽었는지 얼굴이 분홍색으로 물들고 있었다.

"처음 오셨을 때 사실대로 말씀드리지 못해서 죄송해요……. 그러나 저는 지금 엑키를 찾아내지 못하면 저들에게 살해당할는지도 몰라요."

"왜 그들이 당신에게 양은국을 찾아내라는 것이지요?"

"그들은…… 제가 엑키를 도주시킨 것으로 알고 있거든요."

"양은국을 찾아내면…… 그들에게 내어줄 겁니까?"

"아녜요. 찾아내기만 하면 제 잘못이 아니라는 게 증명되니까 그 다음 일은 자기네가 하기 나름이지요. 전 사실 처음부터 이번 프로젝트를 맡고 싶지 않았거든요."

"그러면…… 당신이 지금 저에게 원하는 것은 뭐지요?"

"어차피 목사님도…… 엑키가 살아있다면 찾아야 할 것 아녜요? 그래서 저를 좀 도와달라고 부탁드리는 거예요."

정말 라이 교수의 얼굴은 공포에 질려있는 것 같았다. 어쨌든 이제 그들은 한배를 타게 된 셈이었다. 양은국을 찾는 일이라면 장누덕도 나서지 않을 수 없는 입장이기 때문이었다.

"그런데 말리카…… 언제까지 저를 목사님이라고 부를 겁니까?"

장누덕이 그렇게 말하자 라이 교수는 뛸 듯이 기뻐하며 그의 팔을 껴안는 것이었다.

"정말…… 정말 루디라고 불러도 되겠어요?"

라이 교수가 너무 달려들었기 때문에 그들은 하마터면 포옹을 할 뻔 했다. 바로 그때 장누덕의 윗주머니에 들어있던 비퍼가 부르르 떨었기 때문에 그는 겨우 정신을 차릴 수가 있었던 것이다.

"말리카…… 잠깐 레스트 룸에 좀 다녀올게요."

그는 말리카를 떼어놓고 화장실로 들어가서 비퍼를 꺼내보았다. 케니에게서 온 호출이었다. 마침 화장실 앞에 전화가 있어서 그는 케니의 사무실로 전화를 걸었다.

"아, 케니…… 왜 호출을 했지?"

"아프리카 전시관에 내려가서 왜 그렇게 오래 있는거야? 벌써 교수와 뜨거워진 건 아니겠지?"

"이봐…… 목사를 놀려대면 하나님께 혼난다구."

"에이 루디…… 목사든 신부든 난 그런 거 안 믿어. 옛날의 내시들처럼 아예 잘라버리고 한다면 몰라도. 그런데…… 별일 없는거야?"

"댕기 맨 놈들 여섯 명이 뒤를 쫓고 있어. 그런데…… 여기 있는 것은 어떻게 알았지?"

"아…… 파우하탄의 공주님이 연락을 해 주더군. 들어간 지 오래 되는데 안 나온다고. 그리고…… 서울에서는 연락 없었나?"

"양승업 사장의 부인 허진숙은 1968년부터 70년 사이에 밴쿠버에 있었다는군. 양 사장과는 거기서 만났던 모양이야."

"좋아……. 우선 너와 함께 있는 말리카 라이에 대한 정보를 알려주지. 말리카 라이는 1964년생…… 지금 꼭 30세이고 아직 미혼으로 되어 있어."

1964년이라면 네루 수상이 죽은 해였다. 케니기 제공하고 있는 정보가 계속되었다.

"너도 알다시피 네루가 죽은 후 샤스트리가 2년 간 수상직을 이어받았었고 샤스트리 사후에는 국민회의당의 좌파가 내세우는 네루의 딸 인디라 간디와 우파를 이끄는 모라르지 데사이가 수상 자리를 놓고 대립을 했었지."

"결국 공산당과 제휴한 인디라 간디의 좌파가 승리하여 인도는 소련과 가까워지게 되었고……."

"잘 아는군. 선거에서 패배한 모라르지 데사이는 인민당을 창당했는데 그의 참모였던 모한 라이는 인민당에 대한 미국의 지원을 얻기 위해 워싱턴으로 날아들게 되었던거야."

"그러면…… 모한 라이도 로비스트였나?"

"말하자면…… 그랬던 셈이지. 데사이 밑으로 들어가기 전에는 미국 대사관에 근무했던 것으로 되어 있고. 그런데 루디…… 다음 행선지는?"

"워싱턴 기념탑……."

"거기는 왜…… 투탕카멘이라도 만나러 가는거야?"

그는 자연사 박물관에서 나왔을 때 만났던 티셔츠 장사에 대해서 간단히 설명했다. 그러나 그림 앞에 서 있던 라이 교수가 전화박스 쪽으로 다가왔기 때문에 그는 얼른 전화를 끊어야 했다.

"알았어. 다시 연락할게."

비행기는 곧 떠난다

　장누덕과 말리카 라이 교수가 아프리카 미술 전시관에서 나왔을 때 검은 양복을 입은 여섯 명의 청년들은 보이지 않고 있었다. 라이 교수는 장누덕의 손을 잡아 이끌며 자신의 승용차가 있는 쪽으로 다가갔다. 그녀의 차는 빨간색의 리비에라 컨버터블이었다.

　"말리카…… 양은국의 행방을 찾는 일에 제가 무엇을 도와드려야 하겠습니까?"

　"지금…… 바쁘세요?"

　"전 지금 워싱턴 기념탑 쪽으로 좀 가봐야 히는데……."

　"양은국의 사인(死因)을 알아보기 위해 워싱턴에 오셨다더니…… 그가 살아있을지도 모른다니까 이제는 관광이라도 할 만한 기분이 되신 모양이죠?"

　"그 정도만 알아냈어도 제게 그것을 알아달라고 부탁한 쪽에 대한 성의는 어느 정도 보인 셈이지요. 그리고 사실은…… 워싱턴 기념탑에서 만날 사람이 좀 있거든요."

　그는 다시 그에게 워싱턴 기념탑으로 가라고 연락을 해 주었던 티셔츠 장사를 생각해 보았다. 케니도 그 일에 대해서는 모르는 것을 보니 그는 다른 사람의 부탁을 받았던 것 같았고 한국인 장사를 통해 연락을 한 것으로 보아 거기서 만나자는 상대는 한국 사람일 수도 있었다.

"그럼…… 차를 그냥 여기 놔두고 워싱턴 기념탑까지 함께 걸으면서 이야기하기로 해요."

그녀는 다시 장누덕의 팔장을 끼면서 농무부 쪽을 향해서 걷기 시작했다. 날씨는 제법 화창했고 높이 떠오른 태양이 오벨리스크의 정점을 향해서 다가가고 있었다. 한줄기 바람이 그들의 얼굴 사이를 스치고 지나가자 은은하면서도 가슴속을 파고드는 향내가 그를 유혹하고 있었다.

"좋은 향수를 쓰시는 것 같군요."

그러자 라이 교수는 다시 그를 올려다 보며 방그레 웃었다.

"인도가 향수의 본고장이라는 것을 모르세요?"

그것은 사실이었다. 향수라면 대개 프랑스를 생각하지만 인도는 고대로부터 향수와 향료의 원산지였다. 성경에 보면 나사로의 누이 마리아가 예수의 머리에 향유를 부었다는 이야기가 나오는데 그 나드 향유도 인도로부터 수입한 것이어서 그토록 고가품이었던 것이다.

"말리카…… 혹시 당신은 카노이 출신 아닌가요?"

카노이란 인도 북부의 우타르 프라데시 주에 있는 향수의 명산지였다. 라이 교수는 깜짝 놀라며 그를 바라보았다.

"카노이를 어떻게 아셨지요?"

"그 향수의 마을 앞에 서 있는 아름다운 문을 관광 책자에서 본 적이 있거든요."

　향료는 본래 고대 사회에서 하나님께 바쳐지는 선물이었다. 성경에서도 향연(香煙)은 바로 하나님께 드리는 기도의 상징이었던 것이다. 인도에서 향료의 생산이 그토록 왕성했다는 것은 본래 인도 북부 사람들의 신앙이 그토록 열렬했었다는 증거이기도 했다.

　"……아버지의 고향이 카노이였어요. 저는 아버지와 함께 델리에 있다가 세 살 때 워싱턴으로 왔으니까요."

　뜻밖에도 라이 교수가 말하고 있는 것은 케니가 그녀에 관해서 말해 준 정보와 부합되고 있었다. 아직 그녀를 조심해야 한다고 생각하여 긴장을 늦추지 않고 있던 장누덕은 다소 그것을 누그러뜨리면서 말했다.

　"향료란 본래 신에게 제사를 드릴 때 사용되던 것인데…… 카노이 부근도 역시 신앙에 열심이었던 지방인 모양이지요?"

　"인도 정신의 바탕은 힌두교인데…… 카노이가 있는 우타르 프라데시 주는 힌두교의 본고장이기도 하지요. 그래서 아버지는 제 이름을 말리카라고 지어주었어요."

　"아…… 말리카의 뜻이 무엇이지요?"

　"재스민이거든요……. 아버지는 그의 딸이 신에게 바쳐지는 향기가 되어 주기를 바라셨던 것 같아요."

　그제서야 장누덕은 고개를 끄덕이고 있었다. 라이 교수를 처음 만났을 때부터 그 은은하면서도 강렬한 향내에 매혹되었는데 그녀는 바로 향수의 본고장인 카노이에서 온 재스민이란 이름의 여인이었던 것이다.

　"말리카…… 전 인도에 대해서는 잘 모르지만 힌두교의 베다가 형성되기 이전에 고대 인도에서는 유일신을 섬겼다는 것을 알고 있나요?"

“…… ?”

장누덕이 인도의 고대사에 대해서 이야기하는 것을 보고 라이 교수는 약간 놀란 표정이었다. 그녀의 질문이 나오기 전에 장누덕은 얼른 그 답변을 먼저 해 버렸다.

“한국 사람들은 늘 자신들이 어디서 왔느냐를 알고 싶어하지요. 아실런지 모르지만 한국어는 터키에서 시작하여 러시아 평원과 중앙 아시아 그리고 시베리아에 걸쳐 산재해 있는 우랄 알타이 어군에 속하거든요.”

“그렇다면…… 한국 사람들은 터키에서 시작하여 동쪽으로 이동해 간 민족이라는 건가요?”

“그것이 거의 정설로 되어 있습니다. 성경에 보면 노아의 차남인 함에게는 구스라고 하는 아들이 있었는데 그 구스의 아들 니므롯이 셈의 성읍들을 공격하여 점령했다고 기록되어 있지요……. 아마도 그때부터 함 족속에게 밀린 셈 족속의 이동이 시작되었던 모양입니다.”

“플로리다에서 발견된 사람의 미이라에서 추출한 DNA도 아시아인의 것과 구조가 같다고 하던데……. 결국 아메리칸 인디언도 한국인과 같은 셈의 혈통이라고 할 수 있겠군요.”

“그렇습니다. 베링 해협을 건너간 사람들이 아메리카 대륙을 타고 내려가면서 퍼져 살게 되었던 모양입니다.”

“그래서 아메리칸 인디언 선교에 힘을 쓰고 계시는군요. 그러나 앞으로는 진짜 인디언…… 인도에 대해서도 관심을 좀 가져주세요.”

“그래서 말씀인데…… 사실은 한국 사람의 뿌리를 찾다보니까 인도의 고대사에 대해서도 관심을 갖게 되었거든요.”

"어머…… 한국과 인도 사이에 어떤 관계가 있었나요?"

"말리카…… 한국의 건국 설화에는 이런 이야기가 있습니다. 옛날 하나님의 아들 환웅이 무리 3천을 이끌고 태백산이라는 곳에 내려와 신시(神市)를 베풀었는데……."

장누덕은 〈삼국유사〉에 나오는 곰과 호랑이의 이야기를 그녀에게 들려주었다. 곰과 호랑이가 늘 사람이 되고 싶어하여 빌었는데 하나님이 그들에게 쑥 한 자래와 마늘 20개를 주고 그것을 먹으며 1백 일 동안 햇볕을 보지 않고 견디면 사람이 되리라 하였다는 이야기였다.

"그래서…… 어떻게 되었지요?"

이야기가 재미있었는지 라이 교수는 호기심이 가득한 눈으로 그를 재촉했다.

"호랑이는 1백 일을 견디지 못하여 실패했고 곰은 여자가 되어서 환웅의 아들을 낳았는데…… 그가 조선이라는 나라를 건국했다는 것입니다."

"그런데…… 그 이야기가 인도와 무슨 관련이라도 있나요?"

"저는 늘 그 실패한 호랑이 쪽에 관심이 많았습니다. 그 호랑이는 어떻게 되었을까 하고……."

장누덕의 말을 듣고 라이 교수의 눈에는 금새 안개가 스며들고 있었다.

"그렇군요…… 정말 불쌍해요."

"말리카…… 제가 알아보니 하나님이 주셨다는 그 쑥과 마늘의 원산지는 바로 중앙 아시아와 시베리아 지역이었습니다. 즉 쑥과 마늘을 삶아 먹어가며 햇볕도 없는 추운 지역을 이동했던 고생스러운 역사적 추억이 한국의 건국 설화로 남았던 것이지요."

"그렇다면 실패한 호랑이는……."

"그렇습니다. 본래 셈의 장자들이 터키의 아라랏 산에서 출발할 때에 노아의 셋째 아들이었던 야벳의 자손들이 따라나섰지요. 노아는 셋째 아들 야벳을 축복하면서 그들에게 셈의 장막에서 거하라고 유언을 했거든요."

셈의 하나님 여호와를 찬송하리로다
가나안은 셈의 종이 되고
하나님이 야벳을 창대케 하사
셈의 장막에 거하게 하시고……

"셈을 따라서 북으로 이동하던 야벳의 형제들 중 일부는 러시아 평원에 그대로 남았습니다. 그러나 다시 동쪽으로 이동하는 셈의 장자들을 따라나섰던 야벳 족속 중 일부가 추위와 허기에 못 이겨서 이탈하기 시작했지요."

"그…… 이탈한 호랑이가 인도라는 말씀인가요?"

"인도의 고대사를 보면……."

장누덕은 인도 출신의 교수에게 인도의 역사 이야기를 하기가 좀 쑥스러웠는지 그녀를 바라보며 씨익 웃었다. 그러나 라이 교수는 장누덕의 이야기에 관심이 있는지 재미있게 그것을 듣고 있었다.

"인도 역사의 중심이 되는 아리안족은 본래 유럽의 야벳 족속과 같은 언어 구조를 가진 민족이었는데…… 중앙 아시아 쪽으로부터 남하하여 힌두쿠시 산맥을 넘어 인도 대륙으로 들어왔다고 하더군요."

"저도 아버지에게서 그렇게 배웠어요."

"그러나 아리안족이 인도에 들어왔을 때에는 이미 그 땅에 드라비다족이라고 하는 선주민이 있었지요. 그들이 바로 인더스 문명을 건설한 사람들이라고 합니다만……."

라이 교수는 장누덕이 인도의 고대사를 꽤 알고 있는 것을 보고 너무 신기하여 그의 팔을 소녀처럼 마구 잡아 흔들고 있었다.

"어쩌면 그렇게 잘 아세요? 인도에 관심이 많은 분을 보니까 꼭 저 자신에게 관심이 많은 남자를 만난 것 같아서 기뻐요."

"제가 목사라는 점을 잊지 마십시오."

"왜…… 가시나무 새라도 될까봐 겁나시나요?"

<가시나무 새> 란 콜린 맥컬로우의 소설 제목이었다. 신부를 사랑한 탓으로 비통한 일생을 보내야 했던 여인 매기 클레어리의 인생을 가장 날카로운 가시에 가슴을 찢기며 우는 가시나무 새로 표현한 소설이었다.

"걱정 마십시오. 신부는 결혼을 못하지만 목사는 결혼을 할 수도 있으니까……."

그러자 이번에는 다시 라이 교수 쪽에서 얼굴이 빨개졌다.

"루디…… 당신은 여자의 마음을 흔들어 놓는 데도 정말 명수이시군요."

사실 그것은 장누덕의 반격이기도 했다. 라이 교수가 계속해서 향수 냄새와 같은 유혹의 음성으로 그의 마음을 흔들고 있었기 때문에 이 쪽에서 한번 역습을 해 보았던 것이다.

"자…… 그럼 역사 강의를 계속하겠습니다."

장누덕이 다시 근엄한 표정으로 돌아가자 라이 교수는 정말 역사 강의실의 여학생처럼 몸을 비틀었다.

"하이 스쿨 때 총각 선생님들이 이야기가 달아오르기 시작하면 얼른 정색을 하면서 자 이제 공부하자…… 하던데 목사님들도 비슷하시네요."

이제 장누덕은 정말 여학교 선생이라도 된 듯이 라이 교수의 투정을 무시하고 역사 이야기를 계속했다.

"그런데…… 아리안족이 들어오기 전에 먼저 와있었던 그 드라비다족의 언어는 한국과 아주 흡사한 교착어였고 비슷한 어휘들까지 다수 있는 것으로 알려져 있습니다."

본래 인더스 문명을 건설한 것은 셈족에 속하는 드라비다족이었는데 나중에 중앙 아시아에서 남하한 아리안족이 그들을 제압하고 지배하기 시작했던 것이다. 드라비다족은 그 후 점차 남쪽으로 밀려가서 지금 인도의 남부 지역에 주로 살고 있었다.

"말리카…… 아리안족은 드라비다족을 완전하게 제압하기 위해서 엄격한 카스트 제도를 만들고 그들을 영원한 노예 계급으로 만들어 버렸는데 왜 그토록 가혹한 제도를 만들었는지 아십니까?"

"그것은…… 정복자가 피지배자를……."

"아닙니다. 더 큰 이유가 있었습니다."

"더 큰 이유라구요?"

"말리카도 아시겠지만 인더스 문명은 아리안족의 것이 아니었습니다. 본래 인더스 문명이 많은 신들을 섬기고 개방적인 남녀관계와 상업적인 문화로 타락한 양상을 보였던 반면 북에서 내려온 아리안족의 문화는 창조주에 대한 엄격한 신앙과 근엄한 도덕적 생활을 유지했었지요."

말리카는 잠시 오벨리스크의 꼭대기를 바라보다가 입을 열었다.

"지금까지 말씀하신 것으로는 장자의 집안인 셈족에서 늘 엄격

한 신앙을 유지해 왔던 것 같은데 드라비다족은 왜 그와 반대였을
까요?"

"아마도 드라비다족은……."

오벨리스크 쪽으로 가는 잔디밭에는 한낮의 햇살이 가득하게 깔
리고 있었다. 그는 한번 주위를 둘러본 다음에 말했다.

"고대의 메소포타미아에서는 한 가지 이상한 일이 있었습니다.
당시 우르에서 시작하여 막강한 힘으로 천하를 지배하고 있던 수
메르가 같은 셈의 가문인 엘람과 앗수르의 공격을 받고 페르시아
만의 라가스 쪽으로 밀려가다가 멸망당했다는 것이지요."

"왜 같은 장자의 집끼리 싸웠을까요?"

"장자 집안의 싸움이었으므로 뭔가 신앙적인 갈등이 원인이었을
것으로 짐작이 됩니다. 가령 수메르가 함 집안의 어떤 음란한 문화
를 받아들여 하나님을 배반했다던가……."

"이제 알겠군요. 그러니까 루디는…… 라가스까지 밀려가다가
페르시아 만을 따라서 인도 대륙으로 들어간 수메르의 일족을 드
라비다족이라고 추측하시는 것이로군요?"

"역시 말리카는 감을 잡는 데 빠르시군요."

"그런데 왜…… 그렇게 철저한 신앙을 가지고 있던 아리안족이
드라비다족의 문화에 동화되었을까요?"

"아마도 처음에는…… 그들이 동쪽으로 가는 대열에서 이탈했다
는 좌절감을 극복하기 위해서 더욱 철저한 신앙을 유지하려고 몹
시 애를 썼던 것 같습니다. 그러나 너무 철저했기 때문에 문제가
되었지요."

"너무 철저했기 때문에……?"

"그렇습니다. 그들은 광야를 이동하던 투지와 기동력으로 타락

한 드라비다족을 제압했지만…… 다시는 타락이 고개를 들지 못하도록 그들을 영원한 노예로 만들어 버렸습니다. 그러나 아시다시피…… 세상의 지배자들은 결국 교만하게 되고 교만하게 되면 하나님을 잊게 되는 법이지요."

"이제부터는 강의가 아닌 설교로 들어가실 셈인가요?"

"이야기를 마저 하기로 하지요. 로마 교회가 세상을 지배하면서 타락했던 것처럼 아리안족의 신앙도 점차 타락하기 시작하여 드라비다 문화와의 타협을 시작했지요. 그렇게 해서 형성된 것이 베다가 아닐까요?"

베다란 바로 힌두의 경전을 말하는 것이었다.

"루디…… 매우 흥미있는 발상이기는 하지만 그 논리에는 좀 비약이 있는 것 같군요."

"그래요 말리카…… 난 역사 선생님이 아니니까요."

"하지만 루디."

그녀는 장누덕의 팔을 잡고 있는 자신의 손에 힘을 주었다.

"계속 저의 멋진 총각 선생님이 되어 주세요. 전 이렇게 늘 여학생이고 싶으니까요."

그것도 다시 한번 그의 영혼을 잡아 흔드는 유혹이었던 것이다. 장누덕은 싫지 않은 기분으로 말했다.

"여학생과 선생님이라…… 아주 낭만적인 관계로군요. 좋습니다. 실은 인도 사람들이 옛날부터 한국을 몹시 그리워하는 경향을 보였지요."

"실패한 호랑이가 하나님의 아들을 사모하듯이?"

"그럴는지도 모르지요……. 타고르의 시를 아시나요?"

라빈드라나드 타고르는 인도가 자랑하는 노벨상 수상 시인이었

다. 그는 일찍이 한국을 사모하는 시를 발표하여 당시 몹시도 가난
했던 한국 사람들을 어리둥절하게 했던 것이다.

"엑키가 늘 자랑스럽게 외우고 다녀서 저도 알고 있어요."

라이 교수는 그 타고르의 시를 몇구절 외워보였다.

> 옛날 동방의 황금시절
> 빛이 되었던 한국이여,
> 너의 등불 다시 밝히는 날에
> 온 세계를 밝히는 빛이 되리라……

"말리카처럼 아름다운 여인이 그것을 외우니까…… 더욱 기분이
좋아지는군요. 사실은 한국의 역사에도 당신처럼 예쁜 한 인도 아
가씨가 한국 사람에게 시집 온 사건이 있었지요."

"어머…… 그건 무슨 이야기지요?"

"셈을 따라서 동방으로 따라왔던 야벳의 형제들이 중국 대륙으
로 들어가서 새 땅을 개척하고 있을 때 동방의 장자들은 그들의 신
앙생활을 지도하기 위해서 교사들을 파견했었습니다. 그것이 바로
산동 반도에 거주하고 있던 소호 김천씨라는 사람들인데……."

라이 교수는 그 소호 김천씨에 대한 이야기를 듣자 눈을 크게 뜨
면서 말했다.

"아…… 그런 이야기를 들은 적이 있는 것 같아요. 아요디야의
공주가 동방의 김씨에게로 시집을 갔다는……. 그 아요디야는 저
희 고향 카노이와 같은 우타르 프라데시 주에 있거든요."

장누덕은 그렇게 말하는 라이 교수의 모습을 바라보며 신기한
느낌이 들고 있었다. 그렇다면 그녀는 김수로 왕에게 시집 왔다는

아요디야의 공주 허황옥과 같은 집안일런지도 모르기 때문이었다.

"루디…… 어떻게 그런 일이 생겼을까요?"

"BC 221년에 황제의 자리에 오른 진시황이…… 서역에서 비단을 수입하러 들어온 바벨론 장사꾼들의 타락한 문화를 받아들이면서 동방을 배반하여 만리장성으로 담을 쌓았지요."

"그때부터 중국은 하나님과 멀어지게 되었나요?"

"그렇습니다. 점점 바벨론 문화와 종교에 물들기 시작한 야벳의 형제들이 산동성의 교사들에게 칼을 들이대기 시작했기 때문에 결국 소호 김천씨들은 한반도의 남쪽으로 건너와서 가야라고 하는 나라를 세운 것입니다……. 그것이 바로 AD 42년이었지요."

"가야라구요?"

라이 교수가 놀라는 것을 보고 장누덕은 빙그레 웃으면서 말했다.

"지금도 아요디야의 동쪽에는 가야라는 도시가 있지요? 가야가 무슨 뜻인지 아십니까?"

"가야…… 힌디어에서는 그냥 가다의 과거형이니까 갔다는 뜻인데……."

"본래 그 가야라는 이름은 드라비다어에서 온 것으로 그것은 물고기라는 뜻입니다."

"그랬던가요?"

라이 교수는 장누덕이 자신도 모르는 드라비다어까지 알고 있는 것을 보고 감탄을 하고 있었다.

"인도에 대해서 저보다 더 잘 아시니 너무 부끄럽군요. 그런데…… 왜 아리안족이 장악하고 있던 가야가 노예 계급이던 드라비다 사람들의 말로 마을 이름을 지었을까요?"

“그것은······.”

장누덕은 혼란을 느끼는 듯 어리둥절하는 그녀를 바라보며 물었다.

“말리카····· 물고기가 기독교와 어떤 관계가 있다는 것을 아십니까?”

“〈 쿼 바디스 〉라는 영화에서 보니까····· 로마의 기독교인들이 물고기 그림을 암호로 사용하고 있더군요.”

“그렇습니다. 헬라어로 예수 그리스도는 하나님의 아들이요 구세주라는 말의 첫 글자를 모으면 익두스라는 말이 되는데 그것이 물고기라는 단어이거든요. 허지만 기독교인들이 물고기를 자주 사용하는 데는 또 다른 이유가 있습니다.”

“베드로가 고기 잡는 어부였기 때문인가요? 아니면····· 예수님이 물고기 두 마리와 보리떡 다섯 개로······.”

“더 근본적인 이유가 있습니다. 아시다시피 인류는 가인 족속과 셋 족속이 모두 타락하게 되면서 대홍수라는 심판을 받았는데······ 땅 위의 모든 산 것들이 다 화를 입었던 그 홍수 때에도 안전하게 살아남은 생물들이 있었습니다.”

“노아의 방주에 탔던 사람들과 한 쌍씩의 동물들을 말씀하는 건가요?”

“방주에 들어가지 않고도 살아남은 것······.”

“아····· 알았다!”

라이 교수는 정말 퀴즈의 정답을 맞힌 여학생처럼 길을 걷다 말고 깡충깡충 뛰면서 좋아하는 것이었다.

“알았어요. 물고기 맞지요?”

“맞았지만 상금이 없어서 유감이로군요······. 어쨌든 물고기는 그 후로 구원의 상징이 된 것입니다."

"그런데…… 왜 드라비다어로 이름을 붙였을까요?"

"아시다시피 예수가 십자가에 못박힌 이후로 그의 제자들은 사방으로 흩어져서 복음을 전하는데 그 중에 도마라고 하는 제자는 인도로 들어갔다고 합니다. 그는 AD 40년을 전후해서 드라비다족이 살고 있던 인더스 강 하구에 상륙하여 인도 북부로 들어가 갠지스 강 유역을 중심으로 복음을 전했다고 하는데…… 점점 남쪽으로 내려가 AD 72년에 마드라스에서 순교를 했지요."

"지금도 마드라스에는 그의 기념 교회가 있어요."

"먼저 믿은 드라비다 사람들이 물고기의 암호를 사용했기 때문에 도마가 전한 예수의 복음은 물고기, 즉 드라비다어로 가야의 복음이 되었고 가야 지역의 지도자들이 예수를 믿어 그 지역 이름을 가야라고 지었으며……"

라이 교수는 수긍이 간다는 것인지 황당하다는 뜻인지 미소를 띄우며 고개를 끄덕이고 있었다.

"재미있는 추리로군요. 그래서 아요디야의 공주는 메시아를 기다리며 살아온 동방의 장자를 찾아가 가야의 복음 즉 구원의 복음을 전했고 그와 결혼하게 되었다……"

"실패했던 호랑이의 한을 풀었던 것이지요. 그것이 바로 AD 46년이었습니다. 그래서 김씨의 나라 이름은 가야가 되었고 지금도 그 왕이 묻힌 왕릉의 정문에는 물고기 두 마리가 그려져 있는 것입니다."

장누덕의 말을 들으면서 라이 교수는 마치 꿈을 꾸는 듯한 표정이 되고 있었다. 그녀는 긴 속눈썹의 그늘을 들어올리며 장누덕의 눈을 들여다 보았다.

"그게 사실인지 어쩐지는 모르지만……. 어쨌든 매우 낭만적인 가설인 것만은 틀림 없는 것 같아요. 그런 이야기를 듣다보니 어쩐지 저도 한국 사람에게 시집 가고픈 생각이 드는걸요. 핸섬한 역사 선생님이라든가……."

"훌륭한 생각입니다만…… 그런데 또 방해꾼들이 나타났군요."

라이 교수는 다시 뒤를 돌아다 보았다. 검은 양복의 사내들이 제법 먼 거리에서 그들을 뒤쫓아 오고 있었던 것이다. 36년을 걸려서 완공했다는 오벨리스크의 주변에는 여러 대의 관광버스가 늘어서 있었고 그 입구에는 관광객들이 줄을 서 있었다. 그렇게 많은 사람들이 있는데 설마 어쩌랴 싶어서 그들은 줄의 꽁무니에 섰다.

기념탑의 입구로 들어서자 바로 죠지 워싱턴의 동상이 서 있었고 정면에는 엘리베이터의 구리빛 문이 보였다. 문이 열리자 사람들이 엘리베이터 안으로 들어가기 시작했고 검은 양복의 사내들은 아직 도착하지 않고 있었다. 그들이 엘리베이터에 올라타자 안내양은 탑의 제원을 설명하기 시작했다. 그녀의 설명이 다 끝나기를 기다려서 장누덕이 물었다.

"490피트에도 섭니까?"

"5백 피트까지 올라가서 계단을 통해 내려가세요. 내려가는 엘리베이터는 490피트에서 출발합니다."

엘리베이터는 5백 피트까지 논스톱으로 올라가고 있었다. 라이 교수가 다시 그의 팔을 잡으며 소근거렸다.

"태양까지 올라가고 있는 느낌이로군요."

"이카로스의 날개처럼 이 탑이 녹아버릴까봐 걱정입니다."

이카로스는 그리스 신화에 나오는 인물이었다. 초와 깃털로 만든 날개를 타고 미로를 탈출한 이카로스는 태양을 향하여 너무 가

까이 올라가다가 태양의 열기로 초가 녹는 바람에 떨어져 버렸던
것이다.

엘리베이터는 5백 피트에서 멎었다. 장누덕은 엘리베이터에서
나와 워싱턴 시내의 사방을 내려다 보는 관광객들을 헤쳐가며 계
단을 내려가기 시작했다. 그 티셔츠 장사는 490피트로 가라고 했
던 것이다. 붉은색 벽을 따라 계단을 다 내려가니 서점이 하나 있
었다.

그러나 서점 앞에서 아무리 두리번거려도 그에게 아는 체 해 오
는 사람이 없어서 그는 서점의 아가씨에게로 다가갔다.

"익스큐즈 미,"

그는 아가씨를 불러놓고 나서 뭐라고 말을 해야 할까 잠시 망설
이다가 우선 입을 열었다.

"저…… 혹시 누가 루디 장이라는 사람을 찾지 않던가요?"

장누덕이 막 그 질문을 끝냈을 때였다. 그는 이상한 느낌이 들어
서 손바닥을 펴보았다. 어느새 그의 손 안에는 종이 조각 하나가
들어와 있었던 것이다.

"누구얏?"

그는 종이 조각을 움켜쥐며 몸을 홱 돌이켰으나 그의 뒤에는 낯
선 서양 사람들만 가득하게 서 있을 뿐이었다. 바로 그때 장누덕은
누군가가 비상계단을 타고 후다닥 내려가는 것을 본 것 같았다.

"기다려!"

그는 사람들 사이를 헤치며 비상계단 쪽으로 달려갔다. 이미 아
래쪽에서 계단을 달려 내려가는 소리가 들려오고 있었다. 장누덕
도 산악지대에서 인디언들과 지내느라고 어지간히 훈련이 된 셈이
지만 상대방의 동작도 꽤나 재빠른 것 같았다. 마치 지옥의 계단을

내려가듯 한참을 나선형으로 돌면서 뛰어 내려갔는데도 계단은 끝이 보이지 않았다. 그는 잠시 뛰기를 멈추고 헐떡거리면서 혼자 중얼거렸다.

"이거 도대체…… 계단을 몇개나 내려가야 되는 거야?"

혼자 그렇게 중얼거렸는데 뒤에서 라이 교수의 목소리가 들렸다.

"8백 97개래요."

콧등에 땀이 솟고 있는 그녀도 역시 숨이 가쁜 듯 쌔근거리고 있었지만 어쨌든 장누덕을 바싹 따라온 것으로 보아 대단한 실력이었다.

"평소에…… 운동을 많이 하십니까?"

"펜싱을 좀 하고 있지만……."

"어쩐지 몸매가 탄탄해 보인다고 생각했었지요."

"지금…… 몸매 이야기하고 있을 때가 아니잖아요?"

그 이야기에 장누덕은 정신이 펄쩍 들었다.

"그렇군요!"

그는 다시 뛰어 내려가기 시작했고 라이 교수도 그의 뒤를 바싹 따라붙고 있었다. 아직도 밑에서는 상대방의 뛰어 내려가는 소리가 들려오고 있었다.

"도대체 그는 누구지요?"

"어쨌든 잡아야 해요! 바로 저 사람이 양은국의 행방을 알고 있을지도 모르거든요……."

"지금 몇개나 내려왔나요?"

정말 계단은 끝이 없는 것 같았다. 엘리베이터로 올라갈 때에는 1분 남짓 걸린 것 같았었는데 사뭇 긴 시간의 미끄럼틀을 타고 뛰어내린 것 같았다. 무릎 위의 근육이 계속해서 충격을 받아 아파오기 시작하는데 라이 교수가 뒤에서 쌔근거리며 말했다.

"루디, 위에서 무슨 소리가……."

"……?"

과연 위에서도 사람들이 뛰어 내려오는 듯한 발소리가 들려오고 있었다. 아무래도 그 검은 양복의 청년들이 쫓아오고 있는 것 같았다.

(뛰어라, 뛰는 수밖에 없다!)

그때였다. 갑자기 뒤따라 오던 라이 교수의 체중이 그에게 실려오면서 두 사람은 함께 계단 위에 쓰러져 버렸다. 대리석 계단 위로 몇번인가 구르고 나서야 그들의 몸뚱이는 간신히 멈추었다. 엉겁결에도 장누덕은 여자를 보호하기 위해서 그녀를 껴안고 뒹굴었기 때문에 구르기를 멈춘 다음에도 그들의 사지는 아직도 서로 뒤엉켜져 있었다.

"미안해요……. 발을 헛디뎠어요."

그녀의 목소리는 바로 그의 턱 밑에서 들려오고 있었다. 몸의 몇군데가 부서져 나간 것인지 여기저기서 엄습해 오는 통증 가운데서도 장누덕은 쿡 하고 웃음을 터뜨렸다.

"창세기의 말씀이 생각나는군요."

"네……?"

"그 아내와 연합하여 둘이 한몸을 이룰지로다……."

장누덕의 농담을 듣고 라이 교수가 빨개진 얼굴을 치켜들자 그녀의 입술은 거의 장누덕의 입술 가까이에 이르러 있었다. 은은하게 감겨오는 재스민 향내에 하염없이 녹아들고 있던 장누덕은 깜짝 놀라며 몸을 일으켰다.

“저들이 거의 다 따라온 모양입니다.”

그들은 비로소 서로 뒤엉켜 있던 팔과 다리를 풀었다. 위급한 가운데서도 장누덕은 농담을 했다.

“다 있는가 살펴보세요.”

“뭐가요?”

“두 팔과 두 다리가…….”

다리와 팔과 허리가 모두 결리고 쑤셨지만 그들은 더 이상 머뭇거리고 있을 수가 없었다. 검은 양복의 사내들은 이미 머리 위에 다가와 있었던 것이다. 그들은 빨랐고 일단 넘어졌던 장누덕과 라이 교수의 동작은 굼뜰 수밖에 없었다.

“이얏……!”

갑자기 위에서 기합 소리가 들리더니 검은 그림자 하나가 장누덕을 덮쳐왔다. 상당한 거리에서 날아내려온 것을 보니 제법 동양계의 무술을 익힌 사람인 것 같았다.

“윽…….”

상대의 체중이 실린 발길에 등을 맞은 장누덕이 다시 계단 위에 푹 쓰러지자 이번에는 라이 교수가 나서며 검은 양복의 사내들과 맞섰다.

“웬 놈들이냐!”

그러자 그들 가운데서 선글라스를 쓴 턱수염의 사내가 앞으로 나서며 손가락으로 라이 교수를 가리켰다.

“우리는…… 네 년을 잡으러 온 저승 사자들이다.”

“저승의 사자인지 저승의 쥐새끼들인지 모르지만…… 숙녀에게 올리는 말솜씨가 그토록 유치한 것을 보니 네 놈들은 가정 교육이 매우 부족한 놈들이로구나!”

“뭐라구!”

턱수염의 사내는 손을 들어 여자의 뺨을 후려쳤다. 그러나 어떻게 된 영문인지 사내는 비명을 지르며 계단 아래쪽으로 굴러떨어졌다. 라이 교수는 어느새 청바지의 벨트를 풀어서 손에 감고 있었다. 그녀는 다시 뒤이어 사내들이 공격해 오자 그 벨트를 휘두르며 맞아 싸우기 시작했다.

(저건…… 사두의 장법이다!)

재를 뒤집어 쓴 몸에 천 조각 하나만을 걸친 채 유일한 소지품인 지팡이 하나만을 들고 맨발로 다니는 힌두교의 수행자를 ‘사두’라고 하는데 그래서 사두의 지팡이에는 늘 주술적인 이야기가 따라다니게 마련이었다. 즉 사두의 지팡이는 때로 모세의 지팡이처럼 뱀으로 변한다든가 아예 그 지팡이 자체가 본래 뱀이라는 것 같은 이야기들이었다. 그래서 인도 사람들 가운데는 뱀이나 허리띠를 써서 상대방을 공격하는 소위 사두의 장법(杖法)이 전해져 내려오고 있었던 것이다.

“얏!”

라이 교수가 소리를 지를 때마다 그녀의 허리띠는 칼처럼 날을 세웠고 그 빳빳하게 선 허리띠로 그녀는 펜싱의 각종 화려한 기법을 구사해 가며 사내들을 찔러가고 있었다. 그녀의 허리띠는 마치 코브라 뱀처럼 때로는 사내들에게 날아들고 때로는 휘감으면서 그들을 꼼짝 못하게 만들고 있었다.

“루디…… 제게 맡겨두고 구경만 하실 거예요!”

그녀가 소리치자 장누덕은 비로소 정신을 차리며 몸을 일으켰다. 라이 교수는 다시 말했다.

“이 놈들을 모두 아래로 내던질 테니까 위에서 공격을 해 주세요.”

　라이 교수가 그렇게 말하는 것과 함께 정말 위쪽에 있던 사내들이 하나씩 아래로 떨어져 내려오기 시작했다. 장누덕은 그저 떨어져 내려오는 자들을 주먹으로 후려치거나 발길로 차기만 하면 되는 것이었다.

　(한국의 태권도가 인도의 아녀자에게 밀리면 안되지!)

　어차피 여자가 나서서 싸우고 있는데 목사라고 예수님 말씀을 지키고만 있을 수는 없었다. 예수는 누가 네 오른편 뺨을 치거든 왼편도 돌려대라고 했던 것이다. 그러나 아무리 생각을 해 보아도 목사가 싸움을 해도 좋다는 구절은 없는 것 같아서 그는 궁색한 변명을 했다.

　(주여…… 약한 자를 도와주라는 말씀도 있지 않습니까?)

　아무래도 둘이서 여섯을 상대하는 것은 좀 무리인 것 같았다. 그러나 라이 교수가 밀어던지는 녀석들을 쥐어박고 걷어차다 보니 어느새 그들은 모두 계단 위에 쓰러져서 꼼짝을 못하고 있었다.

　“뛰세요!”

　라이 교수는 벨트를 손에 감아 쥔 채로 그들의 몸뚱이를 넘어서 계단을 뛰어 내려가기 시작했다. 장누덕도 히겁지겁 그녀의 뒤를 따랐다. 검은 양복의 청년들과 다투는 데 시간을 많이 빼앗겼기 때문에 아래쪽에서 뛰어 내려가던 사람의 기척은 전혀 들려오지 않고 있었다.

　그들이 헐떡거리며 기념탑을 다 내려와 밖으로 뛰어나왔을 때 장누덕은 주차장의 관광버스에 올라타고 있는 한 사람의 뒷모습을 눈여겨 보았다. 어쩐지 눈에 익은 것 같은 모습이었다. 그가 버스를 향하여 달려가고 있을 때 이미 버스는 출발하고 있었다.

"놓쳤구나……."

흰 글씨로 '라파엘'이라고 쓴 버스에는 붉은 줄이 둘러져 있었고 차 번호는 B—08681이었다. 그는 멀어지고 있는 버스를 바라보며 주머니에 구겨넣었던 종이 조각을 꺼내 보았다. 거기엔 또 빨랫줄에 널린 코브라와 같은 문자들이 적혀 있었다.

हवाई जहाज़ थोड़ी देर में चलने वाला है

양은국의 방에 있었던 힌디어의 메모는 우연이라고 하더라도 오늘 그의 손에 들어온 이것은 틀림 없이 누군가 그에게 전해 준 메시지였다.

"이게 무슨 뜻이지요?"

그가 내민 종이 조각을 들여다 보던 라이 교수가 고개를 갸웃거렸다.

"하와아이 쟈하즈……토리 데르 메 쩔러데네 왈라 헤애…… 비행기는 잠시 후 출발할 예정입니다……?"

"비행기가 출발한다구요!"

장누덕은 깜짝 놀라며 주위를 둘러보았다. 라이 교수의 차가 있는 곳까지 가려면 너무 늦기 때문에 택시를 잡아타야 할 것 같았다. 그는 라이 교수의 손을 움켜잡고 택시 정류장 쪽을 향해서 뛰기 시작했다.

죽음의 골짜기에서

기념탑 앞에서는 좀처럼 택시를 잡기가 어려웠기 때문에 장누덕과 라이 교수는 손을 잡은 채로 뛰다 보니 감사원 건물이 있는 곳까지 와 있었다. 라이 교수가 숨찬 음성으로 말했다.

"제 차가 있는 곳으로 가는 것이 낫겠어요."

"그러나 말리카…… 길이 막혔군요."

장누덕이 달리던 속도를 늦추면서 라이 교수의 손을 잡아다녔기 때문에 그녀는 가쁜 숨을 몰아 쉬며 앞을 바라보았다. 스미소니안 캐슬 쪽으로 가는 제퍼슨 드라이브에도 검은 양복을 입은 청년들이 길목을 지키고 있었다. 그들은 할 수 없이 14번가 쪽으로 방향을 꺾었다.

"저들이 쫓아와요!"

라이 교수가 그렇게 말했을 때 그들은 한 우중충한 건물 앞에 도착해 있었다. 건물 앞에는 관광객으로 보이는 사람들과 남녀 학생들이 길게 늘어서 있었다.

"이건…… 무슨 건물이지요?"

“홀로코스트 박물관……”

본래 홀로코스트는 유대인들의 희생 제사를 의미하는 말이었다. 그러나 나치의 히틀러가 유대인들을 대량으로 학살했던 제2차 세계대전 이후부터는 그 말이 ‘대학살’ 을 의미하는 단어로 사용되고 있었던 것이다. 홀로코스트 박물관은 바로 그 학살당한 유대인들의 비극을 기억하기 위하여 세워놓은 박물관이었다. 그들은 티켓을 배부하는 창구로 급히 다가가서 줄의 앞쪽에 서 있는 사람들에게 양해를 구했다.

“죄송합니다! 급한 일이 있어서……”

라인에 서 있던 사람들이 어리둥절하여 바라보고 있는 사이에 그들은 티켓을 받아들고 박물관 안으로 뛰어 들어갔다. 전시관 안내소의 왼쪽에 엘리베이터가 보였다.

“엘리베이터를 탑시다!”

세 개의 엘리베이터 중에 마침 가운데 것이 입을 벌리고 있어서 그들은 총알처럼 달려 들어갔다. 그들이 타자마자 도어는 닫혔다. 그들이 몹시 헐떡거리는 것을 보고 먼저 타고 있던 관광객들이 이상하다는 듯 바라보고 있었다.

“땡큐.”

장누덕이 그렇게 말하자 그들은 더욱 의아한 표정을 지었다. 미국 사람들은 아무 때나 감사하다는 말을 쓰지 않고 꼭 필요할 때만 그것을 쓰기 때문이었다. 장누덕은 좀 멋적어진 것 같아서 한마디를 더 했다.

“주여, 감사합니다……”

장누덕이 그런 식으로 횡설수설하고 있는 사이에 엘리베이터는 어느새 4층에 멈추어 섰고 도어가 열렸다. 그들이 관광객들 속에

섞여서 4층에 내리자 대학살이 시작되기 이전에 유럽 각지에서 성실하게 살아온 유대인들의 모습이 전시되고 있었다. 그러나 3층으로 내려가면서 마침내 피비린내 나는 죽음의 현장들이 나타나기 시작했다.

"세상에……."

수염을 기른 근엄한 모습의 랍비들이 발가벗기운 채로 늘어서 있는가 하면 앙상한 나뭇가지처럼 말라서 미이라처럼 죽어가는 사람들도 있었고 머리를 깎이운 알몸의 엄마와 아이가 함께 손을 잡고 가스실로 끌려 들어가는 모습도 보였다. 금니와 틀니를 뽑힌 채 산더미처럼 쌓여진 시체들은 소각장으로 들어가는 컨베이어에 실려지고 있었다.

(이건 마치…… 에스겔의 골짜기를 지나가고 있는 것 같군.)

예루살렘이 멸망한 후 바벨론에 포로로 끌려가 있다가 선지자로 임명된 에스겔은 죽음의 골짜기에서 수많은 해골들이 다시 살아나 일어서는 환상을 보았던 것이다. 그때 하나님의 음성이 들려왔다.

> 내 백성들아 내가 너희 무덤을 열고
> 너희로 거기서 나오게 하고
> 이스라엘 땅으로 들어가게 하리라……

그 죽은 자들의 어둡고 축축한 골짜기를 지나가면서 라이 교수는 조금 떨리는 목소리로 소근거렸다.

"그 많은 시체들을 다 처리하는 것도 보통 일이 아니었겠군요."

그녀의 말을 들으며 장누덕은 좀 으시시한 느낌을 받았다. 장누덕 자신도 인디언 마을에서 초상이 났을 때 시체를 다루어 본 경험이 있기는 하나 유전공학의 교수인 그녀도 저 사이면 휠러 장의사에서 시체를 처리하듯 다루어 본 경험이 있을런지도 모르기 때문이었다.

"그때의 기록을 보니까…… 시체처리의 능률이 오르지 않아서 담당관들이 자주 문책을 당했다고 하더군요."

"그 시체들을 다 처리하려면 굉장한 시설과 비용이 필요했겠어요."

"시체에서 얻는 부산물로 그 소각비용을 충당했다더군요. 시체를 태울 때 흘러나오는 사람의 기름으로 군용 비누를 만들었다든가……."

그뿐이 아니었다. 유대인들의 머리카락은 담요가 되었고 그 가죽은 고급 장서본의 표지나 귀부인들의 장갑으로 만들어지기도 했던 것이다. 유대인들의 몸은 또 귀중한 연구의 자료로 사용되기도 했다. 코너에 설치된 비디오 화면은 나치 의사들의 생체실험 장면을 방영하고 있었다.

"너무 끔찍해요."

얼굴을 찡그리는 라이 교수가 그의 팔을 껴안으며 얼굴을 기대오자 장누덕도 한숨을 쉬며 말했다.

"야벳의 자손이 그 형인 셈의 자손을 학살하고 있는 현장이지요."

유대인은 대홍수 때에 살아남은 노아의 세 아들 중 장자에 해당하는 셈의 후손이었고 그들 자신이 늘 자랑해 왔던 것처럼 하나님의 선택받은 장자들이었다. 그리고 그들을 6백만 명이나 학살한 독일인들은 노아의 셋째 아들이며 셈의 아우인 야벳의 자손들이었던 것이다.

　"꼭 그렇게…… 혈통을 갈라서 따져야 할까요?"

　인도 사람들도 야벳의 혈통이라고 장누덕이 이미 말했었기 때문에 라이 교수는 그것이 마음에 걸리는 모양이었다.

　"역사적으로…… 셈에 대한 야벳의 침략과 학살은 늘 반복되었지요. 헬라와 로마가 예루살렘을 유린했던 것도 같은 맥락이고 유럽인들이 아메리칸 인디언을 학살한 일도 마찬가지이고……."

　"루디…… 그러니까 인도의 아리안족이 드라비다족을 친 것도 같은 유형이라고 볼 수 있다는 말인가요?"

　"그렇지요."

　"하지만 아리안의 경우에는…… 드라비다족의 문명이 너무 타락되어 있었기 때문에 그들을 징계한 것이라면서요?"

　"물론 그렇습니다만…… 역사적으로 볼 때 사람들은 늘 자신의 불법을 정당화하기 위한 방편으로 하나님의 법을 휘둘렀지요. 합중국 기병대가 아메리칸 인디언들을 학살할 때에는 그들이 하나님을 모르는 야만인이라는 것으로 구실을 삼았고 나치가 유대인들을 학살할 때에도 그들이 예수를 십자가에 못박은 죄인들이라는 점을 내세웠거든요."

　"하지만 성경의 율법서에도 눈에는 눈으로, 이에는 이로…… 하는 함무라비식의 복수가 나와있고 범죄한 자는 돌로 때려서 죽이라고 명령하는 대목도 있지 않나요?"

　"성경에 나오는 율법은 본래…… 아버지가 그 자녀를 징계할 때처럼 징계 그 자체가 목적이 아니라 자녀에 대한 훈도가 목적이거든요. 그러나 유다의 제사장들과 바리새인들은 그들의 정치적인 입장과 권위를 유지하기 위해서 하나님의 율법을 그 도구로 사용하였던 겁니다."

"목사님다운 말씀이로군요."

그러나 장누덕의 설교는 더 이상 이어지지 못했다. 어떻게 알았는지 검은 양복의 청년들이 전시장에 나타났기 때문이었다. 그들은 바로 2층으로 내려가는 길목을 거슬러 올라왔던 것이다. 이번에도 역시 여섯 명이었다. 그들은 주로 여섯 명이 한 조로 되어 활동하고 있는 것 같았다.

"어떡하지요?"

라이 교수가 그렇게 말했으나 대답을 할 여유도 없었다. 이미 그들은 공격을 가해오기 시작했던 것이다. 라이 교수는 다시 벨트를 뽑아들며 사두의 장법을 구사하기 시작했고 장누덕도 부득불 또 학생 때 배워둔 태권도 실력을 발휘하는 수밖에 없었다. 기념탑의 계단보다는 장소가 넓어서 돌려차기를 하는 데는 안성맞춤이었다.

"멈춰요!"

전시장을 지키고 있던 여자 경비원이 달려오며 호각을 불었으나 속수무책이었다. 관광객들은 비명을 지르며 이리저리 몰려다니고 장누덕의 돌려차기에 맞은 검은 양복의 청년들이 사진이나 모형들 위에 쓰러질 때마다 전시물들은 삽시간에 찢어지고 부서져서 결딴이 나고 있었다. 적들 중의 몇명은 단도를 휘두르고 있었기 때문에 장누덕은 부서진 전시물에서 각목을 떼어들고 그들의 칼질을 막아야 했다.

"말리카, 위험해!"

검은 양복의 청년 하나가 말리카의 등을 칼로 찔러 들어가는 것을 보고 장누덕이 자신에게 날아오는 칼날을 피하며 그렇게 소리쳤다.

"엇……."

어느새 나이프를 든 청년의 팔목에는 라이 교수의 벨트가 감겨
져 있었고 나이프는 힘없이 그 손에서 떨어져 내렸다.

"야잇!"

라이 교수가 벨트로 감은 손목을 낚아채자 청년은 앞으로 고꾸
라지며 허리를 꺾었다. 그와 함께 그녀의 두 발이 공중으로 떠오르
면서 한바퀴를 선회하더니 청년의 뒤통수를 향하여 번갈아 떨어지
는 것이었다. 청년은 그 자리에 엎어져서 다시 일어서지를 못하고
있었다.

"말리카…… 솜씨가 대단하군요!"

"고마워요."

엎어진 자의 손목에서 풀려나온 라이 교수의 벨트는 다시 윙윙
소리를 내며 돌아가기 시작했다. 그러자 그녀의 앞뒤에서 덤벼들
던 청년들의 이마와 볼에서 피가 흐르기 시작했다. 벨트의 버클이
그들의 이마와 볼들을 후려쳤던 것이다. 장누덕은 자신에게 덤벼
오던 두 명을 처치하고 나서 다시 라이 교수의 버클에 얻어맞은 자
들을 돌려가며 후려차기 시작했다. 그러나 단지 그것만으로 문제
가 다 해결된 것은 아니었다.

"어……?"

4층 쪽에서 또 여섯 명의 사내가 뛰어 내려오고 있었던 것이다.
이제 상대는 어쨌든 열두 명이 된 셈이었다.

(여기서 시간을 보내고 있을 때가 아닌데…….)

그때였다. 쓰러져 있던 청년 하나가 품안에서 권총을 뽑아들었
다. 장누덕이 몸을 날리며 그의 머리통을 걷어찼기 때문에 총탄은
빗나가며 비디오 화면을 명중시켰다. 총소리를 듣자 다른 자들도
일제히 권총을 뽑아들고 그들을 향하여 사격하기 시작했다.

"살려주세요!"

그냥 패싸움이 벌어진 줄로만 알고 구경하던 관광객들이 총소리가 나기 시작하자 다시 비명을 지르며 달아나기 시작했다.

(문제가 시끄러워지겠군…….)

여자 경비원이 틀림 없이 신고를 했을 것이고 시간을 너무 끌면 경찰들이 들이닥칠 것이었다. 그는 다시 라이 교수의 손을 붙잡고 2층으로 돌아내려가 건물의 뒤쪽을 향해서 뛰었다. 전시장을 빠져나가자 6각형 모양으로 된 홀이 나타났다. 죽은 유대인들의 영혼을 추모하기 위한 불꽃이 타오르고 있는 곳이었다. 그러나 거기에도 검은 양복의 청년들이 지키고 있었다.

"비켜라, 이놈들!"

장누덕이 그들 사이로 길을 뚫으려 할 때에 이미 권총을 든 청년들이 등뒤에까지 다가와 있었다. 그들에게 집중사격을 당하면 꼼짝없이 적의 총탄에 벌집이 될 판이었다.

(주여…… 여기서 끝나면 안되는데요!)

그러나 정말 거기서 끝나지는 않았다. 갑자기 그들을 둘러싸고 있던 청년들의 포위망이 무너지기 시작하더니 일단의 흑인들이 그들 사이로 뛰어들었던 것이다. 그들은 순식간에 권총을 들고 있던 자들을 등뒤로부터 공격하여 날쌘 솜씨로 제압했고 벌써 대부분의 청년들을 때려눕히고 있었다.

"델라테!"

장누덕은 그들 가운데서 검은 모자를 눌러 쓴 채 파우하탄의 채찍을 휘두르고 있는 델라테를 발견했다. 그녀는 장누덕을 돌아다보며 소리쳤다.

"밖으로 나가면 붉은색 바이크 한 대가 시동이 걸린 채 세워져 있을 거예요. 그걸 타고 빨리 빠져나가세요."

"고마워, 델라테…… 우리는 덜레스 공항으로 갈거요!"

그들이 싸움을 벌이고 있는 동안 장누덕은 라이 교수를 이끌고 회전문 밖으로 빠져나왔다. 델라테가 일러준 대로 붉은색 바이크 한 대가 시동이 걸린 채로 서 있었다. 그는 바이크에 뛰어 오르면서 소리쳤다.

"빨리 올라타요, 말리카!"

라이 교수가 두 팔로 자신의 허리를 감아 안자마자 그는 액셀러레이터를 힘차게 잡아 비틀었다. 상쾌한 속도로 바이크는 달리기 시작했다. 뒤의 문제야 어찌 되었건 일단 그들은 따라오던 청년들을 따돌린 셈이었다.

"아까…… 그 검은 모자의 젊은이는 남자인가요?"

"아…….'

장누덕은 잠시 망설이다가 더 이상 숨길 필요가 없다고 생각되어 그녀에게 말했다.

"여자입니다."

"FBI……?"

그의 빨간색 바이크는 14번가를 삐져니와 죠지 메이슨 다리를 건너서 워싱턴 파크웨이로 들어섰다.

"아뇨, 그냥 시스터이지요."

"시스터?"

"모르시나요? 크리스천은 모두 예수 안에서 형제이고 자매이거든요."

라이 교수는 그의 등에 얼굴을 묻으며 쿡쿡 웃었다.

"어쩐지 루디와 닮았다고 생각했어요."

"아메리칸 인디언이니까 저와 혈통이 같지요."

라이 교수가 궁금했던 것은 장누덕과 그녀가 어떤 관계일까 하는 것이었던 모양이었다. 그러나 장누덕이 인디언 선교를 하고 있는 목사이므로 그들이 서로 돕는다는 것은 어떻게 보면 당연한 일이었던 것이다.

"루디…… 당신의 사랑스러운 누이 동생이 따라오고 있군요."

뒤를 돌아보던 라이 교수가 그렇게 말했다. 백 미러를 들여다 보니 과연 그녀의 검은 바이크 군단이 워싱턴 파크웨이로 들어서고 있었다. 라이 교수가 다시 그의 허리를 바싹 끌어안으며 중얼거렸다.

"당신의 누이 동생이 나도 좋아해야 할텐데……."

"왜요?"

"내가 그녀의 오빠와 뜨거운 관계가 되는지도 모르니까……."

정말 그녀의 뜨거운 가슴이 마치 그를 송두리째 다 태워버리기라도 하려는 듯이 그의 등에 마구 밀착해 오고 있었다.

(이 여자는 정말 악녀인가 아니면 천사인가……?)

그러나 아직도 그는 전도서에 기록된 솔로몬의 경고를 마음속에 다짐하고 있어야 하는 처지였다.

내가 깨달은즉

마음이 올무와 그물 같고 손이 포승 같은 여인은

사망보다 독한 자라

하나님을 기뻐하는 자는 저를 피하려니와

죄인은 저에게 잡히리로다……

바이크가 도미니온 드라이브를 달리고 있을 때 반대편 레인에 서 있던 까만색 지프 한 대가 갑자기 중앙 분리대의 잔디밭을 넘어서 U턴을 하더니 그들을 덮칠 듯이 따라오기 시작했다.

"뭐지요, 루디?"

"글쎄요…… 처음 보는 놈 같은데."

지프에는 선글라스를 쓴 두 사람이 타고 있었다. 백 미러를 들여다 보고 있던 장누덕은 깜짝 놀랐다.

(저 놈이…….)

운전석 옆에 앉아있는 사람의 머리카락은 하얀 백발이었다. 비록 선글라스를 쓰고 있기는 해도 장누덕은 그의 얼굴을 알아볼 수 있었다.

(……신정길!)

그는 바로 사이먼 휠러 장의사의 지하실 회의에 참석했던 사내 즉 다이앤카푸르의 아들이며 신광 그룹의 떠오르는 태양이라는 신정길 이사 바로 그 사람이었던 것이다. 그 지하실의 회의 도중에 그는 옆방으로 갔다가 다시 돌아와서 물건이 없어졌다는 보고를 했었다. 그리고 그 보고를 다 들은 엑타 비르하나는 화가 나서 소리를 질러대었다.

― 도대체…… 그 말리카 라이는 뭘 하고 있었던 게야!

그런데 지금 그 신정길이 흰 머리를 날리며 라이 교수를 추격해 오고 있었던 것이다. 뭔가 그녀의 신변에 위험이 다가오고 있다는 것을 짐작할 수 있었다. 그는 더욱 세차게 핸들의 액셀러레이터를 비틀었다.

"말리카…… 따라오는 두 놈 중의 하나는 머리카락이 하얀 실버 헤어의 동양계 남자로군요. 혹시…… 아는 사람입니까?"

라이 교수는 그의 등에 얼굴을 파묻은 채 고개를 가로 젓고 있었다. 모른다는 것이었다. 그녀는 신정길을 모른다고 하는데 어떻게 그는 라이 교수를 알고 있는 것인지 이상한 일이 아닐 수 없었다.

"저 사람은 혹시…… 신광 그룹과 관계 있는 자는 아닐까요?"

그들은 이제 덜레스 공항로에 들어서 있었다. 라이 교수는 그의 등뒤에서 고개를 돌리며 말했다.

"신광 그룹 사람 중에서 제가 만난 사람이라고는 엑키와 그의 어머니뿐이에요."

"엑키의 어머니는…… 자주 만나셨습니까?"

그들을 추격하고 있는 지프의 두 사람은 그들이 보낸 다른 하수인들과는 달리 성급하게 덤벼들지 않고 있었다. 그들과의 거리에도 제법 여유를 유지하고 있는 것처럼 보였다.

"아뇨…… 엑키가 죠지 워싱턴 대학에 입학하려고 왔을 때 점심을 한번 같이 한 적이 있지요."

"어떻던가요, 엑키의 어머니는?"

"아주…… 매력 있는 여성이었지요."

그녀의 대답을 들으며 장누덕은 좀 뜻밖이라는 느낌이 들었다. 사실 그는 허진숙이 한 대학생의 어머니였기 때문에 그녀를 여인이라는 개념으로 파악하지는 않고 있었다. 그런데 라이 교수는 양은국의 어머니를 표현하는 데 '확시'(foxy)라는 단어를 썼던 것이다. 그것은 즉 '성적으로' 매력이 있다는 뜻이었다.

"말리카…… 당신보다도 더 말입니까?"

라이 교수는 또 그의 등에 얼굴을 비벼대며 쿡쿡 웃었다.

"여자들은 누구나…… 그 일에 대해서는 열등감을 가지고 있지요."

“앗차…….”

공항 구내로 들어서고 있던 장누덕은 낭패했다는 듯이 중얼거렸다.

“왜 그러세요?”

“따라오던 자들이 사라져 버렸습니다.”

백 미러에는 아무 것도 보이지 않고 있었다. 아마 설리 로드 쪽으로 빠져버린 모양이었다. 중앙분리대를 넘어서 U턴을 했던 것으로 보아 미행을 해 온 것은 분명한데 갑자기 그의 시야에서 사라져 버렸던 것이다.

“사라져 버렸으면 됐지 않아요?”

“언제나 적은…… 보일 때가 제일 안전한 법입니다. 적이 어디 있는지 알 수 없을 때가 가장 위험한 때이구요.”

장누덕이 바이크를 세우기 위하여 주차장으로 들어섰을 때 라이 교수가 입을 열었다.

“주차장에 왔으니…… 엑키의 차를 한번 찾아보면 어떨까요?”

“양은국의 차……?”

“그래요. 포드의 선더버드 쿠페이니까 곧 찾을 수 있을 거예요.”

“무슨 색이었지요?”

“까만색이에요.”

그녀가 양은국의 차를 색깔에서 차종까지 자세히 알고 있는 것을 보면 뭔가 각별한 관계를 가지고 있었음은 틀림 없는 것 같았다. 그들은 주차장을 돌기 시작한 지 얼마 안되어서 양은국의 선더버드 쿠페를 찾아내었다.

라이 교수는 장누덕의 허리를 안고 있던 손을 풀고 바이크에서 내려 양은국의 차를 여기저기 살펴보고 있었다.

"뭔가 짚이는 게 있나요?"

"아뇨, 그저…… 혹시나 해서."

장누덕도 함께 차의 여기저기를 살펴보았다. 운전석 옆의 포켓도 열어보고 재떨이도 열어보았지만 아무 것도 없었다.

(……?)

그는 의자 밑을 들여다 보다가 깜짝 놀랐다. 담배 꽁초 하나가 떨어져 있었던 것이다. 그리고 그 꽁초에는 금색 글자로 담배의 이름이 찍혀져 있었다. 담배의 이름은 '555' 였다. 바로 양은국의 아파트 주방에서 케니가 찾아내었던 담배 꽁초와 같은 것이었다. 그리고 담뱃불을 재떨이에 끄지 않고 아무 데나 부벼 꺼서 버렸다는 것도 먼젓번의 경우와 비슷했다.

"그렇다면……."

양은국의 실종은 그 '555' 의 담배를 피운 사람과 관계가 있다는 결론이 나오고 있었다. 그는 케니가 한 것처럼 그 꽁초를 조심스럽게 손수건에 싸서 주머니에 넣은 다음 계속해서 의자의 밑을 살피며 말했다.

"말리카…… 혹시 엑키의 친구들 중에 담배를 피우는 학생이 있었나요?"

그러나 라이 교수는 무엇을 하고 있는지 대답이 없었다.

"말리카……."

그러자 갑자기 누군가가 머리 위에서 여자의 목소리를 흉내내고 있었다.

"왜 그러세요, 목사님?"

"……?"

의자 밑을 들여다 보던 장누덕은 고개를 돌려서 위쪽을 바라보았다. 웃음을 띠운 케니의 얼굴이 그를 내려다 보고 있었다.

"케니…… 네가 어떻게 여기를?"

"이봐, 그 여자가 의자 밑으로 들어갔어?"

"의자 밑으로……?"

"네가 의자 밑을 들여다 보면서 말리카…… 그 이름을 하도 간절하게 부르고 있길래 하는 말이야."

그는 퍼뜩 정신을 차리고 사방을 둘러보았다. 라이 교수의 모습은 어디에도 보이지 않았고 오히려 델라테와 그의 흑인 군단이 선더버드 쿠페의 주위에 둘러서 있었다.

"말리카!"

그는 이리저리로 뛰어다니면서 주차하고 있는 차들의 사이마다 모두 살펴보았으나 라이 교수의 모습은 어디에도 보이지 않고 있었다.

"말리카가 없어졌어!"

"루디…… 오래간만에 데이트를 하더니 실성을 한거야?"

"아니야…… 방금 전까지 그녀는 바로 여기에 있었거든."

장누덕이 진지한 표정으로 그렇게 말하자 옆에서 듣고 있던 델라테가 특유의 웃지 않는 얼굴로 말했다.

"목사님께서 그렇게 말씀하시는 것을 보니 라이 교수는 누군가에게 납치를 당한 것인지도 모르겠군요."

"납치를……?"

"아까 두 분의 뒤를 따라오면서 보니까…… 지프 한 대가 미행을 하고 있는 것 같았거든요."

"루디…… 너도 그걸 알았었니?"

"알고 있었지. 지프에 타고 있던 두 사람 중의 하나는 신광 그룹의 신정길 이사 같았어. 그런데…… 델라테, 그 지프가 공항에 들어오면서 보니까 없어져 버렸는데 어느 쪽으로 갔지요?”

“지프는 국제 공항 쪽으로 들어갔어요.”

“그렇다면…… 국제 공항 쪽으로 들어갔다가 다시 주차장으로 돌아왔다는 것인가?”

“어쨌든…… 루디, 왜 그녀를 태우고 이 덜레스 공항으로 달려온 거야?”

장누덕은 그제서야 워싱턴 기념탑에서 받은 힌디어의 메시지를 꺼내어 그에게 보여주었다. 케니가 그 꼬불꼬불한 글자를 들여다보며 물었다.

“꼭 뱀들을 널어놓은 것 같군……. 이건 어느 나라 글자지?”

“힌디어야. 사실은…… 양은국의 책 속에도 힌디어의 메시지가 있었어.”

“그렇다면…… 이 메시지는 무슨 뜻이야?”

“비행기는 곧 출발한다는 뜻이래.”

“뭐라구?”

케니가 앞장서서 뛰었고 장누덕과 델라테가 그 뒤를 따랐다. 델라테는 그녀의 동료들에게 눈짓으로 신호를 보내고 있었다. 주위를 경계하라는 신호였는지 그들은 모두 거리를 두고 떨어져서 사방을 살펴보기 시작했다. 앞장서서 달려가던 케니가 다시 장누덕에게 물었다.

“루디…… 먼젓번의 힌디어 메시지는 무엇이었지?”

“그 여자는 오지 않는다…….”

그의 대답을 들었는지 못 들었는지 케니는 이미 공항 청사로 들어서고 있었다. 델라테가 옆에서 물었다.

“목사님…… 아까 그 홀로코스트 박물관에서는 몹시 위험했는데도 왜 위험신호기를 누르지 않았어요?”

“아…… 공연히 걱정시켜 줄 것 같아서.”

“큰일날 뻔했어요.”

사실 그녀의 질문에 대한 장누덕의 대답은 완전한 것이 아니었다. 솔직하게 말하자면 라이 교수와 단 둘이 있는 시간을 조금이라도 더 연장해 보기 위해서 신호기를 누르지 않았던 것이다.

“루디…… 사이먼 휠러 장의사에 모인 사람들이 말했다는 곳은 디트로이트라고 했지?”

케니는 벌써 공항의 안내소에서 타임 테이블을 받아들고 디트로이트로 가는 항공편을 찾아보고 있었다.

“워싱턴 기념탑에서 네게 그 메시지를 준 사람은 누구야?”

“도망치는 바람에 잡지를 못했어. 그는 라파엘이라고 쓴 관광버스를 타고 사라져 버렸지. 차 번호는 B-08681이었어.”

“인상착의는?”

“뒷모습밖에 못 봤지만…… 어쩐지 동양인 같다는 느낌이 들었지.”

케니는 즉시 핸드폰으로 사무실에 전화를 걸어서 하린 코치웨이스의 B-08681에 탔던 동양인의 이름을 조사해 달라고 부탁했다.

“하란 코치웨이스는 뭐지?”

“아…… 네가 본 그 버스 회사의 이름이야.”

그는 다시 타임 테이블을 펼쳐놓고 디트로이트로 가는 비행편들을 뒤지기 시작했다.

“워싱턴 기념탑에서 메시지를 받은 것은 몇시쯤이었지?”

“열두 시 조금 전이었을 거야.”

케니는 덜레스 공항의 이륙 시간표를 손으로 짚어내려 가고 있었다.

"디트로이트 행은…… 대부분이 노스웨스트 항공이로군."

그의 손가락이 한군데서 멈추었다. NW1409편이 12시 40분 출발로 되어 있었다. 케니는 타임 테이블을 든 채로 노스웨스트 항공의 카운터로 달려갔다. 그는 설명하는 시간을 줄이기 위해서 FBI의 신분증을 내보인 다음 카운터의 협조를 구했다.

"사람을 좀 찾고 있습니다. 혹시 한 시간쯤 전에 디트로이트로 출발한 NW1409편에 E.K.양이라는 사람이 탑승하고 있는지 알고 싶은데요."

카운터의 여직원은 단말기의 키를 두드려 보더니 고개를 들었다.

"승객 명단에…… 그런 이름은 없는데요."

케니는 고개를 갸웃거리더니 다시 핸드폰으로 사무실에 전화를 걸었다. 뭔가 소식이 있는지 그는 볼펜을 꺼내들었다. 타임 테이블의 표지에 그가 받아 쓴 이름은 I.C.Kim이었다.

(I.C.Kim이라면…… 그건 김인철이 아닐까?)

바로 그것이 라파엘 버스의 승객 가운데 섞여있던 동양인의 이름인 모양이었다. 케니는 카운터의 여직원에게 다시 그 이름을 조회했다. 그녀는 다시 키를 두드려 보더니 말했다.

"그 분은…… 예약을 바꾸셨군요."

"어떻게 바꿨습니까?"

"NW1405편…… 4시 5분에 출발하는 디트로이트 행입니다."

"혹시 그 비행기에 좌석을 하나 더 예약할 수 없을까요?"

"그럼 부탁합니다. 승객 이름은 루디 장…… C,H,A,N,G……."

"됐습니다. 티켓을 구입하시고 출발 30분 전까지 체크 인 하세요."

"감사합니다."

자기 마음대로 장누덕의 탑승 예약을 해 놓은 케니는 시계를 들여다 보더니 그를 바라보았다.

"아직 두 시간도 더 남았는데……."

"케니…… 내 비행기 요금은 FBI가 내는 거야?"

"우린 친구간인데 그런 거 따지지 말자구."

"어쨌든 넌 학생 때 버릇이 아직도 남아있구나. 네 여자 친구가 기숙사에 찾아오는 날이면 음악회 예약을 해 놓고 날 내쫓았지? 음악회 입장료는 물론 내 돈으로 내고……."

"루디…… 우리는 친구간인데 네꺼 내꺼 자꾸 따질거야?"

"알았다, 알았어. 그런데 요즘 워싱턴 사람들은…… 점심도 안먹나?"

그러자 무표정하던 델라테도 비로소 가만히 웃으며 배가 고프다는 시늉을 했다. 델라테의 흑인 형제들은 별도로 해결을 하는 모양이어서 케니와 델라테 그리고 장누덕 등 셋만 카페테리아로 가서 점심을 먹으며 서로가 겪은 일들을 이야기하고 정보를 나누었다.

"어때, 케니…… 뭔가 감이 좀 잡힐 것 같애?"

"너무 혼선이 되고 있는 느낌이야. 처음에는 그저 신광 그룹의 파워 게임 정도인 줄로만 알았는데 엉뚱하게 사이먼 휠러 장의사가 나타나고 그러다가 3천 3백년 전의 투탕카멘이 등장하는가 하면 북한의 공작원까지도 끼어들고 있으니……."

"여러 가지의 사건들이 한꺼번에 일어날 때에는 수사관들이 흔히 잘 쓰는 수법 하나가 있지."

장누덕이 그렇게 말하자 햄버거를 베어물고 있던 케니가 무슨 말이냐는 듯이 그를 바라보았다.

"왜 그런 거 있잖아…… 사건의 공통점을 찾아보는 것……."

"공통점이라고!"

"케니…… FBI에서 월급을 받고 살려면 추리소설 몇개쯤은 읽어 두었어야지. 네가 말한 네 가지 사건의 공통점을 한번 말해 볼까?"

"목사님께서 이젠 탐정이 다 되신 기분인 모양이로군."

"생각해 보라구. 신광 그룹과 사이먼 휠러 장의사 그리고 투탕카멘과 북한…… 그들 모두의 공통점은 바로 무기라구!"

"무기…… ?"

"신광 그룹은 오랜 전통을 깨고 무기 장사에 뛰어들었어. 그리고 사이먼 휠러 장의사가 투탕카멘의 부활로 노리는 것도 바로 인간의 무기화를 의미하는 거야. 핵무기 때문에 문제를 일으키고 있는 북한도 역시 무기와 관계가 있고……."

장누덕의 말을 듣고 케니는 갑자기 한줄기의 빛을 발견한 듯 눈망울을 굴리고 있었다.

"맞았어……. 그렇다면 이 사건에 인도 사람들이 자꾸 등장하고 있는 까닭도 알 수 있을 것 같은데……."

"인도도 무기와 관계가 있나?"

"루디…… 네가 인도에 관한 공부를 좀 했다니까 말인데 혹시 PIO 즉 인교(印僑)라는 말을 들어본 적 있어?"

"I가 인도를 의미한다면 O는 원산지를 말하는 것 같은데…… 그렇다면 해외에 거주하고 있는 인도 사람들을 가리키는 것인가?"

"맞았어…… 지금 전세계에는 대략 1천 5백만 명의 인교(印僑)가 퍼져 살고 있지."

“그렇게 많아?”

“화교(華僑)의 4천만 명보다는 적지만 만만한 세력은 아니지. 더구나 해외로 나온 인도 사람들은 대부분이 브라만 아니면 크샤트리야 계급이기 때문에 지능이 뛰어나고 특히 영국의 통치하에서 오래 살아왔기 때문에 영어를 잘 한다는 것도 큰 잇점으로 되어 있어.”

“그들도 화교나 유대인들처럼 주로 장사를 하고 있나?”

“그들보다 한 수 위라고 할 수도 있지.”

“유대인보다 위라구?”

“물론 그들의 하는 일도 금융, 철강에서부터 향수와 컴퓨터에 이르기까지 매우 다양하지만…… 특히 그들이 잘 하고 있는 단골 업종은 바로 무기 장사거든.”

장누덕은 유대인이나 아랍 상인들만이 무기 장사에 능한 줄로 알고 있었는데 인도인들도 그 일에 단골이라니 좀 의외가 아닐 수 없었다.

“그랬었나……?”

“뱀처럼 스며들어 가서 코브라처럼 콱 물어버리는거야. 요즘 제일 각광을 받는 무기 시장이 싱가폴인데…… 그 시장을 휘어잡고 있는 사람들이 바로 인교들이야. 그들은 러시아제 전투기에서부터 탱크와 구축함에 이르기까지 거의 모든 품목을 취급하고 있어. 아마 핵무기도 사겠다면 내놓을걸?”

케니의 말을 들으면서 장누덕은 다시 라이 교수와 함께 뛰어 들어갔던 죽음의 골짜기를 생각하고 있었다. 서로를 찌르고 죽이는 일은 결국 그 무기장사들에 의해서 끝도 없이 권장되고 있었던 것이다.

　"그러니까…… 이 사건에 인도 사람들이 등장하고 있는 것도 우연은 아닌 모양이로군."

　"생각해 봐. 신정길의 어머니 다이앤 카푸르는 펜타곤에 있었고 그 아버지는 인도인이었어. 그녀의 아들 신정길은 방위 산업 관계로 허상구를 알게 되었고……. 그를 통해 신광 그룹에 들어가서 회사가 방위 산업에 손을 대도록 만들었거든."

　"게다가 사이먼 휠러 장의사의 회의에서 의장 노릇을 했던 엑타비르하나도 인도 사람이고 죠지 워싱턴 대학의 말리카 라이 교수와 그녀의 아버지 모한 라이 그리고 그 제자라는 챈드라 싱까지 인도 사람……. 도대체 미국에는 인도 사람이 얼마나 살고 있는 거야?"

　"미국에만 약 50만이 있고…… 캐나다에도 30만 정도가 살고 있지."

　거기까지 이야기하다가 케니는 갑자기 또 뭔가 생각난 듯 손목시계를 들여다 보며 핸드폰의 키를 누르기 시작했다.

　"아…… 나 케니야. 미안하지만 이 시간 이후 워싱턴의 세 공항에서 캐나다 쪽으로 나가는 비행기를 예약한 승객들의 이름 가운데 J.K.Shin 또는 Malika Ray라는 이름을 좀 찾아주게. 음…… 급한 일이야."

　그들이 거의 점심을 다 먹어가고 있을 때쯤 핸드폰의 신호가 울렸다. 케니는 다시 볼펜을 손에 들고 메모를 시작했다.

　"뭐라고? 그래…… 불러줘. US3396…… 2시 30분 내셔널 공항 발 토론토 행?"

　그는 다시 손목 시계를 들여다 보았다.

　"이런…… 벌써 이륙했군. 최종 목적지는 캘거리…… 7시 토론토 발 AC145 알겠네. 또 한 가지 부탁…… 알렌 리 호텔에서 오늘 아침 체크 아웃한 루디 장이라는 손님의 가방을 찾아서 지금 곧 덜레스 공항 국내선의 NW1405게이트로 보내주게."

케니는 전화를 끊고 나서 장누덕을 바라보았다.

"그들은 본래 뉴와크를 경유해서 캘거리로 가기 위해 덜레스 공항을 11시 15분에 출발하는 UA6170으로 예약했던 모양이야. 그러나 말리카 라이를 납치하는 시간이 늦어졌기 때문에 내셔널 공항으로 가서 US3396을 타고 출국했군."

"토론토에서 캘거리로 가는 비행기편은 뭐라고 했지?"

"에어 캐나다 145편…… 오후 7시 발이야."

"토론토 공항의 비행기 사정은 내가 잘 아는데…… AC145라면 따라 잡을 수가 있어."

장누덕은 바로 어렸을 때부터 토론토에서 자라난 토박이였던 것이다. 그것을 잘 알고 있는 케니가 반색을 하며 물었다.

"잡을 수가 있다고?"

"어디…… 그 타임 테이블 좀 볼까?"

장누덕은 케니가 들고 있던 타임 테이블을 받아들고 덜레스 공항에서 토론토로 출발하는 비행편들을 다시 뒤지기 시작했다.

"있다! 여기 있잖아!"

케니와 델라테는 그가 손가락으로 짚고 있는 비행편을 들여다보았다. 바로 덜레스 공항에서 4시 5분에 출발하는 캐나디언 항공 1905편이 오후 5시 50분 토론토 공항에 도착하게 되어 있었다.

"5시 50분 도착이니까 AC145가 출발하는 7시까지는 한 시간 10분의 여유가 있어. 그만하면 따라잡기에는 충분한 시간이지."

"허지만…… 누가 가지? 넌 어차피 디트로이트로 가야 하는

데……."

케니가 그렇게 말하며 난처한 기색을 보이자 델라테가 나섰다.

"캘거리는…… 제가 맡지요."

결국 델라테도 캐나다까지 따라나서게 되고 말았다. 일단 행동 계획은 수립되었고 연락은 워싱턴의 케니 사무실과 토론토에 있는 레모오토의 전화를 쓰기로 했다. 델라테와 그녀의 흑인 군단을 CP1905의 게이트에서 작별한 뒤 장누덕은 케니와 함께 NW1405의 게이트로 향하면서 그에게 물었다.

"케니…… 한 가지만 묻자. 넌…… 왜 교회를 등지게 되었지?"

"학생 때 기숙사로 찾아오곤 했던 그 아가씨가…… 크리스천이었어. 그런데 어느 날 갑자기 나를 내버리고 달아나 버렸거든."

"다른 남자가 생겼나?"

"아니…… 인도 선교사로 나가버렸어."

내버려진 정원

　서북항공의 NW1405는 맥도널 더글라스의 DC-9기종이었기 때문에 일등석의 열두 개를 제외한 나머지 좌석은 5열로 배치되어 있었고 장누덕의 좌석은 맨 뒤에서 다섯번째인 20-B였다. 그는 서북항공의 기내지 '월드 트래블러'를 뒤적거리는 척하면서 앞 자리에 앉아있는 사람들의 뒷모습을 눈여겨 살펴보고 있었다.

　(일등석에 타지는 않았을 거고……. 이코노미 클래스의 좌석이 모두 100개이니까 쉽게 찾을 수 있겠지.)

　그는 워싱턴 기념탑 앞에서 버스에 올리더던 그 사내의 뒷모습을 떠올리며 그것을 앞 자리의 사람들과 일일이 맞추어 보고 있었다. 그러나 비행기가 디트로이트의 메트로폴리탄 공항에 착륙한다는 어나운스먼트가 나올 때까지 그는 비슷한 사람을 좀처럼 찾아내지 못하고 있었다.

　(그렇다면 혹시…….)

　이제 남은 것은 그의 뒤쪽에 있는 열일곱 개의 좌석이었다. 그는 일어서서 뒤쪽에 있는 화장실에 가는 척하며 뒷 좌석을 재빨리 둘러보았다. 승객들이 좌석 벨트를 매었는가 점검하고 있던 스튜어디스가 앞을 가로막았다.

"손님, 어딜 가시죠?"

그러나 그때 장누덕은 스튜어디스의 어깨 너머로 22-A 좌석에 째진 눈의 동양 사람 하나가 앉아있는 것을 발견했다.

"아…… 화장실엘 좀."

그러나 나이가 꽤 들어보이는 금발의 스튜어디스는 고개를 가로저으며 마치 어린 학생을 타이르는 선생님처럼 품위 있는 표정으로 말했다.

"비행기가 착륙하고 있을 때에는 화장실에 갈 수가 없습니다. 좌석에 앉아서 기다리세요."

"아…… 미안합니다."

그는 멋적게 웃어보이며 좌석에 도로 앉는 수밖에 없었다.

(그러니까 찾을 수가 없었구나…….)

얼핏 본 그 사내의 옷차림도 워싱턴 기념탑에서 보았던 것과 거의 비슷한 것 같았다. 그는 장누덕의 뒤쪽에 앉아있었기 때문에 그가 한 시간 반이 가깝도록 찾아내지를 못하고 있었던 것이다. 어쨌든 이제 그를 찾아내었으니 일단 한숨을 돌렸다 싶어서 그는 눈을 반쯤 감은 채 지금까지의 일들을 정리해 보고 있었다.

(양은국의 실종과 신광 그룹의 파워 게임…… 생명 공학을 이용하여 세계를 장악하려는 사이먼 휠러의 패거리들과 인도 계열의 무기상들…… 그리고 그 사이에 끼어들고 있는 금강 무역의 김인철 부장…….)

뭔가 연결이 되는 것 같기도 하고 그러다가는 또 아무런 관계도 없이 따로따로 흩어지는 것 같기도 해서 케니의 말대로 도무지 사

건의 갈피를 잡기가 어려운 것 같았다. 덜레스 공항의 카페테리아
에서 그는 이 사건들을 연결시켜주는 공통점이 '무기'라고 말했었
다. 그러나 그 개념은 너무 추상적이어서 헝클어진 논리를 간추리
기에는 아직 막연한 상태였다.

(뭔가 다른 공통점은 없을까……?)

그는 복잡하게 얽혀진 여러 개의 사건들을 머리속의 바둑판에
올려놓고 그것들을 서로 연결해 보고 있었다.

(도대체…… 이 사건에 북쪽 사람들이 끼어든 이유는 무엇일까?)

사실 케니가 그들 대표단 중에 두 사람이 사라졌다는 이야기를
했을 때만 하더라도 양은국의 사건과 어떤 관계가 있으리라는 것
은 생각해 보기도 어려운 상태였다. 그레이트 폴스에서 발견된 시
체가 혹시라도 양은국의 것이 아니라는 가정과 그 시체가 혹시 실
종자 327명에도 포함되어 있지 않은 그들 두 사람 중 하나의 것이
아닐까 하는 추측에서 나온 것일 뿐이었다.

(그렇다…….)

실로 '혹시'라고 하는 가정이 두 겹으로 붙어있던 그 가능성은
자연사 박물관 앞에서 티셔츠 장사의 메시지를 받으면서부터 갑자
기 구체적으로 나타나기 시작한 것이었다. 김인철이 왜 징부덕을
만나자고 했는지는 아직 밝혀지지 않았으나 그것이 만일 양은국과
관계가 있는 일이라고 하면 그 모든 사건들 사이에는 또 하나의 공
통점이 나타난다.

(양은국……!)

바로 양은국이라는 인물이 그 모든 사건들을 연결시켜 주는 공
통점이었던 것이다. 그렇다면 또 하나의 공통점을 추출해 낼 수 있
었다. 즉 그레이트 폴스에서 발견된 시체에게 입혀져 있던 회색의

티셔츠……. VICTORIA라는 글씨가 찍혀져 있는 그 티셔츠도 구체적인 공통점의 하나가 될 수 있었던 것이다.

(빅토리아가 캐나다의 도시를 의미한다면…….)

그는 거기서 또 하나의 공통점을 꺼낼 수 있었다. 양은국의 아버지 양승업과 어머니 허진숙이 만난 곳도 캐나다의 밴쿠버였고 또 그의 클래스메이트인 로빈 류의 부모도 밴쿠버에 있다고 했던 것이다. 그리고 말리카 라이 교수와 신정길은 지금쯤 캐나다의 토론토 피어슨 공항에 도착해서 캘거리로 가는 에어 캐나다 145편을 기다리고 있을 것이었다.

(빅토리아와 캘거리…….)

빅토리아는 브리티시 콜럼비아의 주도(州都)였고 앨버타 주의 도시였지만 캘거리에서 양쪽 주의 경계선에 있는 밴프 국립공원까지는 겨우 1백 킬로미터 남짓 되는 거리였다.

(겨우 1백 킬로미터…….)

뭔가 상당히 접근하고 있는 것 같은 느낌이었다. 비행기가 하강하고 있는지 고막이 먹먹해 오고 있었다.

(그런데 김인철은…… 왜 메시지만을 전해 주고 도망을 쳤을까?)

의문은 또 있었다. 김인철의 쪽지가 한글로 되어 있지 않고 힌디어로 되어 있었던 것도 이해할 수 없는 일이었다. 그가 쪽지만을 주고 도망친 것은 어떻게 보면 장누덕을 유인하려고 그랬던 것 같기도 했다. 그렇다면 힌디어의 쪽지는 장누덕뿐만 아니라 말리카 라이 교수까지 한꺼번에 유인하려고 했던 것일 수도 있었다.

"그렇다면……."

자신도 모르게 중얼거렸으므로 그의 목소리가 입 밖으로 새어나왔다. 뭔가 가닥이 잡힐 것 같았기 때문이었다. 양은국을 둘러싼 모든 사건들의 공통점이 '무기'라면 북한 사람들은 죠지 워싱턴 대학의 유능한 유전공학자인 말리카 라이 교수를 납치하려는 것일 수도 있었다. 사이먼 휠러 장의사의 회의를 주재했던 엑타 비르하 나의 말처럼 유전자의 조작은 장차 세계를 장악하려는 세력들의 무기로 사용될 수도 있는 것이었다.

"그렇다면……."

그의 입에서는 다시 같은 말이 튀어나왔다. 그는 얼른 입을 다물 면서 입 속에서 다음 말을 웅얼거렸다.

(그렇다면 나는 도대체 무엇이란 말인가……?)

그들이 신무기를 개발하기 위해서 그 방면의 학자를 납치한다는 것은 이해할 수 있다 하더라도 도대체 그 자신은 왜 그들의 작전에 걸려들고 있는 것인지 이해할 수가 없었던 것이다. 그들의 사회에 서 목사라는 존재는 아무런 쓸모도 없는 것이기 때문이었다.

비행기의 바퀴가 땅에 닿으면서 정면의 바람을 삼키는 추력 제 동이 시작되자 스튜어디스의 어나운스먼트가 시작되었다. 비행기 가 활주로 위로 택싱을 하는 동안 그는 창 밖을 내다보며 김인철을 어떻게 상대할까 생각을 하고 있었다. 어차피 그가 자신을 유인하 려는 것이라면 이 쪽에서 접근을 해도 될 것 같았던 것이다.

비행기가 콩코스 G에 멈추어 서고 보딩 브릿지가 연결되자 사람 들이 일어서기 시작했다. 그는 아직 일어서지를 않고 자리에 앉아 있었다. 김인철을 앞세울 작정이었다. 본래 적을 뒤쪽에 두지 않는 것이 '덕 파이트' (空中戰)의 기본이었던 것이다.

뒷 자리에 앉아있던 사내가 걸어나가자 장누덕도 가방을 집어들 고 따라나섰다. 비행기에서 내려 보딩 브릿지를 걸어나갈 때 그는 걸음을 좀더 빨리해서 사내에게 접근했다. 사내가 이상한 낌새를 눈치챘는지 힐끗 뒤를 돌아볼 때 장누덕이 먼저 싱긋 웃어보이며 말을 걸었다.

"안녕하십니까?"

그러나 사내는 모른 척하며 고개를 홱 돌렸다. 그리고 배기지 클레임 쪽을 향해서 매우 빠른 걸음으로 걸어가고 있었다. 이상한 일이었다. 쪽지까지 주면서 유인을 했다면 그를 모르는 척할 필요가 없을 것 같은데 그는 대꾸도 안한 채 달아나 버렸던 것이다.

(내가 잘못 보았나……?)

그러나 배기지 클레임 쪽으로 걸어가는 사람들을 다 둘러보아도 동양계 모습의 사람은 찾아볼 수 없었다. 그 사내를 놓쳐서는 안되겠기에 장누덕도 빠른 걸음으로 그의 뒤를 쫓았다. 그는 탁송물이 나오는 컨베이어 벨트 앞에서 자신의 짐을 기다리고 있었다. 장누덕의 짐은 들고 있는 가방뿐이었으므로 먼저 출구 쪽으로 나서자 한 사내가 다가왔다.

"어서 오십시오."

사내의 가슴에는 뇌조의 휘장이 달려있었다. 역시 레모오토가 보낸 파수꾼이었던 것이다. 그는 나지막한 목소리로 레모오토의 메시지를 전했다.

"레모오토 형제가 전화를 해 달랍니다."

"메에과에치(감사합니다)."

파수꾼이 물러가자 공중전화 박스로 가서 전화를 하면서도 그는 계속해서 배기지 클레임 쪽을 살피고 있었다. 토론토의 번호를 불러내자 수화기에서는 레모오토의 목소리가 들려왔다.

"헬로우?"

"레모오토…… 나 루디야."

“아, 목사님…… 디트로이트입니까?”

델라테가 벌써 그에게 연락을 해 놓은 모양이었다.

“지금 공항에 있어.”

“델라테에게서 대강의 이야기를 들었습니다. 우선 워싱턴의 친구 분에게서 부탁받은 말씀을 전해 드리지요.”

“케니에게서 연락이 있었나?”

“그렇습니다. 우선 하나…… 캘거리로 간 세 사람의 동행자 중 나머지 한 사람의 이름은 사이먼 휠러로 밝혀졌음. 두번째…… 알렌 리 호텔에 투숙했던 엑타 비르하나가 오늘 아침 양은국의 아파트에 들렀던 것이 확인되었으며 덜레스 공항에서 12시40분발 디트로이트행 NW1409편으로 떠났으니 유의하기 바란다는 연락이었습니다.”

NW1409라면 김인철이 타려고 예약을 해 놓았다가 취소했던 바로 그 비행기였다. 그렇다면 엑타 비르하나는 이미 세 시간 전에 디트로이트에 도착해 있다는 것이었다.

“알았어, 또 다른 연락은?”

“그뿐이었습니다.”

“오우케이 다음 행선지가 어떻게 될런지 모르니까 다시 연락할게.”

“알겠습니다. 조심하세요.”

“고마워.”

배기지 클레임 쪽을 보니 김인철이 커다란 트렁크 하나를 컨베이어에서 내려 카트에 싣고 있었다. 그는 공중전화 박스에 몸을 숨긴 채로 그의 동정을 살폈다. 그는 카트를 밀며 현관 오른쪽에 있는 리무진 버스의 티켓 카운터 쪽으로 가고 있었다. 리무진을 탈 모양이었다. 그가 다시 카트를 밀며 카운터 앞을 떠나자 장누덕도 티켓을 사기 위해 그 쪽으로 걸어갔다.

"어디까지 가시지요?"

"저…… 앞의 손님이 어디로 간다고 하던가요?"

카운터의 여자는 이상하다는 듯 그를 훑어보더니 겨우 대답을 했다.

"르네상스 센터였어요."

"나도 그걸 한 장 주십쇼."

그는 여자와 이야기를 하면서도 뒷덜미가 근지러운 듯 자주 뒤를 돌아다 보았다. 어디선가 엑타 비르하나의 코브라 뱀이 새카만 혀를 날름거리며 스며들 것 같았기 때문이었다.

"6달러를 내세요."

"아…… 네, 여기 있습니다."

르네상스 센터로 가는 리무진 버스에는 '쇼트웨이'라는 회사 이름이 적혀있었다. 지름길이라는 뜻인 모양인데 장누덕은 그것이 꼭 지옥으로 가는 지름길을 의미하는 것 같아서 으시시한 느낌이 들었다. 차에 오르니 좌석의 중간쯤에 이미 김인철이 앉아있었다. 장누덕은 일부러 그의 앞을 천천히 지나면서 또 인사를 했다.

"안녕하십니까?"

그러나 이번에도 그는 모른 척하고 창 밖만 내다보고 있었다. 장누덕은 그의 앞을 지나쳐서 뒤쪽의 좌석에 앉았다. 역시 공중전의 원칙을 따라 뒤에서 그의 목덜미를 노리려는 의도였다. 좌석이 아직 반도 안 찼는데 리무진 버스는 스르르 출발하고 있었다.

차가 공항 구내를 돌아나가 94번 도로로 나가는 인터체인지에 들어설 때 보니 공항이 있는 곳의 지명은 로물루스로 되어 있었다.

로마를 건설했다는 전설 속의 영웅 '로물루스'의 이름에서 지명을 딴 것은 역시 미국 정신의 뿌리가 로마 제국에 있다는 것을 증명하고 있었다. 차가 프리웨이로 들어서자 김인철은 핸드폰을 꺼내들고 누군가와 통화를 하기 시작했다.

(좀더 가까이 앉을걸 그랬나…….)

나직하게 말하는 그의 목소리를 좀처럼 알아듣기가 어려웠으나 장누덕은 그 중에서 간신히 몇마디를 건져내었다.

"알았어…… 그리로 갈 테니까 물건을 가지고 나오라우."

누군가 그의 동료가 디트로이트에 있는 모양이었다. 아니면 그와 함께 사라졌다는 대외경제사업부 소속의 홍경수인지도 몰랐다.

(그가 만일 홍경수라면…… 그레이트 폴스에서 발견된 시체는 북한 사람이 아닐 수도 있지 않은가? 그렇다면 도대체 내가 왜 이 사람들을 따라다니고 있는 거야?)

그러나 분명히 그 김인철이란 사내는 워싱턴 기념탑에서 장누덕에게 힌디어의 쪽지를 전해 주었던 것이다. 뭔가 단단히 잘못 걸려들었다는 느낌이 들었지만 이제 여기서 추적을 중단할 수도 없는 노릇이었다. 어쨌든 그는 디트로이트에 있는 동료와 만나기로 약속을 했고 뭔가 물건을 인수할 것이 있는 모양이었디.

(그 물건이란 무엇일까……? 혹시 그것이 양은국을 의미하는 것은 아닐까?)

리무진 버스가 약 10분 정도 달렸을 때 포드 자동차의 건물이 나타났고 그 뒤로는 포드의 연구소도 보이고 있었다. 디트로이트는 GM과 포드 그리고 크라이슬러 등 미국의 3대 자동차 메이커가 모두 모여있는 자동차 공업의 중심지였던 것이다. 디트로이트는 그야말로 미국이 바퀴 문명으로 쌓아올린 현대의 바벨탑이라고 할 수 있었다.

그러나 자동차 공업의 성지라고 할 수 있는 디트로이트에도 일본 차들의 침입으로 어두운 그림자가 드리워져 있었다. 프리웨이를 달리는 자동차들 가운데는 도요다와 혼다의 차들이 즐비했고 신기하게도 한국의 소나타며 엘란트라도 간간이 그들의 틈새에 끼어있었다.

디트로이트의 문제는 그것뿐만이 아니었다. 이 도시도 역시 다른 미국의 도시들과 마찬가지로 흑인들의 점령구가 되어 있었다. 도심 인구의 9할 이상이 흑인이어서 이 도시의 시장도 역시 흑인이었다. 디트로이트도 워싱턴처럼 낮에는 백인들이 들어와 일하고 밤에는 흑인들이 휩쓸고 다니는 야누스의 모습을 하고 있었던 것이다.

버스는 루즈 강을 지나 디어본 메디칼 센터를 지나면서 프리웨이를 벗어나 미쉬간 하이웨이로 들어섰다. GM의 캐딜락 본부를 지나자 유리창이 다 깨져버린 16층짜리의 스산한 빌딩이 나타났다. 흑인들에게 점령되어 황폐화 되어 버린 디트로이트의 철도 역사(驛舍)였던 것이다.

(아…….)

미쉬간 하이웨이가 타이버 스타디움을 지나자 장누덕은 네 개의 사각주 가운데 한 개의 원통을 세워놓은 것 같은 모양의 건물을 바라보며 고개를 끄덕였다. 그것이 바로 르네상스 센터였던 것이다. 가운데의 원통은 73층의 웨스틴 호텔이었고 나머지 네 개의 사각주는 오피스 타워였다.

(바퀴들의 탑이로군…….)

장누덕은 대뜸 그것을 생각했다. 디트로이트는 바퀴 산업으로 성장한 도시였고 원통형의 르네상스 센터는 바로 그 바퀴들의 탑이었다. 니므롯이 나선형으로 쌓아 올라간 원형의 바벨탑과 같은 것이었다. 본래 그 르네상스라는 것 자체가 카톨릭의 횡포에 대한 반발 때문에 문화의 모든 분야에서 하나님을 몰아내기 시작한 인본주의 운동이었던 것이다.

현대 인류의 생활 패턴을 바꿔놓은 자동차 문화는 디트로이트가 만들어 낸 거대한 르네상스였다. 디트로이트의 자동차를 타고 사람들은 일요일이면 교회가 아닌 향락의 들판을 향하여 달려나가기 시작했던 것이다. 그러나 이제 그 자동차 문화를 만들어 낸 디트로이트는 폐허가 되어 가고 있었다. 골목마다 그려진 흑인들의 낙서와 유리창 깨진 건물들 가운데 아직 도시다운 모습을 제대로 간직하고 있는 곳이라고는 그랜드 서커스 공원 주변의 다운타운에서 르네상스 센터에 이르는 거리 정도였던 것이다.

미쉬간 애비뉴를 구르던 버스가 우드워드 애비뉴와 만나는 지점에 이르렀을 때 장누덕은 길 한가운데에 세워놓은 이상한 조형물 하나를 보았다. 청동으로 만든 사람의 팔뚝 하나가 커다란 삼각대에 매달려 있었는데 그 손은 주먹을 불끈 쥐고 있었다. 바로 디트로이트 출신의 흑인 권투 선수 죠 루이스의 주먹이었다.

리무진 버스는 제퍼슨 애비뉴로 들어서서 르네상스 센터의 북쪽 입구에 멈추어 섰다. 김인철은 버스에서 내려 그 커다란 트렁크를 찾은 다음 그것을 들고 센터의 입구로 들어섰다. 장누덕도 가방을 집어들고 버스를 내린 다음 그의 뒤를 쫓았다.

(저 녀석이 웨스틴 호텔에 체크 인을 하려는가……?)

웨스틴 호텔의 숙박 요금이 만만치 않을 것으로 짐작하고 있는 장누덕은 다소 긴장하며 그의 뒤를 따라가고 있었다. 다행히 그는 바로 호텔의 로비로 가지 않고 세컨드 레벨로 올라가는 에스컬레이터를 타고 있었다.

"저 촌놈이…… 도대체 어디로 가는 거지?"

그는 커다란 트렁크를 든 채로 호텔 꼭대기의 라운지로 올라가는 엘리베이터 앞에 섰다. '더 서미트'(頂上)라는 회전 레스토랑의 이름 밑에 서 있던 그가 엘리베이터에 올라타자 장누덕도 얼른 쫓아가서 문 안으로 뛰어들었다. 안내하는 아가씨가 트렁크와 가방을 든 그들을 이상하다는 눈초리로 바라보고 있었다. 73층까지 그냥 멋적게 올라갈 수도 없어서 그는 안내양에게 인사를 했다.

"굿 이브닝……."

"더 서미트에서 식사를 하실 건가요?"

"물론이지요. 더 서미트의 스테이크는 최고급이거든요."

그는 다시 덤덤한 채로 서 있는 김인철을 바라보며 동의를 구했다.

"그렇지요, 김 동무?"

그러나 이번에도 그는 무표정이었다. 어쩔 수 없이 정상까지의 여행은 다시 침묵 속에 진행될 수밖에 없었다. 엘리베이터에서 내려 레스토랑 쪽으로 들어서자 웨이터가 김인철에게 허리를 굽히며 예약이 되어 있느냐고 물었다. 장누덕이 전망대 밖으로 보이는 벨 아일랜드와 강 건너편의 윈저 시를 바라보고 있는 사이에 웨이터는 김인철을 전망대 쪽의 좌석으로 안내하고 있었다.

"아니……?"

그 쪽을 바라보던 장누덕은 깜짝 놀랐다. 웨이터가 손으로 가리키는 전망대 앞 테이블에는 검은 양복의 남자와 펀자비 드레스 차림의 인도 여자가 마주 앉아있었던 것이다. 펀자비의 여인은 말할 것도 없이 바로 엑타 비르하나 그녀였다.

그러나 김인철이 커다란 트렁크를 들고 그 쪽으로 다가가자 엑타 비르하나는 발딱 일어서더니 달아나기 시작했다. 김인철은 여자에게 관심이 없다는 듯 검은 양복을 입은 남자의 앞에 자리를 잡고 앉았다. 그러나 그도 역시 곧 이상한 행동을 시작했다. 그는 잠시 맞은편의 남자를 바라보더니 슬그미니 자리에서 일어나며 트렁크를 집어들었던 것이다.

(무슨 일이지……?)

김인철이 자리에서 일어나 전망대의 반대쪽으로 옮겨가기 시작하자 장누덕은 얼른 그 테이블로 다가가서 검은 양복의 남자를 살펴보았다.

(어……!)

그 남자는 분명히 죽어있었다. 얼른 보기에는 비스듬히 앉아서 벨 섬 쪽을 내려다 보고 있는 것 같았으나 그는 눈을 부릅 뜬 채로 죽어있었던 것이다. 그대로 서 있다가는 귀찮은 일이 생길 것 같았기 때문에 장누덕도 역시 그 테이블에서 물러섰다. 그가 엘리베이터 쪽으로 돌아오니 마침 커다란 트렁크를 든 김인철이 열려져 있는 엘리베이터에 들어서고 있었다.

"잠깐만!"

장누덕은 그렇게 소리치며 달려가서 같은 엘리베이터에 올라탔다. 김인철은 역시 무표정이었다.

"이상한 일이 생겼군요."

그러나 대답이 있을 리 없었다. 하강도 역시 침묵 속에서 한참 동안 계속되었다. 김인철은 스트리트 레벨에서 내리더니 곧장 파킹 랏 쪽으로 나가고 있었다.

“앗차……!”

아무래도 파킹 랏 쪽에 그의 동료가 대기하고 있거나 아니면 대기시켜 놓은 차량이 있는 모양이었다. 만일 그가 자동차를 타고 달아나게 되면 그는 닭 쫓던 개가 지붕 쳐다보는 격이 되는 것이었다. 그는 얼른 몸을 돌려서 반대쪽에 있는 호텔 입구를 향해 뛰기 시작했다. 그 쪽으로 가야 택시를 잡을 수 있을 것 같았다. 마침 택시 한 대가 문 앞에 서 있고 손님이 내리고 있었다.

(주여…… 도와주셔서 감사합니다.)

체커 캡이라는 회사의 이름이 적힌 도어를 열고 뒷 좌석에 올라타면서 운전수에게 물었다.

“이 호텔 주차장의 출구가 어디 있지요?”

“왜 그러십니까?”

“주차장에서 나오는 승용차 한 대를 따라가야 하는데 출구에서 기다려야 할 것 같아서요.”

“경찰입니까?”

“아…… 나는 스페셜 미션 소속입니다.”

본래 교회에서는 미션을 ‘사명’ 이란 뜻으로 사용하여 선교단을 가리키는 말이었다. 장누덕은 인디언 선교를 하고 있으니 특수 미션임에는 틀림 없었다. 그러나 운전수는 미션을 ‘임무’ 란 뜻으로 사용하는 CIA의 특수 부대쯤으로 알아들은 모양이었다.

“알겠습니다.”

운전수가 차를 돌려 주차장 출구 쪽으로 향할 때에야 그는 운전수의 얼굴을 살펴보았다. 약간 거므스름한 피부에 짙은 눈썹이 눈에 들어왔다. 첫눈에도 인도 계열의 사람임을 알아볼 수 있었다. 그러나 운전수의 인종을 따지고 있을 만한 여유도 없었다. 이미 주차장 출구에서 김인철이 운전하는 닷지의 캐러밴이 굴러나왔기 때문이었다.

"저 찹니다…… 따라가세요!"

김인철의 캐러밴은 제퍼슨 애비뉴로 들어서서 디트로이트 대학을 지나 동쪽을 향해서 달리더니 맥아더 브릿지 쪽으로 빠지고 있었다. 운전수가 고개를 갸웃거리면서 중얼거렸다.

"벨 아일랜드로 들어갈 모양이로군요."

장누덕도 아직 가본 적이 없지만 디트로이트 강 가운데에 있는 벨 섬에는 야구장, 골프 코스, 수영장 그리고 카지노 등이 들어서 있어서 섬 전체가 유원지로 개발되어 있다는 말을 들은 적이 있다.

"벨 아일랜드는…… 저녁에는 한산한가요?"

"저녁뿐만이 아니라…… 하루 종일 한산하지요."

"엣……?"

운전수는 수사관이 그런 것도 모르느냐는 듯 백 미러 속에서 그를 바라보더니 입을 열었다.

"디트로이트 시내가 흑인들에게 점령당한 이후로는 벨 섬을 찾아오는 사람이 아무도 없습니다. 백인들이 발을 끊은 것은 물론이고 흑인들은 대부분이 빈민이기 때문에 골프나 카지노 같온 데 관심이 없거든요. 자연히 벨 섬은 유령의 섬이 되어 버렸지요."

운전수의 말은 택시가 맥아더 다리를 건너면서부터 사실로 나타나기 시작했다. 정원의 나무들은 손을 대지 않아서 제멋대로 우거져 있었고 수영장과 호수는 쓰레기통이 되어 있었다. 페인트가 보기 흉하게 벗겨져 있는 레스토랑이며 상점의 건물 벽은 지저분한 낙서로 채워져 있고 도로에는 차 한 대도 사람 하나도 보이지 않았다.

"이럴 수가……."

벨이란 이름은 본래 미인(美人)이라는 뜻의 프랑스어 '벨르'에서 나온 것이었다. 그러나 이제 벨 섬은 그 아름다운 천사들이 놀다가 버리고 떠난 정원처럼 황폐한 귀신의 섬이 되어 있었던 것이다. 인류가 만일 핵전쟁으로 멸망한다면 지구는 그런 모습이 되어 있을 것 같았다.

큰 성 바벨론이 이렇게 몹시 떨어져
결코 다시 보이지 아니하리로다
또 거문고 타는 자와 퉁소 부는 자와
나팔 부는 자들의 소리가
결코 다시 네 가운데서 들리지 아니하고……

다리를 건넌 김인철의 캐러밴은 보트장을 지나 리버뱅크 도로를 달리더니 요트 클럽과 골프 코스 사이를 지나고 있었다. 잡초가 우거진 골프 코스에서는 귀신들의 '나이스 샷' 소리가 들려오고 있는 것 같았다. 헤론 호숫가의 레이크사이드 드라이브를 거쳐서 캐러밴은 다시 오코노카 호반을 지나고 있었다.

"댁의 친구는 섬을 일주할 모양입니다."

"드라이브 코스로는 그만이로군요. 모두 몇마일이나 됩니까?"

"5마일쯤 되지요."

강 건너편에는 캐나다 쪽의 도시 윈저가 보이고 있었다. 디트로이트 강은 미국과 캐나다의 국경을 따라서 흐르고 있었던 것이다. 김인철은 수족관과 식물원 사이의 샛길로 들어서더니 다시 평화의 탑과 야외 음악당을 지나 곧장 카지노 쪽을 향해서 달리고 있었다.

"지금…… 카지노는 영업을 하고 있습니까?"
운전수는 또 어처구니 없다는 듯이 백 미러 속에서 피식 웃었다.
"유령들이 하고 있을지도 모르지요."
장누덕은 다시 요한 계시록 18장을 외우고 있었다.

어떠한 세공업자든지
결코 다시 네 가운데서 보이지 아니하고
또 맷돌 소리가
결코 다시 네 가운데서 들리지 아니하고
등불 빛이
결코 다시 네 가운데서 비춰지 아니하고
신랑과 신부의 음성이
결코 다시 네 가운데서 들리지 아니하리로다

네온 사인이 꺼져있는 카지노 앞에서 김인철의 캐러밴은 멈추어
섰다. 차에서 내린 김인철은 닫혀있는 카지노의 정문을 몇번인가
발길로 걷어차 보다가 건물의 오른쪽으로 돌아갔다.
"이제 어떻게 할까요?"
운전수가 그렇게 묻고 있었다.
"요금을 더 계산해 드릴테니 기다려 줄 수 있겠습니까?"
"선불을 해 주신다면……."
"그러죠."
"좋습니다. 우선 50달러 거십시오."
장누덕은 운전수에게 50달러를 맡겨놓은 다음 차에서 내려 카지
노 건물의 오른쪽으로 돌아가 보았으나 김인철은 보이지 않고 있

었다. 그 쪽에도 출입구가 있어서 그는 도어를 밀어보았다. 도어는 잠겨져 있지 않았다. 도어 안으로 들어서자 카펫 썩는 냄새가 코를 찌르고 있었다.

"넌 누구냐?"

누군가가 그렇게 물으면서 거미줄 사이로 튀어나올 것만 같았다. 어두운 천장에는 과거의 좋았던 시절을 말해 주는 화려한 샹들리에들이 아직도 매달려 있었고 매우 값나갈 듯한 가구들이 여기저기 부서진 채 뒹굴고 있었다.

(김인철이는 여기서 룰렛 게임이라도 하려는 것인가……?)

그때였다. 슬롯 머신들이 먼지를 뒤집어 쓰고 있는 게임룸 쪽에서 쿵쾅거리는 소리가 들려오고 있었다. 그는 슬롯 머신들 사이로 몸을 숨기며 소리나는 쪽을 향해서 다가갔다. 갑자기 누군가가 어둠 속에서 외쳤다.

"김 동무, 오지 말아요!"

그는 한국말로 그렇게 외쳤던 것이다. 그와 거의 동시에 요란한 총소리가 텅 빈 게임룸을 뒤흔들었다. 장누덕이 가만히 고개를 내밀어 보니 룰렛 테이블이 있는 쪽에서 여러 개의 희끄무레한 그림자들이 움직이고 있었다.

"아니 저건……?"

장누덕은 그들 가운데서 분명히 팔랑거리며 움직이는 펀자비 드레스의 여자를 본 것 같았다. 르네상스 센터의 더 서미트에서 달아났던 그녀가 어느새 이 귀신들의 게임룸에 와있었던 것이다. 다시 한번 총소리가 울렸을 때 아까의 그 목소리가 또 들려왔다.

"김 동무, 받아요!"

그 소리와 함께 갑자기 장누덕이 있는 곳으로 시커먼 물체가 하나 날아와서 떨어졌다. 그것은 검은색의 표지가 덮여져 있는 두툼한 책이었다. 그가 얼른 보기에도 그것은 성경책과 흡사했다.

(이북 사람들에게도 주체사상이라는 책이 있다더니 그것도 성경책처럼 생겼는가……?)

그러나 어쨌든 그 사내가 총격을 받아가며 김인철에게 던진 것을 보면 그것은 뭔가 중요한 물건인 것 같았다. 장누덕은 슬롯 머신 사이로 살그머니 빠져나가서 그것을 집으려고 했다. 그러나 미처 그의 손이 닿기도 전에 그것은 다른 손으로 들어가 버렸다.

"어…… 당신은?"

그는 바로 장누덕을 여기까지 태우고 왔던 운전수였던 것이다.

(이놈이 인도인이어서 아무래도 께름칙하다 했더니!)

그는 결국 엑타 비르하나와 한패였던 것 같았다. 어쨌든 그에게 그 검은 표지의 책을 넘겨주어서는 안될 것 같아서 그는 몸을 일으키면서 뒷발로 그를 걸어찼다.

"윽…….."

한바퀴를 돌아서 날아오는 장누덕의 뒷발에 가슴을 정통으로 얻어맞고 그는 벌렁 자빠지고 있었다. 그가 떨어뜨린 책을 날쌔게 달려들어 잡아챈 장누덕은 아무 것도 생각할 것 없이 들어왔던 쪽의 입구를 향하여 있는 힘을 다해 뛰기 시작했다.

"저 쪽이다!"

벌써 그들이 알아챘는지 뒤쪽에서 총탄이 날아왔다. 스낵바의 선반에 놓여있던 글라스들이 요란한 소리를 내며 튀고 있었다. 밖으로 뛰어나와 보니 체커 캡의 택시가 시동이 걸린 채 그대로 서 있었다. 장누덕은 택시에 뛰어올라 기어를 후진으로 넣은 다음 액셀러레이터를 밟았다. 건물 안으로부터 총탄이 날아와 차체에 구멍을 내고 있었다.

"잘 있거라, 나는 간다!"

그는 세차게 핸들을 틀며 차를 빼낸 다음 다시 기어를 전진으로 바꾸고 나서 분수대 쪽으로 차를 몰았다. 쓰레기 더미가 가득히 쌓여있는 분수대 앞을 돌아 다시 맥아더 다리로 빠져나가면서 그는 마치 귀신들의 정원을 빠져나오는 듯한 기분이었다.

(이거 내가 지금…… 뭘 하고 있는 거지?)

그는 지금 남의 택시를 훔쳐 타고 달아나는 중이었던 것이다. 성경에 나오는 십계명 중의 여덟번째에는 도적질하지 말라는 계명이 들어있었다.

(하지만 주여…… 저들이 먼저 총을 쐈습니다!)

살인하지 말라는 것은 여섯번째 계명이고 그들이 먼저 총을 쏘았으니 그들의 차를 실례해서 타고 도망쳤다 하더라도 어쩔 수 없지 않습니까 하는 것이 장누덕의 변명이었다.

(가만 있자……. 내가 지금 도망갈 때가 아니지 않은가?)

그는 김인철의 뒤를 밟기 위하여 디트로이트까지 따라왔던 것이다. 그러므로 그는 지금 혼자서 도망칠 때가 아니었다. 다리를 다 건넌 그는 가브리엘 리챠드 공원에 차를 숨겨놓고 다리를 바라보며 김인철의 캐러밴이 나타나기를 기다리기로 했다.

"……?"

맥아더 다리를 바라보다가 얼핏 옆 좌석을 내려다 본 그는 깜짝 놀랐다. 카지노 안에서 집어들고 뛰어나온 그 검은 표지의 책이 거기 놓여있었는데 놀랍게도 그것은 정말 성경책이었던 것이다. 그는 성경을 집어들고 안을 살펴보았다. 표지 안쪽에 책 주인의 서명이 들어있었다. 그 서명의 주인은 바로 '양은국' 이었다.

(어떻게 양은국의 성경이 저들의 손에 들어가 있었지?)

양은국은 성경을 꽤 열심히 읽었던 모양으로 페이지마다 붉고 푸르고 노란 줄들이 수없이 그어져 있어서 목사인 장누덕조차도 부끄러울 지경이었다. 그가 샌드라 양의 부탁으로 얼마 동안 모닝 사이드 교회의 예배를 인도했다는 것이 이해가 가고 있었다.

(그런데…… 왜 저들은 이 성경책을 서로 빼앗으려고 했던 것일까?)

책을 이리저리 뒤져보아도 특별한 점이라고는 보이지 않는 보통의 한글 개역 성경이었다. 그는 나중에 그것을 자세히 살펴보기로 하고 아직도 뒷 좌석에 놓여져 있는 자신의 가방에 성경을 집어넣었다. 가방의 지퍼를 닫으면서 그는 맥아더 다리를 건너오고 있는 김인철의 캐러밴을 보았다.

다리를 건넌 김인철의 캐러밴은 곧장 그랜드 블루바드 쪽으로 달리고 있었다. 장누덕은 다시 택시를 몰고 캐러밴의 뒤를 쫓았다. 어떻게 된 셈인지 김인철을 따라오는 다른 차는 보이지 않고 있었다. 엑타 비르하나와 그녀의 일행은 카지노에서 뭔가 문제가 생긴 모양이었다.

김인철은 다시 밴 디이그 애비뉴로 들어서서 북쪽을 향해 달리고 있었다. 카지노에서 위험한 일을 당했던 사람답지 않게 그는 유유히 차를 몰고 있었다. 캐러밴의 앞 좌석에는 두 사람이 타고 있는 것 같았다. 하나는 카지노 안에서 성경을 집어던졌던 그 사람인 것 같았다.

공동묘지들의 사이를 지나 차를 몰던 김인철은 도심으로부터 8마일 지점에서 핸들을 왼쪽으로 꺾었다. 그 8마일 지점이 흑인 구역의 경계선이어서 백인들의 승용차는 모두 8마일 밖으로 몰려나가고 있었다. 날이 차츰 어두워지면서 디트로이트의 그랜드 서커스로부터 8마일 이내는 이제 흑인들의 세상으로 서서히 탈바꿈을 하고 있었다.

(저 친구가 시내 관광을 하는 건가……?)

붉은 노을이 차츰 스러지며 땅거미가 내려앉기 시작하자 서쪽을 향해서 달리고 있던 김인철이 다시 왼쪽으로 핸들을 꺾어서 우드워드 애비뉴로 들어섰던 것이다. 차는 파머 공원의 폴리스 아카데미를 지나 계속해서 도심을 향해 달리고 있었다.

(왜 그는 시내를 한바퀴 돌고 있는 것일까?)

아마도 그는 무엇인가 기다리고 있는 것인지도 몰랐다. 멀리 오른쪽에 엠파이어 스테이트를 닮은 제너럴 모터스의 본사 빌딩이 보이고 있었다. 다시 오른쪽에는 웨인 스테이트 대학이 보였고 왼쪽에는 디트로이트 예술대학이 있었다. 캐러밴의 조수석에 앉아있던 자가 힐끔 뒤를 돌아다 보고 있었다.

(가만있자…… 이놈들이 혹시 나를 유인하고 있는 것은 아닌가?)

장누덕이 그렇게 생각한 것은 김인철의 운전이 너무 여유가 있어 보였기 때문이었다. 그는 프리 메이슨의 사원이 있는 템플가를 지나 곧장 그랜드 서커스를 통과했다. 얼마 안 가서 죠 루이스의 주먹이 나타났고 캐러밴은 곧장 시티 홀을 지나서 하저 터널의 톨게이트 쪽으로 가고 있었다.

"드디어 캐나다로 들어가는구나……."

디트로이트 강의 밑을 통과하는 하저 터널을 지나면 바로 캐나다 땅인 윈저 시였던 것이다. 윈저와 디트로이트는 양쪽 모두 상대측 도시로 출퇴근하는 사람들이 많기 때문에 국경 통과는 운전 면허증을 보여주는 것만으로 그만이었다. 장누덕은 캐나다에 들어가는 것만으로도 벌써 자기 집에 다 온 기분이 되었다.

“이놈들…… 이제 너희는 내 손 안에 있다!”

날 저무는 하늘에

　러시아 다음으로 가장 큰 국토를 가지고 있는 캐나다는 사람들로부터 세상에서 가장 살기 좋은 곳이라는 말을 듣고 있는 나라였다. 나이아가라 폭포로 유명한 토론토에서부터 세계 제일의 절경인 캐나디언 로키와 누구든 한번쯤 은퇴 후의 여생을 보내고 싶어하는 밴쿠버에 이르기까지 캐나다는 지상에서 가장 좋은 환경을 가지고 있는 나라라고 할 수 있었다.

　게다가 캐나다는 한국의 45배나 되는 면적에 인구는 남북한의 절반도 안되는 2천 7백만뿐이어서 생활 환경이 쾌적할 뿐만 이니라 천연자원까지 풍부했다. 삼림자원과 수력자원이 세계 최고이고 연해어장은 전세계의 어선들이 탐내는 보고였다. 캐나다는 또 밀의 최대 생산국이었고 앨버타 주에서 생산되는 쇠고기는 최고의 품질을 인정받고 있었다.

　뿐만 아니라 세계 최대의 니켈 광산은 전세계 시장의 니켈 값을 좌우하고 있을 정도였고 그 외에도 금과 유황 그리고 석유에 이르기까지 캐나다의 광물 자원은 그야말로 없는 것이 없을 정도였다.

그래서 캐나다에 살고 있는 한국 교민들은 그 나라를 9백 90당이라 부르고 있었다. 그것은 곧 천당의 바로 밑이라는 뜻이었던 것이다.

그러나 정작 그 천당과 관계가 있는 신앙 생활에서는 점점 빛이 바래가고 있는 것이 캐나다의 현실이었다. 유럽에서 건너올 때에는 뜨겁던 개척자들의 신앙이 이제는 식어가고 있었던 것이다. 부흥사 빌리 그래햄은 이 지역에서 집회를 가진 다음 그의 소감을 이렇게 말했다.

"이곳 사람들은 신앙을 거부하고 있다."

그 캐나다에 이제 해가 지고 있었다. 풍부한 천연자원을 수출해서 먹고 살면서 제조업을 발전시키는 데 소홀하다 보니 캐나다는 미국에 원자재를 공급하는 납품업자의 위치로 전락하게 되었던 것이다. 1차 산업의 기계화 때문에 실업률이 높아지게 된 캐나다는 미국 제품에 높은 관세를 매김으로써 수입 규제를 시작했다.

그러자 미국의 제조 업체들은 다투어 캐나다에 조립 공장을 설립했다. 현지에서 생산하여 규제의 장벽을 극복하려는 것이었다. 현지 공장들이 생기면서 일단은 캐나다의 취업률이 높아지기 시작했다. 서독에 가있던 한국의 광부들과 간호원들이 캐나다로 몰려온 것도 그때부터였고 그 즈음 장누덕의 부모인 장세진과 황수정도 토론토에 들어와서 취업을 했던 것이다.

디트로이트와 강 하나를 사이에 두고 있는 '윈저' 시도 바로 그렇게 해서 형성된 대표적인 도시였다. 디트로이트의 제너럴 모터스, 포드, 크라이슬러 등 거대한 자동차 회사들이 강 건너의 윈저에 조립 공장을 건설하기 시작하자 윈저는 하루 아침에 거대한 산업도시로 탈바꿈했던 것이다.

그러나 유럽의 경제 통합이 구체화되면서 미국은 이에 대항하기 위하여 북미주 자유무역 협정을 제창했다. 어차피 미국의 영향권을 벗어날 수 없는 캐나다는 그 제안에 찬성하지 않을 수 없었다. 그러나 자유무역 협정이 발효되자 더 이상 캐나다에서 조립을 하지 않아도 되는 미국 기업들이 철수하기 시작했고 캐나다의 실업률은 다시 급상승하기 시작했던 것이다.

미국 기업들의 철수로 가장 타격을 입게 된 도시가 바로 윈저였다. 영국 왕실의 이름을 따서 지은 윈저 시에도 이제 대영제국처럼 날이 저물고 있었던 것이다. 그 윈저 시로 들어가는 터널 속을 달리면서 장누덕은 앞서가는 김인철의 캐러밴을 여유 있게 뒤쫓고 있었다.

"날 저무는 하늘에 별이 3형제……."

이제 장누덕은 흥얼거리며 노래까지 부르고 있었다. 앞차에 두 사람 그리고 뒤차에 한 사람 그렇게 같은 한국말을 쓰는 세 사람이 사이 좋게 국경을 넘어가고 있었던 것이다.

터널을 빠져나온 캐러밴은 세관을 지나서 곧장 리버사이드 드라이브로 들어섰다. 이내 눈앞에는 '카지노 윈저'의 요염한 네온 사인이 나타나고 있었다. 미국 기업들의 철수로 공동화(空洞化) 되기 시작한 윈저 시에 먼저 생긴 것이 바로 카지노였다. 디트로이트의 다운타운을 흑인들에게 빼앗겨 버린 백인들을 유인하여 돈을 벌기 위한 사업이었던 것이다.

"왜 또 카지노인가……. 이놈들이 정말 목사와 도박으로 한판 붙어 보자는 것일까?"

카지노 앞에 도착한 그들은 발레 파킹을 시키고 나서 카지노 안으로 들어서는 것이었다. 택시를 발레 파킹 시킬 수는 없을 것 같아서 그는 파킹 랏에다 차를 세운 다음 가방을 둘러메고 카지노를 향해서 뛰었다. 문을 열고 들어서자마자 요란한 슬롯 머신 속에 그는 파묻혔다.

그러나 2천 대 가까운 슬롯 머신 사이를 다 돌아보았는데도 김인철과 그 동료의 모습은 보이지 않고 있었다. 그는 다시 룰렛 테이블과 블랙잭 테이블 사이들을 돌아보았으나 거기에도 그들은 없었다. 한참 동안을 헤매고 다니다가 그는 겨우 레스토랑 '로즈'에서 식사를 하고 있는 그들을 찾아낼 수가 있었다.

"고얀 놈들…… 저희들끼리만 식사를 하다니."

그는 비로소 배가 고프다는 것을 느꼈다. 덜레스 공항의 카페테리아에서 간단히 점심을 먹은 후 아직 아무 것도 못 먹고 있었던 것이다. 그러나 우선 식사를 하기 전에 해 두어야 할 일이 있어서 그는 전화 박스로 들어가 식당 쪽을 눈여겨 살피면서 레모오토에게 전화를 걸었다.

"아, 목사님…… 지금 어디 계세요?"

"여기는 윈저에 있는 카지노야. 내게 알려줄 일은 없나?"

"네. 워싱턴에서 온 한 여자와 두 남자는 예정했던 대로 캘거리행 AC145에 탑승했습니다."

"그러면 델라테는?"

"델라테도 CP1905로 도착해서 같은 비행기에 올라탔습니다."

"잘 됐군. 그 밖에는?"

"아직 별다른 일이 없습니다."

"알았네. 다시 위치가 바뀌는 대로 연락하지."

"조심하세요."

그는 전화를 끊고 나서 다시 케니의 집으로 전화를 했다. 마침 케니는 집에 있었다.

"케니…… 나 루디야."

"아, 루디…… 지금 어디야?"

"디트로이트 강 건너편에 있는 윈저에 와있어."

"윈저……?"

"음. 바로 강변에 카지노 윈저라는……."

"카지노? 너 목사가 도박을 해도 되는 거야?"

"그런 게 아니고…… 김인철이를 따라왔지."

그는 디트로이트에 도착해서부터 시작하여 르네상스 빌딩 꼭대기에 있는 식당 '더 서미트' 에서의 살인 사건 그리고 벨 섬에서 있었던 일과 윈저로 오게 된 경위까지를 간단하게 추려서 설명했다.

"루디…… 네가 벨 섬에서 입수했다는 그 양은국의 성경책에서는 뭔가 이상한 것을 발견하지 못했어?"

"잠깐 들여다 봤지만 별로 이상할 것이 없는 보통 성경책이었어."

"이상한 일이로군…… 엑타 비르하나의 패들과 북한 사람들이 성경책을 서로 차지하기 위해서 싸우다니."

"어쨌든 나중에 다시 살펴볼게."

"오우케이…… 그럼 나는 디트로이트 경찰국을 통해서 살인 사건의 경위를 좀 들어두어야 하겠군. 위치가 바뀌면 다시 알려줘."

"알았어."

전화를 끊고 나서 다시 레스토랑으로 돌아온 그는 눈을 크게 떴다. 분명히 식당 쪽을 살펴가면서 전화를 했는데 그들은 또 연기처럼 사라져 버렸던 것이다.

"지독하게 빨리도 처먹었군."

　그는 또 할 수 없이 슬롯 머신 사이와 테이블 사이를 헤매기 시작했다. 그리고 한참 만에야 그는 빙고 테이블에 앉아있는 김인철을 찾아낼 수가 있었다. 김인철은 이따금씩 전광판에 나오는 숫자들을 바라보기도 하고 빙고 용지에 뭔가 긁적거리기도 하면서 생각에 잠겨 있었다. 이제 더 이상 추적만 하고 있을 수가 없어서 장누덕은 그의 옆에 놓인 빈 의자로 다가가서 거기 걸터앉았다.

　"빙고를 좋아하십니까?"

　장누덕이 그렇게 말을 걸자 김인철은 힐끗 바라보더니 다시 전광판 쪽으로 시선을 돌리고 있었다. 그러나 그가 빙고에 관심이 없는 것은 분명한 것 같았다. 그는 빙고 용지의 베팅란에 아무 숫자도 써넣지 않고 있었던 것이다. 장누덕은 다시 한번 치근거려 보았다.

　"양은국은 어디 있습니까?"

　그러나 김인철은 역시 반응이 없었다. 그는 좀더 앉아있더니 치근거리는 것이 귀찮다는 듯 자리에서 일어서고 있었다. 장누덕은 그가 끄적거리다가 던져둔 빙고 용지를 집어들며 따라서 일어섰다.

　"어디로 가십니까?"

　김인철은 아무런 대답도 없이 블랙잭 테이블 쪽으로 걸어가고 있었다.

　"정말로 한판 붙자는 것인가?"

　그러나 장누덕은 어쩐지 그와 놀음을 할 생각은 없었다. 그가 테이블에 걸터앉는 것을 보고 장누덕은 발길을 돌렸다.

　(네가 도박을 하겠다면…… 나는 그 동안 식사를 좀 해야 되겠다.)

둘 중의 하나가 없어진 것을 보면 김인철은 그가 다시 나타날 때까지 시간을 보내려고 하는 것 같았다. 장누덕은 레스토랑 '로즈'로 들어가서 튀긴 감자와 텐더로인으로 천천히 식사를 하면서 가방의 지퍼를 열고 양은국의 성경책을 다시 꺼내들었다.

성경책은 아무리 살펴보아도 이상한 점을 찾아낼 수가 없었고 책갈피에 메모지 같은 것도 끼워져 있지 않았다. 그저 붉고 푸른 줄들만 여기저기 그어져 있을 뿐이었다. 그의 성경책을 들여다 보며 장누덕은 문뜩 자신이 한심하다는 생각이 들고 있었다.

(내가 지금 뭘 하고 있는 것인가……?)

그는 인디언 마을의 목사였고 선교사였다. 그는 다음 주일 예배의 설교 준비도 하지 못한 채 지금 이상한 사건에 휘말려서 엉뚱한 장소에 와있는 것이었다.

(도대체 양은국과 내가 무슨 관계이길래…….)

후배인 쟈니가 부탁을 했다 하더라도 이 정도면 이제는 할 만큼은 다 했다고 볼 수 있었다. 그러나 또 한편으로는 저 사이먼 휠러 장의사의 지하실에서 엑타 비르하나가 했던 말이 생각나고 있었다.

— 우리의 연구 성과는 인류의 역사를 우리 쪽으로 돌아오게 만들었다. 환생설이 세계를 지배하게 될 것이고 진세계의 모든 종교는 곧 하나로 통합될 것이다.

그들의 목표가 성경의 창조론과 종말론을 깨는 것이고 그들이 교회의 파괴를 획책하고 있다면 장누덕은 그것을 저지하는 일에 나서지 않을 수 없는 것이었다.

(양은국…… 네 성경책은 내 손에 들어와 있는데 너는 도대체 지금 어디로 날아가 버렸단 말이냐?)

그는 양은국의 성경책을 다시 가방에 넣고 나서 김인철이 끄적거리고 있던 빙고 용지를 꺼내어서 살펴보았다. 1부터 80까지의 숫자가 가득하게 들어있는 빙고 용지에는 아무런 낙서도 보이지 않았고 오직 4와 15에 V자 표시가 되어 있을 뿐이었다.

"4와 15……?"

본래 빙고 게임은 자기가 V자 표시를 한 숫자와 전광판에 나오는 숫자가 얼마나 일치하느냐에 따라서 1달러에서부터 10만 달러에 이르는 상금을 타게 되어 있는 게임이었다. 그러나 두 개의 숫자만을 가지고 승부를 거는 사람은 거의 없었던 것이다. 김인철의 속셈은 기본적으로 장누덕을 놀려주려는 것임에 틀림 없었다.

그가 먹을 것을 다 먹고 커피까지 마신 후에 블랙잭 테이블로 돌아와 보니 김인철은 제법 운이 좋았는지 자기 앞에 여러 무더기의 칩을 쌓아놓고 있었다. 그는 한때 바그다드에서 미사일 장사를 했다고 들었는데 아마도 그때에 도박 솜씨를 익혀두었던 것인지도 몰랐다.

김인철이 좀처럼 일어설 기색을 보이지 않고 있었기 때문에 마냥 선 채로 그를 지켜보고 있을 수가 없어서 장누덕은 슬롯 머신의 숲 속으로 들어섰다. 블랙잭 테이블이 잘 보이는 쪽에 자리를 잡고 앉았다. 그러나 식사 후인데다가 자리에 앉고 보니 차츰 졸음이 몰려오기 시작했다.

졸음 때문에 몇번이나 고개를 꺾었던 그는 할 수 없이 코인 바꿔주는 아가씨를 불러서 25센트짜리 코인 40개를 바꿨다. 아무 것도 하지 않으면서 슬롯 머신 앞에 앉아있는 것을 사람들이 이상하게 볼 것 같아서였다. 그는 슬롯 머신의 모터 부분을 손바닥으로 쓸어보았다. 따뜻한 온기가 아직 남아있었다.

기계가 더워져 있다는 것은 지금까지 누군가가 그 기계에 코인을 많이 넣고 돌리다가 갔다는 증거였다. 그런 기계를 받아서 하면 먼저 사람이 남겨두고 간 기회를 주워서 횡재를 할 수도 있다는 것이 놀음꾼들의 상식으로 되어 있었던 것이다. 본래 도박을 할 생각이 없었기 때문에 그는 천천히 코인 하나를 밀어넣고 레버를 당겼다.

"……?"

빙글빙글 돌아가던 세 개의 휠이 BAR BAR BAR로 멈추면서 이내 36개의 코인이 쏟아져 나오기 시작했다. 코인이 기분 좋게 떨어지는 소리가 한참 동안을 계속되었다.

"드디어 사탄의 유혹이 시작되었군……."

도박성이 있는 사람에게 코인 떨어지는 소리는 승부욕을 자극하는 마약과도 같은 것이었다. 그 소리에 미혹되어 정신 없이 코인을 밀어넣다 보면 결국 코인은 다 기계 속으로 들어가게 되어 있는 것이었다. 장누덕은 학생 때부터 이미 애틀랜틱 시티의 카지노에 다니면서 그런 것들을 다 터득하고 있었던 것이다.

어쨌든 상당한 분량의 코인을 확보한 장누덕은 한참 만에 하나씩 코인을 밀어넣고 천천히 레버를 당겼다. 그는 돈을 따는 것이 아니라 자리에 앉아있기 위헤서 시간을 끄는 것이 목적이었던 것이다. 그러다가 그는 또 더러 졸기도 하고 고개를 꺾다가 얼른 레버를 당기기도 하면서 자주 블랙잭 테이블을 살펴보고 있었다.

(이게 무슨 꼴인가……. 목사가 카지노에 들어앉아서 슬롯 머신의 레버나 당기고 있다니.)

그는 어서 인디언 마을의 교회로 돌아가고 싶었다. 오랫동안 그 늘진 생활을 계속해 왔기 때문에 그들의 표정에는 피곤이 깃들어 있었으나 성경의 복음을 들을 때마다 그들의 눈은 빛나고 있었다.

마치 죽었던 영혼이 소생하듯 그들의 생명력은 파릇파릇 살아나고 있었던 것이다.

인디언 마을의 천막 교회 앞에는 종탑이 있었고 그 꼭대기에는 아이들이 광산촌에서 주워온 작은 종 하나가 달려있었다. 광석 운반차가 갱 속으로 달릴 때 흔드는 종이었다. 그 종만 울리면 인디언 마을의 사람들은 눈빛을 번쩍이며 교회로 모였다. 그 종소리가 지금 장누덕의 귀에 들려오고 있었던 것이다.

(어떡하나……. 설교 준비를 못했는데.)

목마른 사슴처럼 간절한 눈빛으로 자신을 바라보는 인디언 형제들을 생각하며 그는 걱정을 하고 있었다. 퍼뜩 정신을 차리며 눈을 뜨자 피켓을 들고 지나가는 빨간 제복의 벨 보이가 보였다. 그가 벨 소리를 울리고 있었던 것이다. 피켓에는 I.C.Kim이라는 이름이 적혀있었다.

손목 시계를 보니 시간은 벌써 새벽 3시가 되어 있었다. 얼른 김인철 쪽을 바라보니 그도 피켓을 보았는지 칩을 컨테이너에 쓸어 담고 있었다. 컨테이너를 들고 일어선 그는 우선 카운터로 가서 전화를 받았다. 장누덕도 나머지 코인들을 모두 긁어서 주머니에 집어넣은 다음 가방을 들고 일어서서 김인철 쪽으로 다가갔다.

"아니…… 뭐라구?"

하는 소리에 이어 다시 한마디가 들려왔다.

"호위총국?"

호위총국이란 북한의 주석을 호위하는 경호부대를 의미하는 것이었다. 김인철은 금강무역 소속이고 홍경수는 대외경제사업부 소속이라고 들었는데 갑자기 호위총국이란 새로운 기관의 이름이 거명된 것이었다.

“알았어……. 지금 그리로 가겠다!”

김인철은 환전소로 가서 칩을 현금으로 바꾼 다음에 출구 쪽으로 달려가는 것이었다. 뒤따라 나와보니 그의 동료가 캐러밴을 타고 가버렸는지 그는 택시를 잡기 위해서 서성거리고 있었다. 아무리 카지노라고 해도 새벽 3시에 택시를 잡는다는 것은 좀 무리가 아닐 수 없었다.

장누덕은 얼른 파킹 랏으로 가서 체커 캡의 택시에 올라탄 다음 재빨리 키를 넣어서 비틀었다. 그가 택시를 몰고 카지노 앞에 이르렀을 때에도 김인철은 아직 택시를 잡지 못하고 있었다. 그가 택시를 카지노 앞에 세우자 김인철은 헤드라이트의 불빛 때문에 장누덕을 알아보지 못하고 뒷자리에 올라탔다. 장누덕이 영어로 물었다.

“어디로 모실까요?”

“호텔 듀…….”

윈저의 지리를 잘 알지 못하는 장누덕은 우선 차를 중앙 도로인 울렛 애비뉴로 뽑았다.

“어디에 있는 호텔 듀입니까?”

장누덕이 다시 묻자 김인철은 좀 닌감한 모양이있다.

“잘 모릅니까? 그레이 하운드 터미널을 지나서 곧장 비행장 쪽으로 나간다고 하던데…….”

김인철의 영어에는 평양 말씨의 억양이 섞여있었다.

“알았습니다. 윈저에는 듀 호텔이 많아서요.”

“아…… 그렇습니까?”

“손님께서는 윈저에 처음이신 모양이지요?”

“그…… 그렇소.”

"카지노에서는 돈 좀 땄습니까?"

"별로."

호텔을 찾는 것은 어렵지 않았다. 도서관 앞을 지나자 바로 맞은 편에 호텔의 네온 사인이 나타났던 것이다. 호텔 가까이 이르렀을 때 뒷 자리의 김인철이 다시 그 평양식의 영어로 말을 걸어왔다.

"미터기가 어떻게 된거요?"

"아……."

그가 탈 때에 미터기 꺽는 것을 잊어버렸던 것이다.

"야간에는 특별 요금을 받기 때문입니다."

"뭐라구……?"

김인철이 이상한 듯 백 미러를 들여다 보더니 마침내 운전수가 누구인가를 알아보고 한숨을 쉬었다.

"또 당신이었구먼……. 도대체 왜 나를 따라다니는 거요?"

"따라오라고 쪽지를 줘 놓고서 무슨 말씀입니까?"

"쪽지를……?"

"워싱턴 기념탑에서 힌디어로 적은 쪽지를 내게 전해주지 않았 습니까? 비행기는 곧 떠난다고……."

"난…… 그런 쪽지를 전한 적 없소."

"없다니…… 분명히 당신이 내게 쪽지를 전해 주고 계단을 통해 서 뛰어 달아났는데!"

"어쨌든 이제 다 왔으니 차를 세우시오. 내겐 당신과 옥신각신할 시간이 없어."

"요금을 내셔야죠."

"미터기도 안 꺾고 뻔뻔스럽군……. 얼마를 내라는 거요?"

"1백 달러."

“당신…… 경찰에 고발해야 되겠군.”

“김인철 동무…… 블랙잭에서 그만큼 재미를 보셨는데 운전수에게 팁을 1백 달러쯤 주서도 무방하지 않겠습니까?”

김인철은 정말 일이 급한지 주머니에서 1백 달러짜리 지폐를 꺼내어 운전석으로 집어던졌다.

“자…… 요금을 냈으니 차를 세우시오.”

“알겠습니다, 손님.”

그가 차를 현관 앞에 대자 차에서 내린 김인철은 호텔 안으로 총알처럼 뛰어 들어가는 것이었다. 장누덕은 다시 차를 건물 뒤의 골목에 대놓고 호텔 안으로 들어섰다. 김인철은 이미 로비에 없었다. 그는 리셉션에 서 있는 여자에게로 다가갔다.

“방금 들어온 손님…… 어디로 갔습니까?”

“왜 그러시죠?”

“일행이거든요.”

그녀는 장누덕의 아래 위를 훑어보더니 같은 동양인이므로 고개를 끄덕이며 가르쳐 주었다.

“바 쪽으로 가셨습니다.”

“어느 쪽에 있습니까?”

“엘리베이터 뒤쪽으로 돌아가세요.”

“고맙소.”

그는 아마도 바에서 그의 동료와 만나려는 모양이었다. 천천히 바 쪽으로 돌아서 다가가던 그는 잠시 걸음을 멈추었다. 컴컴한 바 안에 김인철의 모습이 보이는 것 같았는데 그들은 모두 두 명이 아니고 네 명이었던 것이다.

“아니…… 그러면.”

김인철은 전화를 받으면서 호위총국이라는 말을 했었는데 나머지 그 두 명이 바로 호위총국 사람들이라면 이제 저들의 중요 기관이 모두 총출동을 한 것 같은 느낌이 드는 것이었다.

(도대체…… 무슨 중요한 일이 있길래 주석의 경호부대가 캐나다의 윈저까지 출동을 했단 말인가?)

어쨌든 지금 장누덕이 그들의 대화를 엿들으려면 몸을 숨겨서 들어가는 수밖에 없었다. 마침 그들은 구석 후미진 자리에 앉아서 밀담을 나누고 있었기 때문에 장누덕은 출입구 옆에 몸을 숨기고 있다가 그들의 시선이 거두어졌을 때 고양이처럼 살금살금 어두운 바 안으로 스며들었다. 마침 그들과의 사이에 화분으로 가려져 있는 자리가 있어서 장누덕은 그 자리로 들어가서 앉았다.

"아니…… 왜 호위총국에서 우리 사업을 방해하십니까?"

"방해가 아니오. 우리의 사업이 더 급하기 때문이오."

"이보시오, 상좌……. 우리는 인민무력부의 의뢰와 수령님의 재가를 받아서 움직이고 있는 특수사업 요원들이오. 또 우리가 해내야 하는 일은 조국의 운명과도 직접적인 관계가 있는 일이란 말이오."

상좌라면 호위총국에서도 부관급의 고위직이었다. 그런 사람들이 둘씩이나 캐나다로 출동했다면 그 쪽에서도 뭔가 큰 임무를 띄고 있는 것이 분명했다. 상좌의 목소리가 다시 들려왔다.

"김 동무……. 수령이 먼저요, 조국이 먼저요?"

그 질문에 대한 김인철의 대답은 없었다. 한참 후에야 김인철의 목소리가 들려왔다.

"도대체…… 양은국이를 데려다가 무엇을 하시려고 그러십니까?"

“내가…… 이야기를 오래 끌고 싶지 않아서 오직 김 동무에게만 알려 주겠소. 우리는 그의 심장이 필요하오.”

북쪽 사람들은 늘 충성에 대해서 말할 때 ‘심장’에 받아안는다는 말을 잘 쓰고 있었다. 그러나 지금 상좌가 하고 있는 그 말은 그런 추상적인 용어가 아닌 것 같았다.

“심장이……?”

“수령님께서는 지금 심장의 건강이 아주 좋지 않소. 주치의의 말로는 매우 위중한 상태라고 하오. 우리는 수령님께 드릴 젊고 싱싱한 심장을 필요로 하는 거요.”

세상 사람들에게는 그의 건강이 매우 양호한 것으로 알려져 있었다. 나이가 82세의 고령에 들어섰기는 했으나 얼마 전만 하더라도 CNN기자와의 회견에서 사냥과 낚시를 하기 위해 미국을 방문하고 싶다는 말을 하여 서방 기자들을 놀라게 했던 것이다.

그 나이에 그만한 건강을 유지하는 비결에 대해서는 여러 가지 보도들이 나돌고 있었다. 그의 건강과 장수법을 연구하기 위해 특별 연구소가 설치되는가 하면 건강한 처녀들과 함께 목욕을 하는 호르몬 목욕에서부터 처녀의 피를 정기적으로 수혈받는 회춘 수혈에 이르기까지 온갖 발상이 동원되고 그를 웃기기 위히여 7명의 만담조까지 편성될 정도였다.

“아니 그럼…… 심장 이식을?”

“김 동무…… 이제 더 이상 묻지 말아주시오.”

“아닙니다. 한 가지만 더 묻겠습니다. 심장 이식을 위해서라면 양은국이 말고도 더 건강하고 튼튼한 청년이 국내에도 얼마든지 있을텐데 왜 하필이면 꼭 우리가 필요로 하는 그 양은국이란 말입니까?”

"동무는 아직도 모르고 있구만."

"네……?"

"양은국이란 아이는…… 죠지 워싱턴 대학에서 특수 실험의 재료로 사용하기 위해서 심장의 능력을 마음대로 조절할 수 있는 유전자 융합 처리를 받았소. 우리 수령님께서 영원한 장수를 누리시려면 바로 그런 심장이 필요한 거요."

바로 그 일을 위해서 호위총국의 간부들이 직접 출동을 했던 것이다. 결국 저 워싱턴의 그레이트 폴스에서 발견된 시체에서부터 시작하여 양은국이 실종된 그 모든 사건들이 바로 그의 심장 때문에 일어난 사건으로 드러난 셈이었다.

"아……."

이제 더 이상 김인철은 입을 열지 못하고 있었다.

"이제 우리는 물러가겠소."

"잠깐……."

김인철은 다시 그들을 붙잡았다.

"동무들도 아시다시피 양은국은 조국의 운명이 걸린 중요한 사업의 열쇠를 쥐고 있소. 양은국이 우리의 일을 다 도와준 다음에 그 일을 집행하셔도 되지 않겠소?"

"그럴 시간이 없소. 우리는 급하오."

"그러면…… 양은국이 가지고 있는 비밀을 좀더 조사할 수 있도록 우리에게 그를 심문할 시간을 조금만 더 주시오."

"그것도 안되오."

"엣……?"

"양은국의 사건은 이미 FBI로 넘어갔고 이제 곧 전 미국과 캐나다뿐만 아니라 전세계 인터폴에 수색 의뢰가 갈거요. 그렇게 되면 우리의 운반 사업이 불가능하게 될지도 모르기 때문에 동무의 그 제안에는 동의할 수 없소.”

“아니…… 잠시, 잠시만이라도…….”

“안되오. 동무들이 지금까지 획득한 정보만 가지고 사업을 추진하시오. 이제 우리 토론은 다 끝났소.”

그것으로 끝이었다. 거기까지 들은 장누덕은 마음이 다급했다. 양은국은 지금 어딘가 감금되어 있으며 이제 곧 그들은 양은국을 어딘가로 운반하려는 모양이었다.

(김인철을 쫓아가야 하나…… 아니면 양은국을 찾아보아야 하나?)

그러나 무엇보다도 당장 양은국을 찾는 것이 급했다. 그는 이제 저들에게 끌려가면 심장을 빼앗기고 죽게 되는 것이었다. 그들이 자리에서 일어서는 것 같아서 장누덕은 우선 살그머니 몸을 빼내어 먼저 밖으로 나와 화장실 입구에 숨어서 그들을 기다렸다. 건장한 사내 두 명이 바에서 걸어나오고 있었다.

“어떻게 할까요…… 부관 동무.”

부관이라고 하는 자는 손목 시계를 들여다 보더니 말했다.

“비행기가 몇시라고 했지?”

“6시 55분입니다.”

“음…… 아직 시간이 좀 있군. 방으로 돌아가 잠시 쉬고서 공항으로 나가지.”

그들이 엘리베이터 속으로 사라지자 그는 달려가서 엘리베이터 위의 숫자들을 바라보았다. 엘리베이터는 6층에서 멈추고 있었다.

(저들은 양은국을 어디에 감추어 두었을까……?)

아마도 그들의 방이거나 다른 장소라면 납치범들이 흔히 사용하는 승용차의 트렁크일 수도 있었다. 그는 일단 지하 주차장으로 내려가서 거기 주차하고 있는 차들을 둘러보았다. 수많은 차들 중에서 어떤 것이 그들의 것인지 알 수도 없었다.

"양은국 씨……."

그는 차들 사이로 돌아다니며 낮은 소리로 그렇게 불러 보다가 그것도 단념해 버렸다. 그들이 양은국을 승용차의 트렁크에 넣어놓았다면 소리를 지르지 못하도록 이미 입을 막아놓았을 것이기 때문이었다. 주차장에는 김인철의 캐러밴도 있었으나 그 속에도 물론 양은국은 없었다.

(그들은 양은국을 어떤 방법으로 운반하려 하는가……?)

그들은 비행기 시간에 대하여 이야기하고 있었다. 그러나 양은국을 화물로 수송할 수는 없을 것이었다. 그렇다면 그들은 양은국을 대동하고 비행기에 타려는 것인지도 몰랐다. 그는 다시 로비로 올라와서 리셉션의 여직원에게 물었다.

"미안합니다……. 공중 전화가 어디 있지요?"

여직원은 다시 그의 얼굴을 물끄러미 바라보더니 손가락을 들어서 맞은편을 가리켰다.

"아……."

그는 멋적게 웃어보이고 나서 전화가 있는 곳으로 가서 번호부를 뒤적이기 시작했다. 윈저 공항을 찾으려는 것이었다. 어차피 시내의 사무소는 닫혀있을 것이니 공항의 항공사를 찾아봐야 할 것 같았던 것이다. 그는 수화기를 들고 잠시 생각을 해 보다가 캐나디언 항공의 번호를 눌렀다. 윈저와 같은 소규모 공항에는 에어 캐나다가 없을 것 같아서였다.

"헬로우……?"

항공사 여직원의 졸린 듯한 목소리가 들려왔다.

"아…… 이른 시간에 미안합니다만 예약을 좀 하려구요."

"어느 항공편이지요?"

"저…… 6시 55분에 출발하는 비행기가 무엇이지요?"

"토론토행 CP1918 말씀인가요?"

"네, 바로 그겁니다. 예약하기 전에 한 가지 확인해야 할 것이 있는데……. 미안합니다만 그 비행기에 혹시 양은국…… E.K.Yang 이라는 사람이 예약을 했는지 좀 알아봐 주시겠습니까?"

졸다가 깬 여직원이 단말기의 키를 신경질적으로 두드리는 소리가 수화기에서까지 들려오고 있었다.

"그런 이름은 없는데요."

"알겠습니다. 일단 그 비행기편에 예약을 좀 해 주십시오. 제 이름은 루디 장입니다."

"예약…… 입력시켰습니다."

"감사합니다."

그는 다시 손목 시계를 들여다 본 다음 아무래도 케니의 도움을 받아야 할 것 같아서 워싱턴을 불렀다. 역시 자다가 깬 케니의 음성이 수화기에 들려왔다.

"케니…… 미안해. 급한 일이 생겨서."

"또 뭐지?"

장누덕은 지금까지의 상황을 모두 설명하고 CP1918편에 예약한 한국식 이름의 승객들을 조사해 달라고 부탁했다.

"토론토라……. 이상하군. 엑타 비르하나도 토론토를 거쳐서 에드먼턴으로 가는데."

"디트로이트에서?"

"아니야, 그 여자도 윈저 공항에서 CP1918을 타고 토론토에서 에드먼턴행 CP951을 갈아타게 되어 있어."

"에드먼턴과 캘거리……."

"맞았어. 에드먼턴과 캘거리는 비행기로 불과 40분 거리야. 그 여자와 사이먼 휠러 그리고 신정길은 에드먼턴과 캘거리에서 뭔가 일을 벌이려고 하는 거야."

"케니, 말리카 라이 교수가 그들에게 납치되어 있어. 델라테 혼자서는 그들을 추적하기가 어려울텐데 지원부대를 보내줄 수 없나?"

"아직…… 곤란해."

"알았어. 공항에 나가서 다시 전화할게."

그는 다시 토론토의 레모오토에게 전화를 걸었다.

"아…… 목사님."

"CP1918편에 예약을 했어. 토론토행이야."

"동행자가 있습니까?"

그는 다시 엑타 비르하나가 그 비행기편에 예약을 했다는 것과 에드먼턴행 CP951에 예약을 해 놓을 것 그 외에도 다른 쪽의 몇사람이 같은 비행기를 탈지도 모른다고 그에게 일러주었다.

"알겠습니다. 저희 쪽 인원을 곧 배치하겠습니다."

"델라테 쪽에도 지원이 필요할 것 같은데……."

"이미 조치해 두었습니다."

"나는…… 이번 주일에 밴쿠버에서 예배를 드리게 될 것 같아."

"이 쪽은 한인 교회의 목사님께 부탁을 드렸습니다."

"감사하다는 내 인사를 전해 주게."

"물론입니다."

그는 전화를 모두 끝내고 돌아서다가 현관으로 나가고 있는 김 인철과 그의 동료를 발견했다. 그들이 이제 어디로 가려는지는 모르지만 일단 양은국을 살려야 하는 입장은 자신과 일치하는 것 같아서 정보를 흘려줄 필요가 있을 것 같았다. 그는 얼른 현관으로 그들을 따라나갔다.

"손님…… 택시를 타지 않으시렵니까?"

김인철은 귀찮은 사람이 또 따라붙는구나 싶었던지 그를 돌아보며 미간을 찌푸렸다.

"요금이 비싸서 안 타겠소."

"어차피 같은 방향으로 가셔야 할 것 같은데……."

"같은 방향?"

"동무들의 사업에 방해가 되는 그 사람들은 6시 55분 발 CP 1918을 타고 토론토로 가거든요."

거기까지만 흘려주면 된 것이었다. 그는 얼떨떨해 있는 김인철에게 고개를 숙여 보이고 나서 몸을 돌려 차를 세워둔 뒷골목 쪽으로 걸었다. 아직 캄캄한 하늘에는 조각달이 걸려있었고 샛별이 파란 빛을 내뿜고 있었다.

(주여…… 양은국의 심장을 지켜주소서.)

그는 입 속으로 다윗의 시를 외우고 있었다.

악인의 악을 끊고 의인을 세우소서
의로우신 하나님이 사람의 심장을 감찰하시나이다
나의 방패는 정직한 자를 구원하시는
하나님께 있도다……

팍트로스의 모래밭

카지노 윈저의 슬롯 머신 앞에 앉아서 조금씩 줄기는 했으나 거의 밤을 새우다시피 했기 때문에 장누덕은 토론토로 가는 비행기 안에서 팔짱을 낀 채 잠을 청했다. 같은 비행기에 김인철과 그의 동료 홍경수 그리고 북한 호위총국 소속의 두 사람과 동승한 채였고 그 밖에도 엑타 비르하나와 그녀를 수행하는 검은 양복의 청년 둘이 더 있었으나 어차피 하늘 위에 떠있으니 토론토까지는 잠을 자도 될 것 같았던 것이다.

윈저 공항에서 케니로부터 받은 정보에 의하면 양은국을 데려가겠다는 그들의 이름은 박재갑과 오동춘으로 밝혀졌다. 그들의 비행편도 역시 토론토를 거쳐서 에드먼턴으로 가게 되어 있었다. 케니가 보내준 그들의 비행 일정은 자못 복잡한 것이었다.

06:55	윈저	07:57	토론토	CP 1918
08:45	토론토	10:56	에드먼턴	CP 951
12:20	에드먼턴	12:55	밴쿠버	AC 1836

14:25　밴쿠버　21:55+1　베이징　CA 992

베이징(北京) 이후의 비행 스케줄은 조사하지 못했으나 케니는 다음날 오후 1시에 평양으로 들어가는 조선민항 비행기를 탈 것으로 추측하고 있었다. 그러나 이상한 것은 그들의 일행 가운데 양은국이 없는 것이었다. 사람을 화물로 수송할 수는 없을 터인데 도대체 어떤 방법으로 그를 데려가려는 것인지 알 수가 없었다.

장누덕의 그런 의문은 토론토의 피어슨 공항에서 풀리게 되었다. CP1918의 게이트로 마중나온 레모오토와 함께 비행기에서 화물 옮겨싣는 모습을 살펴보던 장누덕은 알루미늄제의 관 하나가 CP951로 옮겨지는 것을 목격했던 것이다.

"……바로 저것이다!"

"뭐가 말씀입니까, 목사님?"

"양은국이가…… 저 관 속에 들어있어!"

"그러나……."

레모오토는 고개를 갸웃거렸다.

"왜 그러지?"

"만일 저것이 그들의 화물이라면 어째서 토론토에서 바로 베이징으로 가는 비행기도 있는데 왜 밴쿠버로 가는 것일까요?"

"토론토에서는 에어 차이나가 없거든. 그들이 접촉하기 편한 항공사는 중국민항일테니까……."

"그렇다고 하더라도…… 왜 그들은 밴쿠버로 직행하지 않고 에드먼턴을 들르는 것인지 모르겠군요."

레모오토의 의문은 정당한 것이었다.

"그리고 보니 나도 그 점이 이상하게 여겨지는군. 에드먼턴…….

왜 그들은 모두 에드먼턴으로 가는 것일까?"

"캘거리와 에드먼턴 사이에 뭔가 있는 것 아닐까요?"

"워싱턴의 케니도 그런 말을 하던데……. 어쨌든 레모오토,"

"네, 목사님."

"만일 저 관 속에 양은국이가 들어있다면 자네 친구들이 그를 빼낼 수 있을까?"

레모오토는 옮겨지고 있는 관을 물끄러미 바라보고 있다가 입을 열었다.

"여기서는 이미 늦은 것 같고…… 에드먼턴 국제공항에서 한번 시도해 보겠습니다."

"한 사람의 생명이 달려있는 일이거든."

"명심하겠습니다."

"델라테에게서는 연락이 있었나?"

"어젯밤 현지 시간으로 9시 8분, 이곳 시간으로 11시 8분에 잘 도착했다는 연락을 받았습니다. 사이먼 휠러와 신정길은 말리카 라이 교수와 함께 임프레스 호텔에 들었다더군요."

"말리카 라이 교수를 빼낼 만한 방법이 있을까?"

"우리쪽 형제들이 뒤를 쫓고 있기는 합니다만…… 델라테는 좀 더 그들의 움직임을 살펴본 후에 행동을 하려는 모양입니다."

장누덕은 손목 시계를 들여다 보았다.

"시간이 얼마 안 남았군……. CP951의 게이트를 찾아가야겠어."

"아침을 좀 드셔야 하지 않겠습니까?"

"비행기 안에서 주는 것을 먹으면 되겠지만…… 아, 레모오토도 아직 아침 전이겠군. 그럼 뭘 좀 같이 먹을까?"

그들이 스낵 바로 들어서자 몇사람의 눈동자가 일제히 그들을 향하고 있었다. 김인철과 홍경수 그리고 박갑재와 오동춘이 있었고 엑타 비르하나와 검은 양복의 청년들까지 거기 있었던 것이다. 장누덕은 태연한 표정을 지으며 그들 사이로 비집고 들어가서 자리를 잡고 앉았다.

"목사님…… 여긴 어째 분위기가 이상하군요."

레모오토가 낮은 소리로 그렇게 말했다. 장누덕은 우선 샌드위치와 커피를 주문하고 나서 빙그레 웃었다.

"모두가 이번 사건의 출연배우들이지."

레모오토도 그들의 얼굴을 기억해 두는 것이 필요할 것 같아서 장누덕은 한 사람 한 사람 모두 그 이름과 이번 사건에서의 배역을 설명해 주었다.

"매우 편안한 여행을 하시게 되었군요."

"그렇지…… 언제나 태풍의 핵은 조용한 법이거든."

그들은 햄과 치즈가 들어있는 샌드위치를 먹으면서 화제를 돌렸다. 주로 인디언 선교에 관한 의논들이었다. 이미 오래 전부터 선교에 필요한 자료를 수집하고 있는 그들은 남북 미주의 각지역에 분포되어 있는 아메리칸 인디언의 자료를 종족과 언어별로 정리하고 각지역에 필요한 선교 전략을 수립하고 있었던 것이다.

"신학교에서 공부하고 있는 형제들은 어때?"

"모두들 잘 적응하고 있습니다."

그들이 속히 공부를 마치고 각지역에 배치되어 인디언 선교를 인디언 스스로 담당하게 하는 것이 장누덕의 계획이었던 것이다. 이미 신학교를 나와서 지역의 집회를 인도하고 있는 전도사들도 상당수가 있었다. 탑승 안내의 어나운스먼트가 흘러나오고 있었다.

"에드먼턴으로 가는 CP951편에 탑승하실 승객께서는 76번 게이트로 오셔서 탑승해 주시기 바랍니다……."

박재갑과 오동춘이 먼저 일어섰고 김인철과 홍경수가 뒤따라 일어섰다. 좀더 있다가 편자비 드레스 차림의 엑타 비르하나가 천천히 일어섰고 검은 양복의 청년 둘이 함께 그녀의 뒤를 따랐다.

"저 여자가 코브라 뱀을 들고 다니는 여잡니까?"

"응…… 오늘은 바구니를 들고 있지 않으니 다행이야."

그러나 그녀의 헐렁한 편자비 드레스의 어느 구석쯤에 또 코브라가 숨어있을지도 몰라서 신경이 써지는 것이었다.

"가시는 동안에 위험은 없겠지요?"

"코브라만 없다면…… 별일은 없겠지. 어쨌든 모든 것을 잘 수배해 주기 바라네. 에드먼턴 공항에서 해야 할 일들에 대해서도 연락해 주고……."

"에드먼턴부터의 일은 웅가바와 그의 형제들이 수행하도록 하겠습니다."

"아…… 그게 좋겠군."

웅가바란 본래 '먼 미지의 땅'이라는 의미였다. 그 이름처럼 웅가바는 왈라친 사보나의 인디언 형제들 가운데서도 모험심이 강하고 용기 있는 청년이었던 것이다.

"에드먼턴에서 다시 연락 주십시오."

"혹시 케니에게서 연락이 오면 지금까지의 상황을 이야기해 주게."

"알겠습니다."

그는 게이트에서 레모오토와 헤어졌다. 보잉 737기의 기내에는 엑타 비르하나와 그 일행이 제일 앞쪽에 자리 잡았고 박재갑과 오동춘은 중간쯤에 앉아있었다. 장누덕과 김인철 그리고 홍경수의 좌석은 뒤늦게 예약을 했기 때문인지 뒤쪽이었다.

제각기 목적은 다를지 모르나 어쨌든 에드먼턴으로 향해서 가는 여덟 명을 한꺼번에 태우고 CP951편의 1백인승 비행기는 이륙했다. 그러나 그들 외에도 사실은 한 사람이 더 있었다. 아래쪽 화물칸에 정중하게 모셔져 있을 알루미늄 관 속에는 양은국이 들어있었던 것이다.

(에드먼턴…… 거기에 무엇이 있길래 모두들 그리로 가고 있는가?)

에드먼턴은 풍요한 땅 앨버타 주의 주도(州都)였다. 금과 구리 그리고 알루미늄 등 광물 자원이 풍부한 위에 이 도시를 더욱 발전시켜 준 것은 레더크에서 발견된 유전이었다. 그 자원을 배경으로 하여 에드먼턴은 석유 공업의 중심지로 성장한 것이었다.

이러한 에드먼턴의 역사는 1864년 허드슨 항만회사가 그곳을 모피의 교역센터로 사용함으로써 시작되었다. 에드먼턴은 이 때부터 로키 산맥을 넘어서 서부 지역으로 진출하는 관문이 되었고 더구나 서북방의 클론다이크 강 지류에서 금이 발견되자 '골드 러시'의 상징이 되었던 것이다.

그 황금의 도시로 몰려들던 카우보이들처럼 1백 명의 승객들이 에드먼턴을 향하여 날아가고 있었다. 그 중에는 평양에서 온 네 명의 사내와 인도 여자를 비롯한 세 명의 밀사 그리고 장누덕과 관속에 누워있는 양은국에 이르는 아홉 명도 끼어있었던 것이다.

(모두들 왜 그리로 가는가…… 클론다이크 강의 황금을 찾기 위하여 가고 있는가?)

장누덕은 그리스 신화에 나오는 미다스 왕의 이야기를 생각하고 있었다. 장미의 나라인 프리기아의 왕 미다스는 농사꾼 고르디우스가 키벨레 여신과 동침하여 낳은 아들이었다. 그는 술에 취한 노인 실레노스를 후히 대접한 일이 있었는데 그는 술의 신 디오니소스의 스승이었다. 나중에 이것을 알게 된 디오니소스가 미다스 왕에게 소원을 물었다.

"그대의 소원이 무엇인지 말해 보라."

"무엇이든 제 손에 닿는 것은 황금으로 변하게 해 주십시오."

디오니소스는 그의 소원을 들어주었다. 나뭇가지나 돌이나 사과를 만질 때마다 그것이 황금으로 변하는 것을 보고 그는 뛸 듯이 기뻐했으나 이내 그 기쁨이 엄청난 재난의 시작이라는 것을 깨닫게 되었다.

그가 먹으려는 모든 음식들이 손만 대면 황금으로 변하는 바람에 그는 결국 굶어죽을 지경이 되어 버렸던 것이다.

"디오니소스 신이여…… 나를 이 멸망으로부터 구해 주십시오."

그러자 디오니소스는 그에게 팍트로스 강의 근원으로 거슬러 올라가서 그 물에 몸을 씻으라고 하였다. 미다스 왕이 그곳에 가서 강물에 손을 대자 모든 것을 황금으로 만들어 버리는 그의 힘은 물 속으로 사라져 버렸고 강의 모래는 모두 금빛으로 변했다.

비행기의 고도가 1만 피트에 이르자 스튜어디스들이 식사를 분배하기 시작했다. 이미 샌드위치로 요기를 했기 때문에 그는 디저트로 나온 푸르츠 칵테일만 떠먹고 나서 홍차를 받아 마셨다. 앞자리 엑타 비르하나는 신문을 읽는 중이었고 박재갑은 맥주를 받아 마시고 있었다.

식사가 끝나자 비디오 화면이 켜지면서 기내 영화가 시작되었다. '스타 게이트'라는 제목과 함께 거대한 피라미드가 화면에 나타났다. 이어폰을 귀에 대고 대사를 들어보니 국방 연구소의 요원들이 이집트에서 발굴된 이상한 둥근 테를 연구하다가 그것을 통하여 외계로 빠져나간다는 황당한 줄거리가 진행되고 있었다.

(피라미드과 미다스…….)

날이 갈수록 그 피라미드는 인류의 문명 속에 마력의 상징으로 군림하고 있었다. 첨단 제품의 광고물마다 다투어 피라미드가 등장하고 프랑스 정부는 파리의 루브르 박물관 앞에 거대한 유리의 피라미드를 세웠다.

(왜 사람들은 피라미드에 집착하는가……. 그 속에는 겨우 말라 비틀어진 시체 하나가 들어있을 뿐이고 그 시체들마저 이제는 전 세계의 박물관에 옮겨져서 구경거리가 되고 있지 않은가?)

결국 그 피라미드의 꿈도 미다스 왕이 그토록 바랬던 황금의 소원처럼 헛된 것일 수밖에 없었다. 그래도 사람들은 불 속으로 뛰어드는 벌레들처럼 황금과 미신의 꿈을 쫓아서 이리저리로 몰리고 있었던 것이다. 투탕카멘을 살려내어서 세계를 지배하겠다는 엑타 비르하나도 그렇고 수령의 심장을 갈아끼워서 그들의 사회주의 천국을 영원히 지키겠다는 박재갑의 꿈도 마찬가지였다.

‘스타 게이트’의 화면을 바라보고 있던 장누덕이 몰려오는 졸음 때문에 눈을 껌벅거리고 있을 때 작은 변화가 시작되었다. 박재갑의 옆 자리에 앉아있던 백인 여자가 화장실에 가기 위해서 자리를 뜨자 엑타 비르하나의 곁에 앉아있던 검은 양복의 청년이 그 자리로 가서 앉았던 것이다.

장누덕은 흘낏 뒷자리의 김인철을 돌아다 보았다. 김인철도 앞쪽의 변화를 바라보며 긴장하고 있는 것 같았다. 검은 양복의 청년은 박재갑에게 뭔가 말을 걸고 있었으나 거리가 멀어서 무슨 말을 하고 있는 것인지는 들을 수가 없었다.

청년의 머리 위쪽에 있는 빨간 등이 켜졌다. 스튜어디스를 부르는 신호였다. 호출 신호를 보고 다가온 갈색 머리의 스튜어디스에게 그가 뭔가 말하자 그녀는 머리 위의 해트 랙에서 담요를 꺼내어 그에게 주었다. 청년은 그 담요를 받아서 그것으로 자신의 팔을 감고 있었다.

(……위협이로구나!)

그가 자신의 팔에 둘둘 감은 담요 속에 뭔가 들어있을 것 같았다. 박재갑의 목덜미에 붉은 빛이 돌고 있었다. 아마도 그 담요 속에 권총이나 칼 같은 흉기가 감추어져 있을 수도 있었고 어쩌면 그 속에 또 코브라 뱀이 들어 있을지도 모르는 것이었다.

(무엇을 요구하고 있는 것일까……?)

그것은 양은국일 수도 있었고 장누덕의 손에 들어와 있는 성경책일 수도 있었다. 청년의 협박에 굴복했는지 박재갑은 몸을 움직이더니 양복 안주머니에서 뭔가를 꺼내고 있었다. 장누덕이 목을 뽑으며 그것이 무엇인가를 확인해 보려고 했다.

(저건…… 만년필이로군.)

그렇다면 박재갑은 청년에게 뭔가 메모를 해 주기 위해서 만년필을 꺼낸 것일 수도 있었다. 그러나 잠시 후에 이상한 사건이 일어났다. 담요를 팔에 감고 있던 청년이 고개를 푹 수그리면서 앞으로 쓰러졌던 것이다. 지나가던 스튜어디스가 그것을 보고 놀라서 청년을 잡아 흔들었다. 그러나 청년은 늘어진 채로였다.

스튜어디스가 앞쪽으로 달려가더니 남자 승무원을 데리고 왔다. 청년의 몸을 몇번 흔들어 보던 승무원은 그를 좌석에서 빼내어 통로에 눕혔다. 청년이 말아가지고 있던 담요 속에서 권총 한 자루가 굴러 떨어졌다. 승무원은 청년의 가슴에 귀를 대어보고 나서 아직 호흡이 남아있는지 손으로 세차게 그의 가슴을 눌러대고 있었다.

비로소 무슨 일인가 일어난 것을 알게 된 승객들이 모두 일어서며 웅성거리기 시작했다. 스튜어디스가 타올과 물을 가져왔고 조종실 쪽에서 부기장이 달려나왔다. 부기장과 승무원은 잠시 서로 얼굴을 마주보다가 승객들을 향하여 물었다.

"혹시 승객 가운데…… 의사는 안 계십니까?"

그러나 아무도 대답하는 사람이 없었다. 누군가 승객 가운데서 외쳤다.

"호흡은 아직 있습니까?"

"네, 아직 살아있습니다."

"그렇다면 그의 손부터 묶으십시오. 권총을 가지고 있는 것을 보니 하이재커인 것 같은데……."

그것도 옳은 말이었다. 언제 다시 그가 일어나서 승객들을 권총으로 위협하며 비행기를 납치하려 할는지 모르기 때문이었다. 다시 승객 가운데서 누군가가 말했다.

"그가 아직 살아있다면…… 가까운 공항에 비상 착륙을 해야 하지 않겠습니까?"

그러자 누군가가 그 말에 동의했다.

"그렇습니다. 지금쯤 아마 절반 정도를 왔을 테니까 위니펙 공항이 가장 가까울 것입니다."

그 말이 맞다는 듯 부기장은 시계를 들여다 보았다. 그때였다. 앞쪽에서 지금까지 아무 말을 않고 있던 엑타 비르하나가 자리에서 일어서며 부기장을 불렀다.

"실례합니다……."

부기장은 펀자비 드레스 차림의 그 여자를 훑어보았다.

“부인은…… 누구시지요?”

“저는 정식으로 공부한 의사는 아니지만 인도에서 민속 요법과 요가를 공부한 사람입니다.”

그나마도 다행이다 싶었는지 부기장은 길을 비켜주었다. 엑타 비르하나는 청년에게로 다가와서 무릎을 굽히더니 그의 눈꺼풀을 뒤집어보고 심장 근처와 팔목에 손을 대어보고 있었다. 잠시 후에 그녀는 다시 고개를 들며 부기장을 바라보았다.

“제 생각으로는…… 위니펙에 비상 착륙할 필요가 없을 것 같습니다.”

“옛…… 그러면 괜찮을 것이란 말씀입니까?”

“지금 그의 맥박과 호흡은 정상입니다. 아마 한 10분쯤 있으면 깨어 일어날 것입니다. 10분 후에 비상 착륙 여부를 결정해도 늦지 않을 것으로 생각합니다.”

부기장이 그녀의 신비한 표정과 단언하는 말투에 압도당하고 있을 때 먼저 그를 묶어야 한다고 말했던 사람이 다시 외쳤다.

“그가 무사하다면…… 빨리 그를 묶어야 합니다!”

“그래요…… 묶어야 해요!”

사람들이 다시 소란스러워지자 엑타 비르하나는 또 말했다.

“그에게는 지금 안정이 필요합니다. 그의 무기만 압수한다면 그가 깨어난 뒤에 묶어도 늦지 않을 것입니다.”

결국 부기장과 승객들은 위압적인 엑타 비르하나의 말을 인정하였다. 부기장은 청년의 권총을 압수하였고 그의 몸을 더듬어서 다른 무기를 또 가지고 있는지 확인하였다. 아직도 승객들이 술렁거리고 있는 가운데 약 15분 정도가 지나자 정말 엑타 비르하나의 말대로 청년은 눈을 떴다.

“……눈을 떴어요!”

누군가 그렇게 소리치자 엑타 비르하나는 다시 말했다.

“그를 가만히 내버려 두세요. 안정을 시키지 않으면 위험합니다!”

다시 승객들 가운데서 불만 섞인 목소리가 날아왔다.

“그래도 심문을 해 보아야 하지 않습니까?”

“그는 지금 과격한 행동을 할 수 없는 상태이므로 위험하지 않으니 심문은 에드먼턴에 착륙한 다음에 해도 늦지 않습니다. 지금은 이 사람을 안정시키는 것이 중요합니다.”

승무원과 스튜어디스는 승객들을 이리저리 옮겨 앉게 하고 나란히 붙은 세 개의 좌석을 확보한 다음 중간의 팔걸이들을 뒤로 젖혀서 임시 침대로 만들었다. 승무원은 청년의 윗옷을 벗기고 그를 자리에 눕혔다. 스튜어디스가 담요를 덮어주자 청년은 눕혀진 채로 눈만 멀뚱거리고 있었다. 승무원은 벗겨낸 그의 양복 윗도리를 뒤져서 여권을 찾아냈다.

(제임스 클랜튼…… 1972년 1월 8일생.)

승무원의 어깨 너머로 청년의 여권을 들여다 보던 장누덕은 고개를 갸웃거렸다. 말리카 라이 교수가 적어주었던 양은국의 친구들 이름 다섯 개 중에는 게리 클랜튼이라는 이름이 들어있었던 것이다. 미국인 중에 클랜튼이라는 성을 가진 사람은 매우 많아서 그것으로 어떤 연상을 할 수는 없었으나 어쩐지 그 이름은 자꾸만 장누덕의 신경에 걸리고 있었다.

스튜어디스의 안내 방송이 나오고 있었다. 실신했던 사람은 회복되었고 그가 소지하고 있던 무기는 압수되었으니 모두 안심하고 자리로 돌아가라는 내용이었다. 그제서야 사람들은 하나 둘씩 자

리로 돌아가기 시작했다. 청년을 묶어야 한다고 주장하던 사람이
투덜거렸다.

"도대체 시큐어리티 체크에서는 무엇을 한거야? 어떻게 승객이
권총을 소지하고 비행기에 탑승할 수 있단 말이야?"

장누덕은 자신의 자리로 돌아와 앉아서 팔짱을 낀 채로 눈을 감
았다. 이제는 더 이상 소동이 일어나지 않을 것 같아서였다. 제임
스 클랜튼이 박재갑을 위협하면서 무엇을 요구한 것인지 궁금했
다. 그들의 정보가 정확했다면 그가 요구한 것은 양은국이었을 것
이다.

(양은국이 무엇을 가지고 있길래 저들이 그토록 찾고 있는 것인
가? 투탕카멘의 유전자를 이식하여 소생시키려면 다른 실험 대상
을 찾아도 되는 것이 아닌가?)

박재갑의 말에 의하면 양은국의 심장은 임의로 출력 조정을 할
수 있도록 특수 처리를 받았다고 했다. 그러나 그런 처리를 할 수
있는 기술이 있다면 또 다른 실험 대상을 골라서 똑같은 처리를 할
수도 있을 것이었다.

(그들이 양은국을 찾고 있는 이유는 그의 심장 때문인가…… 아
니면 또 다른 이유가 있는가?)

그는 다시 환상의 강변을 거닐기 시작했다. 노을이 지고 있는 강
변의 모래들이 몹시 반짝거리고 있었다. 그것은 바로 팍트로스의
모래밭이었다. 그러나 황금의 모래밭에는 아무도 없었다. 카우보이
도 없었고 카바레도 경마장도 그리고 패션쇼도 인형극장도 없었
다.

(황금의 모래밭을 두고 모두들 어디로 갔을까……?)

팍트로스의 쓸쓸한 모래밭을 거닐고 있던 장누덕이 잠을 깬 것

은 착륙 안내 방송이 흘러나오고 있을 때였다.

"승객 여러분, 이 비행기는 곧 에드먼턴 국제 공항에 착륙하겠습니다. 테이블과 등받이를 바로 해 주시고 좌석벨트를 조여주시기 바랍니다."

제임스 클랜튼은 아직 자리에 누워있었고 엑타 비르하나는 여전히 신문을 읽고 있었다. 장누덕은 손목 시계를 들여다 보았다. 12시 35분으로 되어 있는 시계를 10시 35분으로 앞당겨서 에트먼턴 시간에 맞추어 놓았다. 공항 위를 한바퀴 선회한 비행기가 덜컹거리며 바퀴를 내렸을 때 누워있던 제임스 클랜튼이 벌떡 일어났다. 그를 지켜보고 있던 승무원이 물었다.

"이제…… 괜찮습니까?"

"괜찮아요."

"그러면…… 좌석 벨트를 매십시오."

청년이 좌석벨트를 매고 있을 때 승무원이 다시 말했다.

"공항에 착륙하면…… 손님께서는 저와 함께 공항 경찰에를 좀 가주셔야겠습니다. 손님의 여권은 제가 보관하고 있습니다."

"왜요……?"

"손님께서 권총을 소지하고 계셨기 때문입니다."

"미국에서는 권총 소지가 자유인 것을 모릅니까?"

"그러나 비행기에 탑승할 때에는 무기를 휴대하지 못하게 되어 있지요."

"좋소……. 당신네 경찰이 어떤지 한번 만나봅시다."

비행기의 바퀴가 활주로에 닿자 요란한 마찰음을 내며 추력 제동이 시작되었다. 택싱을 하는 동안 장누덕은 공항 청사가 있는 쪽을 바라보며 생각에 잠기고 있었다. 웅가바와 그의 형제들이 레모오토가 부탁한 일을 어떻게 처리하고 있는지 궁금했던 것이다.

"승객 여러분, 이 비행기는 에드먼턴 국제 공항에 착륙했습니다. 비행기가 완전히 멈출 때까지 자리에 앉아계셔 주시기 바랍니다. 저희 승무원 일동은 여러분과 다시 기내에서 뵙게 될 것을 기대하겠습니다……."

택싱하던 비행기가 보딩 브릿지 앞에 멈추어 서자 남자 승무원은 우루루 일어서는 사람들을 제지하면서 제임스 클랜튼을 먼저 끌어냈다. 그는 순순히 승무원을 따라나가고 있었다. 보딩 브릿지가 연결되자 승무원은 레버를 당겨 도어를 열고 클랜튼과 함께 밖으로 나섰다.

"이제 승객들께서도 내려주십시오."

스튜어디스는 그렇게 말하고 나서 내리는 승객들을 향하여 아무 일도 없었다는 듯이 환한 미소를 지었다. 게이트에는 레모오토가 말했던 대로 다부진 체격의 웅가바가 마중을 나와있었다. 얼른 둘러보니 웅가바 외에도 꽤 여러 명의 인디언 형제들이 보였다.

"나와줘서 고맙네, 웅가바……."

"반갑습니다…… 목사님."

장누덕은 대강 눈짓으로 그들이 미행해야 할 대상들을 가리켰다. 웅가바는 재빨리 형제들에게 박재갑과 김인철 그리고 엑타 비르하나의 일행을 뒤쫓도록 손짓으로 지시하면서 말했다.

"매우 복잡한 여행을 하셨군요."

"나는 단순한데…… 세상이 복잡한가봐."

장누덕은 웅가바와 함께 배기지 클레임 쪽으로 걸어가다가 다시 그에게 물었다.

"레모오토에게서 이야기는 들었겠지?"

"귀중품이 왔다구요."

"그 물건은…… 어디로 나올 것인가?"

"일단은 특수 보관실로 가게 될 것입니다."

그들이 거의 배기지 클레임 구역에 들어섰을 때 캐나디언 항공의 유니폼을 입은 한 청년이 웅가바에게로 다가왔다. 웅가바가 그의 귓속말을 듣더니 갑자기 그 표정이 심각해지고 있었다.

"목사님…… 없어졌답니다."

"없어지다니…… 뭐가?"

웅가바는 주위를 한번 둘러보고는 목소리를 낮추었다.

"우리 사람이 비행기 화물칸에 들어가서 알루미늄관을 열어보았습니다. 관 속에는 아무 것도 없었답니다."

"뭐라구……?"

장누덕도 깜짝 놀랐다.

"관의 화주가 누구인지 확인해 보았던가?"

"화주는 J.K.Park으로 되어 있었습니다."

그렇다면 그 관은 틀림 없이 박재갑이 탁송한 것이었고 그는 관 속에 양은국을 넣었을 것임에 틀림 없었다. 그런데 그 관이 윈저에서 토론토를 거쳐서 에드먼턴으로 날아오는 사이에 양은국은 사라져 버렸던 것이다.

"그 화물을 에드먼턴에서 어디로 옮겨 싣게 되어 있었는지도 확인해 보았나?"

"옮겨 실을 계획은 없었던 모양입니다. 화물은 그냥 에드먼턴 도착으로 되어 있었으니까요."

그렇다면 이상한 일이었다. 케니가 가르쳐 준 박재갑 일행의 일정은 에드먼턴에 내려서 12시 20분에 밴쿠버로 출발하는 AC1836

에 옮겨타는 것으로 되어 있었기 때문이었다.

(그렇다면…… 박재갑의 비행 스케줄은 당일이 아니었단 말인가?)

따지고 보면 케니가 가르쳐 준 일정에는 날자가 적혀있지 않았다. 그러니까 박재갑은 당일의 12시 20분 비행기가 아니라 다른 날의 같은 비행기를 타려고 했을 수도 있었다.

(박재갑은 에드먼턴에서 무엇을 하려고 했을까……?)

김인철이 양은국으로부터 뭔가 중요한 정보를 얻어내겠다면서 조금만 더 말미를 달라고 간청했을 때에도 그는 수령의 상태가 위급하다며 단호하게 거절을 했던 것이다. 그러나 12시 20분이라면 에드먼턴 공항에서 화물을 옮겨실을 시간이 충분한데도 불구하고 그는 밴쿠버로 가는 AC1836에 막바로 옮겨타도록 계획을 하지 않은 것이었다.

역시 박재갑은 에드먼턴에서 중요한 볼 일이 있었다. 그렇다면 박재갑의 팀과 김인철의 팀 사이에도 뭔가 서로 방향이 맞지 않는 다른 계획을 가지고 움직이는 것임에 틀림 없었다. 그들은 결국 서로 다른 라인의 지시를 받아서 움직이고 있는 것 같았다.

"어떻게 히지요. 목시님?"

"어쨌든 수고가 많았네. 그 속에 들어있던 사람이 사라졌다는 것은 그가 아직 살아있다는 소식이 될 수도 있으니 우선 다행이로군. 이미 알았겠지만 오늘 우리가 추적해야 하는 자들은 모두 세 팀일세. 웅가바는 나와 동행을 해야 할 터이니 일단 우리쪽을 연락의 중심으로 삼아놓아야 할 것 같군."

"목사님께서는 어느 쪽을 따라가려 하십니까?"

그가 살펴보니 엑타 비르하나는 제임스 클랜튼을 경찰에 남겨둔

채 공항을 빠져나가는 중이었고 김인철과 홍경수는 아직 공항 출
구에서 서성거리고 있었다. 박재갑과 오동춘은 알루미늄 관을 찾
으러 갔는지 배기지 클레임 구역에서는 보이지 않고 있었다.

그들의 태도로 보아서 박재갑과 김인철은 아직 정확한 정보를
확보하지 못한 것 같았고 그래도 먼저 행동의 방향이 결정되어 있
는 것은 엑타 비르하나 쪽인 것 같았다. 어차피 양은국이 사라져
버렸으므로 이제 그는 김인철을 추적할 필요가 없어졌던 것이다.

"저…… 인도 여자를 따라가야 할 것 같군."

"알겠습니다."

즉시 그의 형제들에게로 돌아다니며 재빨리 행동 계획을 지시한
웅가바는 장누덕을 안내하여 공항 청사 밖으로 나가 대기시켜 두
었던 지프에 그를 태웠다. 엑타 비르하나가 한 명 남은 검은 양복
의 청년과 함께 주차장으로 들어가더니 레저 비히클(RV) 한 대가
주차장에서 나오고 있었다.

자연 경관이 좋은 캐나다에서는 침실과 주방 그리고 샤워실까지
달려있는 레저 비히클을 몰고 놀러다니는 사람들이 많이 있었던
것이다. 운전석에는 핸들을 잡은 검은 양복의 청년이 보였으나 여
자는 보이지 않고 있었다. 그녀는 뒤에 달린 침실에 타고 있는 모
양이었다.

"따라갈까요?"

"그러지."

웅가바는 천천히 액셀러레이터를 밟기 시작했다. 엑타 비르하나
의 RV는 바로 에드먼턴의 다운타운을 향해서 달리고 있었다. 석유
공업도시답지 않게 숲이 우거져 있는 공원들 사이를 지나서 차는
113스트리트로 들어섰다. 엘버타 대학을 지나 노드 사스케체완 강

을 건넌 RV는 재스퍼 애비뉴로 우회전하여 곧장 다운타운으로 들어섰다. 베이 백화점과 스코틸라 플라자를 지나자 웅가바가 중얼거렸다.

"에드먼턴 플라자 호텔로 가는 것 아닐까요?"

그러나 RV는 오른쪽으로 꺾어져서 '비스타 33'으로 들어서고 있었다. 텔레폰 타워로 불리우는 이 빌딩의 33층에는 에드먼턴 시 전체를 내려다 볼 수 있는 전망대가 있었다.

"도시에 구경 온 시골 여자처럼 높은 곳만 좋아하는군. 디트로이트에서는 르네상스 빌딩의 꼭대기에서 만났었는데……."

아닌 게 아니라 엑타 비르하나는 33층의 전망대로 올라갔다. 이미 RV안에서 검은색의 재킷과 슬랙스로 갈아입은 그녀는 선글라스를 쓴 채로 엘리베이터를 올라탔다. 전망대에 올라가서 보니 디트로이트에서와는 분위기가 달랐다. 열 명도 넘는 청년들이 뛰어나와서 그녀를 맞이하고 있었던 것이다. 장누덕과 웅가바는 그들의 시선을 피해 밖을 내다보는 척하면서 그녀의 동태를 살피고 있었다.

강 건너편에는 네 개의 유리 피라미드가 보이고 있었다. 무타트 컨서버토리리고 희는 식물원인데 모양을 그런 식으로 지어놓있던 것이다. 왜 캐나다 사람들이 피라미드를 좋아하고 있는지 모르나 어쨌든 피라미드는 세계 종교 통합을 주장하는 뉴 에이지 운동의 정신적 지주가 되고 있었다.

예수 없이도 낙원을 건설할 수 있다고 장담하는 전세계의 뉴 에이저들은 92년 1월 11일 기자의 피라미드 앞에 모여 루시퍼의 능력이 도래하기를 기원하는 모임을 가졌던 것이다. 또 일본의 시미즈 건설은 높이가 2천 4미터나 되는 피라미드형 초고층 인텔리전트 빌딩군을 건설한다고 발표하여 세상을 놀라게 하였다.

(무덤을 향한 행진…….)

21세기를 눈 앞에 두고 있는 인류는 새로운 시대를 열자고 하면서 사실은 고대의 귀신들이 우글거리는 죽음의 돌무덤 속으로 행진을 시작하고 있었던 것이다. 창세기에 기록되었던 경고가 이제야말로 그대로 실현되고 있는 것 같은 느낌이었다.

필경은 흙으로 돌아가리니
그 속에서 네가 취함을 입었음이니라
너는 흙이니
흙으로 돌아갈 것이니라……

산들이 솟아오를 때

　폴리스를 거쳐서 에반스버그의 캠핑장을 지나자 이마에 흰 눈을 뒤집어 쓰고 있는 로키 산맥의 모습이 다가오기 시작했다. 해발 3천미터 이상의 바위산들이 끝없이 이어져 있는 캐나디안 로키는 본래 바다 속에서 솟아나왔다는 것이 정설로 되어 있었다.

　지각변동과 함께 유동을 계속해 오던 북미 대륙의 서부가 마그마의 압력을 받아 솟아오르게 되었다는 학설을 뒷받침하듯 로키의 수성암 층에서는 해양 생물의 화석이 나왔고 그보다 전에 바다에 잠겼던 동식물의 유해들까지 퇴적되어 있었디. 그것들은 로기 신맥이 창세기에 나오는 대홍수의 재난과 시편 104편에 기록된 지각변동으로 바다에서 솟아 올라왔다는 것을 증거해 주는 물증들이었다.

　옷으로 덮음 같이 땅을 바다로 덮으시매
　물이 산들 위에 섰더니
　주의 견책을 인하여 도망하며

　하나님은 바다 속에서 산들을 끌어올리신 후 그대로 두시지 않고 그것들을 다시 아름답게 손질해 놓으셨다. 그것들의 머리에 씌워놓으신 빙하가 오랜 세월 동안 흘러내리면서 날카롭고 기이한 봉우리들을 깎아내었고 또 빙하에 깎여서 흘러내린 토사와 자갈의 모레인에 열기와 냉기가 번갈아 넘나들면서 그토록 경이로운 모습이 되었던 것이다.

　그렇게 해서 천하 제일의 절경이라는 캐나디언 로키의 아름다운 자태는 태어난 것이었다. 하얗게 빛나는 빙하와 에메랄드 빛의 호수며 수많은 폭포들과 거대한 녹색의 숲들은 그것을 찾는 사람들로 하여금 입을 벌리고 오직 감탄할 수밖에 없도록 만들고 있었다.

　"저 사람들은…… 정말 관광을 하려는 것 아닐까요?"

　크라이슬러의 지프가 트랜스 캐나다 16번 도로를 달리며 에드슨 시를 지나고 있을 때 핸들을 잡고 있던 웅가바가 앞서가는 엑타 비르하나의 RV를 바라보며 그렇게 말했다. 그녀의 차가 레저용의 RV인데다가 이대로 한 시간만 더 달리면 자스퍼에 도착하게 되어 있기 때문이었다.

　자스퍼에서 밴프에 이르는 93번 도로 아이스필드 파크웨이의 288킬로미터는 바로 캐나디언 로키 관광의 골든 루트였다. 하나님을 반역한 루시퍼도 이 길에서는 침묵을 지킬 수밖에 없다고 할 정도였다. 그랜드 캐년의 봉우리마다 거짓 신들의 이름을 붙여놓은 사람들도 여기서만은 그러지를 못하고 겨우 그 발견자들의 이름이나 붙여놓았을 따름이었다.

"정말 관광을 하겠다면 웅가바가 안내를 해 줘야 되지 않겠어?"

백인들에 의하여 개발되기 전에 로키는 아메리칸 인디언들의 보금자리였던 것이다. 그리고 로키의 인디언들은 비록 그 관광 수입이 백인들의 손에 들어가고 있다 하더라도 아직 그것의 주인은 자신들이라는 생각을 버린 적이 없다. 그만큼 로키는 그들에게 삶의 터전이었던 것이다.

"왜 저들의 차는…… 브리티시 콜럼비아의 번호를 달고 있을까요?"

장누덕이 영화 '로즈마리' 에 나오는 '인디언 러브콜' 을 입속으로 흥얼거리고 있을 때 웅가바가 다시 말했다. 그가 말한 대로 엑타 비르하나의 RV는 빨간 글씨로 된 앨버타 주의 번호판이 아닌 청색 글씨의 브리티시 콜럼비아 주 번호판을 달고 있었던 것이다. 차의 번호는 'CVS · 374' 였다.

"브리티시 콜럼비아의…… 어디서 온 차일 것 같은가?"

"글쎄요…… V가 들어있는 것을 보면 밴쿠버가 아닐까요? 대개 사람들은 자기 이름이나 사는 도시의 이름을 차번호에 잘 붙이거든요."

캐나다에서도 미국처럼 차의 번호를 줄 때에 중복되지만 않으면 차주가 원하는 대로 받아주고 있었던 것이다.

"밴쿠버일 가능성도 있지만 빅토리아일 수도 있겠지."

장누덕은 아직도 저 양은국의 방에 있던 티셔츠에 단풍잎과 함께 찍어놓은 글자 '빅토리아' (VICTORIA)에 신경을 쓰고 있었던 것이다.

"……그럴 수도 있겠지요. 어쨌든 저들의 RV는 앨버타 주의 에드먼턴에 등록된 차가 아니고 로키 산맥 너머의 브리티시 콜럼비아에서 온 차입니다. 저들의 근거지는 앨버타가 아닐 수도 있다는 뜻이지요."

"그렇군……. 김 동무. 당신의 생각은 어때요?"

장누덕은 뒷자리에 앉아있는 김인철과 홍경수를 돌아보았다. 그는 에드먼턴에서부터 김인철의 팀과 같이 행동하기로 합의를 보았던 것이다. 장누덕이 김인철에게 협조를 제의한 것은 웅가바가 캘거리로부터 받은 정보 때문이었다. 사이먼 휠러와 신정길은 말리카 라이 교수를 데리고 밴프로 떠났다는 것이었다.

결국 그들과 엑타 비르하나의 거리는 아이스필드 파크웨이를 사이에 두고 점점 좁혀지고 있었다. 그들의 행동이 무엇을 목적으로 하는 것인지는 모르나 어쨌든 그들의 계획이 양은국과 어떤 밀접한 관계가 있다는 것만은 틀림 없었다.

김인철과 홍경수도 이 모든 움직임들이 양은국과 어떤 관계가 있다는 것을 알고 있었다. 그런데 그들은 이 사건의 열쇠를 쥐고 있는 양은국을 뺏겨버렸던 것이다. 어차피 열쇠를 뺏겼다면 장누덕은 그들과 협력하면서 자신에게 부족한 정보를 그들에게서 더 얻어낼 필요가 있었던 것이다.

"무엇을 말입니까?"

"왜 엑타 비르하나의 차 번호가 앨버타 주의 것이 아니고 브리티시 콜럼비아 주의 것일까요?"

"그게 무슨 상관이 있습니까?"

"무슨 상관……?"

"엑타 비르하나라는 여자는 인도 여자이고 양은국에게 지시 유전자를 가르치던 라이 교수도 역시 인도 여자 아닙니까? 인도 사람

들이 브리티시 콜럼비아 주에 많이 살고 있으니 그 쪽에서 차를 가
져왔다고 해서 이상할 것은 없지 않습니까?"

"그도 그렇군요. 그러나…… 왜 그들은 밴쿠버나 빅토리아에서
만나지 않고 밴쿠버와 자스퍼 사이에서 합류하려고 하는 걸까요?"

"나는 잘 모르겠지만…… 그 사이에 뭔가 그들의 신무기를 은닉
하기 좋은 장소가 있었는지도 모르지요."

에드먼턴에서 김인철의 팀과 만나 협력을 제의하면서 장누덕이
얻은 정보가 바로 그것이었다. 엑타 비르하나와 그 일당은 죠지 워
싱턴 대학의 라이 교수에게 의뢰해서 뭔가 유전공학을 이용한 신
무기를 개발중이었다. 북한의 중앙당 연락부에서 알아낸 정보에
의하면 그 개발의 결과가 어떤 비밀장소에 보관되어 있다는 것이
었다.

김인철의 팀이 양은국을 접촉하게 된 것은 양승업 사장이 경영
하고 있는 신광 그룹에서 생산하려는 무기의 성능을 알아내기 위
하여 미국 국방성의 자료를 조사할 때부터였다. 그들은 신광이 재
래식뿐만 아닌 첨단 무기의 개발에 관심을 갖고 있다는 것을 알게
되었고 그래서 사장의 아들인 양은국을 죠지 워싱턴 대학에 입학
시켜 유전 공학을 전공하도록 하였다는 것도 알게 되었던 것이다.

신광 그룹이 양은국을 통하여 빼내려 하는 첨단 기술이 어떤 것
인지는 아직 김인철도 포착하지 못하고 있었다. 그러나 그것이 엄
청나게 중요한 것이며 그 비밀의 열쇠를 말리카 라이 교수와 가장
가까운 양은국이 쥐고 있다는 것을 알게 되자 그들은 양은국과 성
공적으로 접선하였으나 그만 박재갑의 팀에게 그를 빼앗기고 말았
던 것이다.

"양은국에게서는…… 어느 정도의 정보를 얻었습니까?"

"비밀 무기가 숨겨져 있는 장소를 가르쳐 주기로 되어 있었습니다."

"왜 그가 동무들에게 그 중요한 장소를 가르쳐 주려고 했을까요?"

"우리의 목적은…… 그 무기와 기술을 우리 손에 넣으려는 것이 아니라고 말했었지요. 다만 그것들을 파괴하여 유전 공학의 기술이 인류를 파멸시키지 못하도록 막아야 한다는 명분을 내세웠읍니다. 그것이 결국 양은국의 찬성을 얻어냈던 것이지요."

"그렇다면…… 양은국 자신도 유전 공학의 무기화에 찬성하지 않고 있었다는 뜻이로군요."

"그렇습니다. 아시다시피 양은국은 크리스천이었으니까요."

엑타 비르하나의 조직에서 어떤 방법으로 유전 공학을 이용하려 했든 그것이 양은국의 마음에 들지 않았을 것은 뻔한 일이었다. 유전자의 조작은 결국 하나님의 권위에 도전하는 행위가 되는 것이었다. 그래서 그런지 아담과 하와가 선악과를 먹은 후에 하나님께서는 그들이 생명나무에 접근하는 것을 금지시켰던 것이다.

> 이같이 하나님이 그 사람을 쫓아내시고
> 에덴 동산 동편에 그룹들과 두루 도는 화염검을 두어
> 생명나무의 길을 지키게 하시니라

물론 인류가 당면하고 있는 여러 가지 어려운 문제들을 해결하기 위해서는 유전공학 즉 생명공학이 절대적으로 필요했다. 인구의 폭발과 식량의 부족 그리고 불치병의 만연이나 공해문제 등 그 모든 위기적 상황들을 극복하려면 역시 생명공학이 아니고는 안되

는 것이었다. 그러나 혹시라도 생명공학이 불경한 무리들의 손에 들어간다면 그것은 즉시 인류를 파멸시키는 일에 사용될 수도 있는 것이었다.

"양은국은…… 어떤 방법으로 그 장소를 알려주려고 했을까요?"

"그는 우리와 동행하도록 되어 있었습니다. 물론 한 비행기를 타거나 하지는 않았지만 윈저의 카지노에서 만나기로 되어 있었지요."

"윈저에서……?"

"그렇습니다. 카지노 윈저의 빙고 테이블에서 만나자고 했었는데…… 뜻밖에도 호위총국 동무들에게 그를 빼앗기고 만 것입니다."

장누덕은 다시 혼란 속으로 빠져드는 것 같았다. 그렇다면 김인철이 양은국을 억류하고 있었던 것이 아니라 오히려 양은국이 김인철을 유인하고 있었다는 결론이 되는 것이었다.

"그러면…… 양은국의 승용차 선더버드를 함께 타고 덜레스 공항으로 나간 것은 김 동무나 홍 동무가 아니었습니까?"

김인철은 고개를 젓고 있었다. 그러고 보니 그 동안 김인철이나 홍경수가 담배 피우는 것을 보지 못한 것 같았다. 양은국과 동행한 사람은 영국 담배 '555'를 피우고 있었던 것이다.

"그러면…… 양은국과는 어떻게 의사 교환을 했었습니까?"

"양은국은 주로…… 쪽지를 전달하는 방법을 자주 썼습니다. 가령 자신의 방에 가서 성경책을 가지고 디트로이트로 오라던가……."

그렇다면 티셔츠 장사를 보내서 장누덕에게 워싱턴 기념탑으로 오라고 한 것도 그리고 워싱턴 기념탑에서 그에게 '비행기는 곧 떠

난다’ 는 쪽지를 전해 준 것도 어쩌면 양은국 자신이었다고 볼 수도
있는 것이었다.

(양은국은 왜 직접 나타나지 않고 그런 방법을 썼던 것일까?)

아마도 그는 ‘555’ 의 담배를 피우는 사람에게서 통제를 받고 있
었는지도 몰랐다. 그렇다면 그는 어떻게 김인철과 그리고 장누덕
에게까지 티셔츠 장사를 통하거나 워싱턴 기념탑에서 메시지를 전
할 수 있었는지 그것도 이해하기 어려운 일이었다.

장누덕은 웅가바의 지도를 꺼내어 펼쳐놓고 자스퍼에서 밴프까
지의 93번 도로 즉 아이스필드 파크웨이 부분이 잘 보이도록 접은
다음 사이먼 휠러 쪽 사람들이 비밀의 장소로 사용할 만한 곳이 어
디쯤 될 것인가 살펴보기 시작했다. 자스퍼에서 밴프에 이르는 이
하이웨이의 주변은 그야말로 절경의 연속이었다.

에디스 카벨 산을 지나 아사바스카 폭포를 지나면 프리아트 산
과 카케슬린 산의 사이를 빠져나가 선웝터 폭포를 지나게 되고 기
이한 봉우리들이 병풍처럼 펼쳐지는 엔드레스텐 산맥을 끼고 달리
다 보면 드디어 콜럼비아 대빙원이 나타나게 되어 있었다. 스노 모
빌을 타고 들어가 태고의 얼음과 눈으로 덮인 아사바스카 빙하를
가까이에서 구경하는 관광코스도 있어서 많은 관광객들이 몰려드
는 곳이기도 했다.

시리스 산을 끼고 선웝터 고개를 넘어가면 하늘의 대궁전과 같
은 애머리 산과 윌슨 산이 나타나고 사스케체완 강을 따라 레드 디
어로 내려가는 데이빗 톰슨 도로가 갈라져 나가게 되어 있었다. 그
러나 아이스필드 파크웨이는 사바치 산을 지나 미스타야 계곡으로
들어서고 곰의 발바닥 모양으로 생긴 페이토 호수와 크로푸트 빙
하가 흘러내려서 만들어 놓은 보우 호수를 지나 키킹 호스 고개를

지나는 것이다.

"김 동무…… 캐나다에는 몇번이나 왔었습니까?"

"이번이 처음입니다."

"처음이라면서 브리티시 콜럼비아 주에 인도 사람이 많이 산다는 것은 어떻게 알았지요?"

"그 정도의 정보도 모르고 어떻게 대외경제사업을 한다고 할 수 있겠습니까?"

"그렇다면…… 캐나디언 로키의 어디쯤에 엑타 비르하나의 비밀 창고가 있다는 것도 알고 있겠군요."

"그거야 우리가 찾아내야 할 문제이지만…… 어쨌든 그런 사업이 진행되고 있다는 것을 알고 있다는 것만 해도 우리 조선 노동당의 연락부와 조사부의 정보수집 실력이 어느 정도라는 것은 짐작할 만하지요?.

"어쨌든 이번 기회에…… 나는 김 동무와 홍 동무가 천지를 창조하신 우리 하나님의 실력이 어느 정도인지 짐작하는 기회가 되기를 바랍니다."

"글쎄올시다……."

아이스필드 파크웨이에서는 밴프까지 가는 사이에 세 개의 도로가 갈라져 나가고 있었다. 그 하나는 레드 디어로 가는 데이빗 톰슨 도로와 레이크 루이즈 정션에서 키킹 호스 고개를 지나 골든 쪽으로 내려가는 1번 국도 그리고 캐슬 산 앞에서 싱클레어 고개를 지나 95번 도로와 합류하는 도로가 있었고 파크웨이는 그대로 캐슬 산을 지나 버밀리온 고개를 넘어서 밴프로 들어가게 되어 있었다.

(이건 정말…… 넓은 바다에서 조개껍질 하나 찾는 격이로군.)

수많은 산 봉우리와 계곡 그리고 끝없이 펼쳐진 빙하와 강들과 폭포들 속에서 도대체 어떻게 그들의 비밀창고를 찾아야 하는 것인지 황당하기만 했던 것이다. 장누덕은 지도상으로 밴프와 자스퍼의 중간 지점이 어디쯤 되는가를 찾아보았다. 중간 지점이라면 역시 데이빗 톰슨 도로가 갈라져 내려가는 사스케체완 강의 건널목 부근이었다.

(그렇다면…… 사바치 산이나 미스타야 계곡?)

그는 다시 손목 시계를 들여다 보았다. 점심 시간이 훨씬 지나있었다. 결국 미스타야 계곡까지 가려면 저녁 때나 되어야 할 것 같았다. 해가 떨어진 차가운 계곡을 걸어야 할지도 모른다는 생각을 하자 갑자기 배가 고파지고 있었다.

"자스퍼 시내로 들어가는데요."

차가 힌튼을 지나 아사바스카 강줄기를 따라서 피라미드 산과 써어다 산 사이를 달리고 있을 때 웅가바가 그렇게 말했다. 엑타 비르하나의 RV는 16번 도로를 벗어나 자스퍼의 다운타운으로 들어가는 카노트 드라이브로 들어서고 있었던 것이다.

그들의 RV는 헤이즐 애비뉴에서 우회전을 하더니 다시 패트리샤 가를 따라서 올라가다가 메트 애비뉴를 가로질러서 우체국 앞에 차를 대었다. 흰색의 파커를 걸친 청년 하나가 RV에서 내려 우체국 안으로 들어섰고 엑타 비르하나와 다른 한 명의 청년은 우체국 맞은편의 식당 쪽으로 걸어갔다.

"너희들도 역시 먹어야 하는 모양이로구나……."

널판으로 나지막하게 담장을 두른 하얀 집에는 코리언 레스토랑 '김치 하우스' 라는 간판이 붙어있었다. 한국 식당 간판을 보자 홍경수가 눈을 크게 뜨며 중얼거렸다.

"우리도 뭣 좀 먹어야 하지 않겠습니까?"

엑타 비르하나와 청년이 '김치 하우스'로 들어가자 그들 네 명도 지프를 길 옆에 주차해 놓고 식당 안으로 들어섰다. 점심 시간이 꽤 지나서 그런지 식당 안은 비교적 조용한 편이었다. 엑타 비르하나에게서 불고기를 주문 받은 주인 여자가 장누덕 일행의 테이블로 다가왔다.

"뭘 드시겠습니까, 김 동무?"

장누덕이 그렇게 묻자 주문을 받으러 왔던 주인 여자의 표정이 긴장하고 있었다. 김동무라고 부른 그 호칭 때문이었다.

"아주머니…… 괜찮아요. 러시아가 돌아서고 중국도 돌봐주지 않으니까 이제 이 사람들은 별 볼 일 없어졌거든요. 제가 이 촌놈들에게 하나님의 솜씨를 구경시켜 주기 위해서 로키로 데려왔지요."

장누덕이 그렇게 말해도 그녀는 안심이 안되는지 김인철과 홍경수를 훑어보고 있었다.

"그래도…… 이 양반들이 원자폭탄을 만들고 있다던데……."

"원자폭탄 만들면 뭐하나요? 서울에다 쏜다구요? 그럼 뭐 받아서 되던져 버리지…… 야구 실력은 서울 쪽이 더 나으니깐."

장누덕은 우선 갈비를 시킨 다음 김치 찌개와 된장 찌개 등 몇가지를 더 추가했다. 차가운 로키의 계곡을 헤매려면 먹을 수 있을 때 든든히 먹어두어야 할 것 같아서였다.

"아…… 웅가바."

"네, 목사님."

"밴프 쪽의 형제에게 연락을 해 봐야 될 것 같군. 사이먼 휠러의 일행이 지금 무엇을 하고 있는지."

"알겠습니다."

웅가바가 전화를 하기 위해서 자리를 떠나자 장누덕은 다시 김인철을 바라보며 입을 열었다.

"양은국은…… 저들의 비밀 창고에 대해서 아무런 암시도 없었나요?"

김인철은 고개를 가로 저었다.

"김 동무는 카지노 윈저의 빙고 테이블에서 게임 용지의 4와 15에 체크를 해 놓았던데 그것은 무슨 의미였습니까?"

김인철은 놀랐다는 듯이 장누덕을 바라보았다.

"……꽤나 세심하게 살폈구만."

"혹시…… 그 4와 15에 특별한 의미라도?"

"별다른 의미는 없습니다만…… 양은국이 윈저에서 만나자고 써 보낸 그 종이 쪽지의 뒤에 4와 15라는 두 개의 숫자가 적혀 있었습니다."

앞면도 아니고 뒷면이라면 별다른 의미가 없을 것 같았다. 급히 종이를 찾다가 두 개의 숫자를 메모했던 종이를 뒤집어서 거기에 자신의 메시지를 적어 보냈을지도 모르기 때문이었다.

"양은국은…… 자신의 아파트에서 성경책을 갖다달라고 부탁했다는데 왜 하필이면 성경책을 가져오라고 했을까요?"

"그것도 모르겠습니다."

"만나기로 약속한 장소가 카지노 윈저라면…… 르네상스 빌딩의 더 서미트와 벨 섬의 폐업한 카지노에는 왜 갔었습니까?"

"처음에 약속한 장소가 벨 섬의 카지노였지요. 나는 본래 양은국의 성경책을 가지고 온 홍 동무와 거기서 만나기로 약속이 되어 있었던 것입니다. 그러나 나는 디트로이트 공항에 내리면서 다시 양은국의 메시지를 받았습니다. 르네상스 빌딩의 더 서미트에서 만나자는 전갈이었지요."

"그러나 거기엔 엑타 비르하나가 와있었고……."

"그리고 그녀의 부하 하나가 죽은 채로 앉아있었지요."

김인철은 혼비백산해서 더 서미트를 뛰어나온 후에 우선 홍경수가 르네상스 빌딩에 주차시켜 놓았던 캐러밴을 타고 벨 섬으로 향했을 것이었다.

"그러면…… 카지노 윈저에서 만나자는 연락은 언제 받았습니까?"

"주차장으로 가보니 캐러밴에 메모지가 꽂혀 있었습니다. 카지노 윈저의 빙고 테이블에서 만나자고……."

"혹시……."

장누덕은 고개를 갸웃거리며 그의 말을 듣고 있다가 물었다.

"혹시 벨 섬의 카지노에서 만나자고 할 때에도 빙고 테이블에서 만나자고 하지는 않았나요?"

"맞습니다. 벨 섬의 카지노에서도 빙고 테이블에서 만나자고 했지요."

그렇디면 양은국은 평소에도 빙고 게임을 좋아했던 모양이었다. 대개 교회에서도 학생들끼리 선물 나누기 등을 할 때에 빙고 게임을 많이 하기 때문에 그 게임과 친밀해졌던 것인지도 몰랐다. 전화를 걸러 갔던 웅가바가 식탁으로 돌아왔다.

"그들 일행은 밴프 스프링스 호텔에서 점심을 먹고 조금 전에 출발했답니다."

설퍼 산 아래 보우 강과 스프레이 강이 만나는 지점의 침엽수림 사이에 영국의 고성과 같은 모습으로 서 있는 것이 밴프 스프링스 호텔이었다. 바로 이 호텔이 건설중이던 1백 년 전에 그 현장에서 해양 생물인 암모나이트의 화석이 나왔던 것이다. 지금도 그 화석을 보관하고 있는 이 호텔은 관광의 명소이기도 했다.

(제법…… 포로 취급이 융숭한 편이로군.)

그들이 말리카 라이 교수를 납치했다면 특급 호텔에서 점심을 먹었다는 것은 상당한 예우라고 볼 수 있었던 것이다. 갑자기 재스민 향내가 그리워지는 것을 느끼며 그는 다시 물었다.

"어느 쪽으로 갔다던가?"

"아이스필드 파크웨이를 따라 마주오고 있는데 아무래도 화이트 혼의 스키장 쪽으로 갈 것 같다는군요."

화이트 혼의 스키장은 루이스 호수가 내려다 보이는 곳에 있어서 스키어들의 명소가 되어 있었다.

"스키……?"

"그렇습니다. 이미 승용차 위에 스키 장비들을 실었답니다."

이상한 일이었다. 그들이 말리카 라이 교수를 납치한 것으로 보아 뭔가 수상한 일들을 꾸미려고 하는 것 같은데 한가롭게 스키라니 이해가 가지 않는 것이었다.

숯불 위에 올려놓은 갈비가 지글거리기 시작하고 있었다. 장누덕은 그들에게 말했다.

"기도합시다."

"……?"

"앞으로 로키의 빙하와 계곡에서 무슨 일을 만날지 모르는데 동무들도 하나님께 기도를 드려두는 것이 좋지 않겠소?"

장누덕이 그렇게 무게 있는 음성으로 위협하자 김인철과 홍경수는 어쩔 수 없이 고개를 숙이며 눈을 감았다. 목사와 인디언과 공산당원들이 함께 드리는 진기한 기도가 끝나고 나서 그들은 숯불 위에서 익고 있는 갈비를 집어먹기 시작했다.

"델라테 자매는 지금 어디 있대?"

"밴프에서 합류한 형제들과 사이먼 휠러 일행을 뒤쫓고 있습니다."

"그 쪽과는…… 앞으로 어떻게 통신을 할거지?"

"핸드폰을 가지고 있습니다. 우리 쪽도 핸드폰과 무전기를 준비할 것입니다."

식당의 안쪽에서 엑타 비르하나가 아직 불고기를 먹고 있었기 때문에 그들은 비교적 느긋하게 점심을 먹을 수 있었다. 어지간히 배를 채웠는지 트림을 하던 홍경수가 갑자기 생각난 듯이 중얼거렸다.

"아까 우체국으로 들어간 녀석은…… 이렇게 오랫동안 무엇을 하고 있는지 궁금하구만요."

"아……."

그들은 눈앞에 보이는 엑타 비르하나 쪽에만 신경을 쓰다가 우체국으로 들어간 청년에 대해서는 잊어버리고 있었던 것이다. 그러나 얼마 안 가서 그들은 자신들이 놓치고 있었던 것이 무엇이었던가를 깨닫게 되었다. 식당 바깥 쪽에서 둔탁한 소음이 들려오기 시작했던 것이다.

"저건…… 헬기 아닌가?"

헬기의 로터 블레이드가 돌아가는 소음이 들려오기 시작하자 식사를 하고 있던 엑타 비르하나와 청년이 천천히 자리에서 일어서고 있었다.

"웅가바…… 뭔가 좀 나가보게."

웅가바가 밖으로 뛰어나갔고 계산대에서 식대를 지불한 엑타 비르하나도 청년과 함께 천천히 식당을 나서고 있었다. 장누덕도 뒤따라 얼른 음식값을 치루고 나서 김인철 등과 함께 밖으로 나왔다. 헬기 한 대가 우체국 뒤의 고등학교 운동장에 내려앉고 있었다.

"……한 발 늦었군!"

이미 밴프를 출발했다는 사이먼 휠러의 일행은 죤스턴 계곡과 캐슬 산을 거쳐서 곧 화이트 혼의 스키장에 도착하게 되어 있었다. 그리고 엑타 비르하나도 저 헬기로 날아간다면 역시 30분 이내에 같은 장소에서 그들과 만날 수 있게 되는 것이었다.

물론 밴프의 형제들과 델라테가 사이먼 휠러의 일행을 쫓고 있으므로 그들을 놓치지는 않겠으나 서로가 가지고 있는 정보를 충분히 교환하지 못한 상태에서 함께 행동하지 못한다는 것은 유감이 아닐 수 없었던 것이다. 고등학교 운동장 쪽에서 뛰어온 웅가바가 씨근거리면서 말했다.

"놓치게 되었습니다. 헬기는 아까 RV에서 내린 그 청년이 수배한 것이었던 모양입니다."

엑타 비르하나와 그녀의 부하는 RV의 뒷문을 열더니 스키와 스키화 그리고 폴 등 스키 장비들을 꺼내고 있었다.

"야들이…… 정말 사람을 놀리려 하는군."

한가롭게 스키 장비들을 챙기는 그들을 바라보며 김인철이 그렇게 투덜거리고 있을 때 이미 생각을 정한 장누덕이 웅가바를 돌아다 보았다.

"웅가바…… 마이크 비겔레의 전화번호를 가지고 있어?"

마이크 비겔레는 블루 리버에 있는 헬리 스키의 전문 회사였다.

"헬기를 빌리시게요?"

“우리도 부자 흉내 한번 내보자. 우리라고 헬기 못 타란 법 있겠
어?”

“헬기를 빌리려면 돈이 꽤 들텐데요?”

“아따…… 우리 아버지가 부자이신데 무슨 걱정이야?”

“알겠습니다.”

“가만…… 저들이 스키 장비를 휴대하는 것으로 보아 우리가 찾
는 장소는 계곡이 아니라 눈 덮인 스키장이나 빙하일 가능성도 있
어. 마이크 비겔레에서 아예 스키 장비와 방한복까지 빌려야 할 것
같군.”

고등학교 운동장 쪽에서는 이미 휴즈의 500D형 헬기가 이륙하
고 있는 것이 보였다. 웅가바는 즉시 일행의 신장이며 발의 사이즈
등을 확인하고 나서 전화를 걸기 위해 식당 안으로 다시 뛰어 들어
갔다.

“그런데 목사님…….”

김인철이 이상하다는 듯이 장누덕을 바라보았다.

“왜 그러십니까, 김동무?”

“목사님의 부친은 돌아가셨다고 들었는데…… 돈 많은 분에게
양자로 들어가셨습니까?”

“아…… 그렇습니다. 우리 아버지는 부자이지요.”

장누덕이 부자라고 한 아버지는 바로 ‘하나님 아버지’ 를 말한
것이었는데 김인철은 그것이 무슨 뜻인지 알아듣지를 못했던 것이
다. 그러나 아직도 그의 표정은 걱정스러운 것이었다.

“무슨…… 문제라도 있습니까?”

“우리는…… 스키를 탈 줄 모르는데.”

“북한에도 스키 부대가 있다고 들었는데요?”

“우리는 그저 격투기와 사격 훈련만 받았기 때문에…….”

“허지만 그 쪽은 남쪽보다 눈이 더 많이 오지 않습니까?”

“눈이 와도 그저…… 어렸을 때에 썰매나 대나무 스키 같은 것을 타보았을 뿐이지요.”

“됐습니다. 스키라는 것이 썰매 타는 것이나 다름 없어요. 재질만 메틀 글래스로 바뀌었을 뿐이지 타는 요령도 썰매나 대나무 스키와 똑같지요.”

“그래도…….”

“썰매를 탈 때에 방향을 틀거나 멈추려면 어떻게 합니까? 못박은 작대기로 방향을 틀거나 몸을 이리저리 움직여서 조종을 하지요? 스키도 똑같은 거예요.”

일단 그들의 목적지가 화이트 혼의 스키장으로 밝혀졌으니 방향은 정해진 셈이었다. 장누덕은 다시 지도를 꺼내들고 화이트 혼의 스키장을 살펴보았다. 이글 산에서 화이트 혼 산으로 이어지는 4천 에이커의 광대한 스키장에는 열두 개의 리프트와 서른일곱 개나 되는 활강 코스가 있었다.

“왜 그들은 사람들이 많이 모이는 스키장에다 그들의 아지트를 만들었겠습니까?”

“글쎄…….”

어쩌면 그들만이 아는 슬로프가 있거나 정규의 코스가 아닌 지점에 그들의 창고가 있을 수도 있었다. 그렇다면 스트레이트 다운이나 패럴렐 턴 정도가 아니라 아예 크로스 컨트리가 필요하게 되는지도 몰랐다. 헬기의 수배를 마치고 나온 웅가바가 지프에 올라 시동을 걸었다.

“다 됐어?”

"네. 고등학교 운동장으로 와달라고 부탁했습니다."

"좋아…… 그리로 가지."

그들의 지프가 운동장에 도착했을 때 이미 서쪽 하늘에는 바디라인을 초록색으로 칠한 마이크 비겔레의 헬기가 보이고 있었다. 헬기는 벨 206B형의 제트 레인저였다. 운동장에 내려앉은 헬기에서 파일럿은 시동을 끄지 않은 채로 그들에게 타라는 손짓을 하고 있었다. 지프에서 내려 옮겨탈 때에 김인철은 뭔가 가방 하나를 옮겨 실었다. 장누덕도 가방에서 양은국의 성경책을 꺼내어 품 속에 넣었다.

"아니…… 그거 양은국의 성경책 아닙니까?"

어느 틈에 그것을 눈치챈 홍경수가 깜짝 놀라며 물었다. 장누덕은 빙긋이 웃으며 그를 바라보았다.

"성경책은 다 똑같다오."

"그래도 어딘가 낯이 익은데……."

"성경책이 낯익다고 하는 것을 보니 홍 동무도 곧 예수를 믿게 될 것 같군요."

그들이 모두 올라타자 헬기는 다시 이륙하기 시작했다. 부기장석에 앉은 장누덕이 헤드 기어를 쓰자 파일럿이 물었다.

"화이트 혼으로 가신다구요?"

"그렇습니다."

"제 이름은…… 빌헤름 슈바이츠라고 합니다. 그냥 윌리라고 불러주십시오."

본래 스키는 유럽에서부터 시작된 것이었다. 눈이 많이 오는 노르웨이에서부터 남쪽의 알프스에 이르기까지 유럽에는 대형의 스키장이 많이 있었고 또 스키의 선구자들이 많았기 때문에 스키 용어에도 영어보다 독일어나 프랑스어가 더 많은 것이었다.

"조상이 스위스에서 오셨나요?"

"그렇습니다. 저희 조부께서 슈바이츠에 사셨다고 합니다."

"저는 루디 장이라고 합니다. 잘 부탁합니다."

이륙한 헬기는 순식간에 미에트 강을 건너 아사바스카 강을 내려다 보며 날다가 해발 3,363미터의 에디스 카벨 산을 넘었다. 지층이 줄무늬 모양으로 겹쳐진 절벽 위에 천사의 날개로 불리는 하얀 빙하가 반짝거리고 있었다. 로키의 산봉우리들이 대부분 3천미터를 넘고 있었으나 아이스필드 파크웨이 자체가 해발 1천미터 이상을 달리기 때문에 도로와 강과 산봉우리의 빙하가 아름다운 조화를 이루고 있었다.

헬기가 다시 아사바스카 폭포를 지나서 프라이트 산과 커케슬린 산 사이를 날아 크리스티 산을 넘자 침엽수림 사이에 선웝터 폭포가 나타났다. 아이스필드 파크웨이를 따라 북으로 흐르던 선웝터 강이 갑자기 동쪽으로 방향을 바꾸면서 생긴 폭포였다. 헬기는 이제 아사바스카 강과 떨어지면서 선웝터 강을 따라서 남진하고 있었다.

"아……."

김인철이 앞을 바라보며 감탄을 했다. 콜럼비아 대빙원이 눈앞에 나타났던 것이다. 북반구 최대의 얼음 덩어리라고 하는 거대한 빙하가 햇살을 반사하며 번쩍거리고 있었다. 대륙을 동서로 가르는 분수령이기도 한 그 거대한 빙하는 하나님이 땅을 바다에서 긁어올리실 때 아마도 그것을 고정하기 위하여 얼려놓은 것 같았다.

그러나 세월이 지나면서 빙하의 얼음들이 녹기 시작하자 미주 대륙의 서해안에는 자주 지진이 일어나기 시작했던 것이다. 오랜 세월 동안 그렇게 차가운 표정으로 산들을 덮고 있던 그 빙하의 아래로는 커다란 물줄기가 흘러서 태평양과 대서양과 북극해로 흘러들어가고 있었다.

빙원의 남단에 있는 아사바스카 빙하의 자락으로 접근하고 있는 사람들의 모습이 보였다. 빙하 가까이까지 관광객을 실어나르는 부루스터 관광회사의 스노 모빌을 타고 들어온 사람들이었다. 파크웨이의 건너편에는 관광객을 안내하는 빨간 지붕의 샬레도 보였다.

"아…… 델라테!"

핸드폰과 무전기를 번갈아 가며 호출하고 있던 웅가바에게 델라테의 음성이 잡혔는지 그는 반색을 하며 소리쳤다. 그러나 이내 다시 그의 표정은 바뀌고 있었다.

"뭐라구?"

그의 무전기에서는 알아듣기가 어려울 정도로 빠른 말씨의 음성이 쏟아져 나오고 있었다.

"그러면…… 자매님과 형제들은 지금 어떻게 할 셈이야?"

그 다음 목소리는 장누덕도 알아들을 수가 있었다.

"키킹 호스 쪽으로 가서 질러가는 길을 찾아보겠어요."

"알았어. 우리는 지금 헬기로 쫓아가고 있어. 헬기에 더 이상 태우지는 못하겠지만 가면서 자매님 일행을 찾아볼게."

통화는 일단 끊어졌다. 장누덕이 웅가바를 바라보며 물었다.

"뭐라고 해……?"

"저들의 목적지는 화이트 혼이 아니랍니다."

"화이트 혼이 아니라구?"

"위스키잭의 베이스에서 헬기를 타고 빅토리아 쪽으로 날아갔답니다.”

“뭐? 빅토리아!”

장누덕은 깜짝 놀랐다. 그것은 바로 양은국의 티셔츠에 박혀져 있던 글자이기도 했다. 그는 지금까지 엉뚱한 빅토리아만을 생각하고 있었는데 그것은 바로 빅토리아 빙하였던 것이다. 해발 3,459미터의 빅토리아 산에서 세계 제일의 아름다운 호수라는 루이즈 호수 쪽으로 흘러내린 거대한 빙하가 바로 빅토리아 빙하였다.

월계관을 쓴 승리의 여신 빅토리아에서 이름을 딴 영국의 빅토리아 여왕은 열여덟 살이 되던 1837년부터 64년간이나 영국을 통치했던 여걸이었다. 그녀는 의회의 정당 제도를 확립하고 자유화, 민주화의 개혁을 단행했으며 산업혁명을 주도하였을 뿐만 아니라 영국의 공산품으로 세계 시장을 장악하는 한편 각종의 전쟁과 분쟁을 뛰어난 수완으로 처리하여 그녀의 치세 동안 영국은 세계 최강의 제국으로 군림하였던 것이다.

영국의 연방에 속하는 캐나다는 로키의 보석으로 일컬어지는 이 호수의 이름을 빅토리아 여왕의 딸인 루이즈의 이름을 따서 레이크 루이즈라 하였고 에메랄드 그린의 잔잔한 호면에 그림처럼 비쳐지는 하얀 얼음 산을 빅토리아 산이라고 불렀다. 장누덕이 파일럿을 돌아보았다.

“윌리…… 라고 하셨지요?”

“그렇습니다, 미스터 장.”

“미안하지만 목적지를 바꿔야 할 것 같습니다. 빅토리아 빙하 쪽으로 가야 되겠는데요.”

파일럿은 깜짝 놀라며 그를 돌아보았다.

“빙하에서 스키를 타시렵니까?”

장누덕은 한숨을 쉬며 콜럼비아 아이스필드를 지나서도 계속 이
어지는 하얀 빙하들을 내려다 보았다.
“……그래야 할 것 같습니다.”

데오빌로의 열쇠

　아사바스카 빙하를 지나서 헬기는 선웝터 고개를 넘었다. 자스퍼 국립공원에서 밴프 국립공원으로 넘어들어가고 있었던 것이다. 시러스 산 중턱의 눈과 얼음이 녹아서 수직으로 흘러내리는 '눈물의 벽'이 보였고 곧 이어 헬기는 다시 애머리 산과 윌슨 산의 사이를 날고 있었다.

　사스케체완 강의 인터체인지를 건넌 헬기는 다시 사바치 산과 미스타야 계곡을 지나 곰의 발바닥처럼 생긴 페이토 호수를 거쳐 소나무로 뒤덮인 보우 고개를 넘었다. 크로푸드 빙하가 만들어 놓은 보우 호수가 내려다 보이자 장누덕이 다시 파일럿에게 말했다.

　"윌리…… 레이크 루이즈 정선으로 가지 말고 킥킹 호스 쪽으로 돌아서 빅토리아 산까지 올라가는 코스를 좀 훑어보고 싶은데요."

　"알았습니다."

　파일럿이 페달을 밟자 헬기는 오른쪽으로 몸을 기울이면서 선회를 시작했다. 헬기가 장미의 호수를 지나 '악마의 손가락'을 향해서 가고 있을 때 웅가바가 손가락으로 아래를 가리켰다. 스키 장비를 멘 채로 능선을 오르는 사람들의 모습이 보이고 있었다. 웅가바가 아래를 내려다 보며 말했다.

"밴프의 형제들입니다."

그들은 모두 십여 명쯤 되는 것 같았다.

장누덕은 다시 파일럿에게 물었다.

"윌리…… 비행기에는 더 태우지 못하겠지만 사다리를 좀 내릴 수 있을까요? 한국의 군대에서는 사다리를 타고 나는 훈련도 하는데……."

"몇사람이나 더 데리고 갈 생각입니까?"

"어차피 다 올라가야 하겠지만……. 다만 몇명이라도 먼저 데리고 올라가면 좋겠습니다."

"좋습니다. 우선 두 명을 매달아 보지요."

헬기가 고도를 낮추기 시작하자 웅가바는 지상에 있는 델라테를 무전으로 불러냈다.

"델라테…… 헬기가 보여?"

이어 델라테의 음성이 무전기에서 날아나왔다.

"네, 보여요."

"지금부터 사다리를 내릴테니까…… 두 명만 사다리에 올라타라구."

"알았어요."

헬기가 사다리를 내리며 능선에 접근하자 두 명이 사다리에 올라탔다. 그들을 매단 채 헬기는 빅토리아 산의 정상을 넘었다. 길게 뻗은 빙하의 끝에 요염한 모습의 루이즈 호수가 나타났고 그 호반에 서 있는 샤또 레이크 루이즈도 보였다.

"내릴 장소는 어디이지요?"

장누덕은 웅가바와 함께 아래쪽에 보이는 하얀 빙하를 살펴보았
다. 루이즈 호수까지의 사이에 길고 긴 슬로프가 열려있었다.

"저기로군요!"

정상에서 호수 쪽으로 약 3백미터쯤 내려간 곳에 평평한 장소가
있었고 거기서 헬기 한 대가 이륙하고 있었다. 바로 그들이 자스퍼
에서 보았던 휴즈의 500D형 헬기였다. 그러나 놀라운 것은 그것뿐
만이 아니었다. 거기에는 또 한 대의 헬기가 내려앉아 있었던 것이
다. 멀리서 보아도 그것은 상당히 큰 기종이라는 것을 알 수가 있
었다.

"음…… 우리는 정상에서 내려 스키로 접근하는 것이 좋겠군."

파일럿은 장누덕이 말하는 대로 우선 사다리에 매달려 있는 사
람들을 내려놓기 위하여 정상에 접근하기 시작했다.

"미스터 장…… ."

"네, 윌리."

"이렇게 하면 어떻겠습니까…… 헬기 요금에 조금만 더 생각해
주시면 아래 있는 사람들을 다 올려드릴 수 있겠습니다만."

파일럿은 아무래도 밑에서 올라오고 있는 사람들이 마음에 걸리
는 듯 그렇게 말하며 웅가바를 바라보았다. 그는 전부터 웅가바와
알고 있는 사이라는 것을 비로소 밝혔다.

"이대로 두고 가면…… 나중에 웅가바에게서 섭섭하다는 말을
들을 것 같고."

"얼마나 더 드리면 될까요?"

"1백불만 더 쓰십시오."

"좋습니다."

빌헤름 슈바이츠는 우선 사다리에 매달린 자들을 내려놓은 다음

다시 사다리를 감아올리고 나서 비로소 기체를 내렸다. 헬기에서 내려보니 사다리에 매달려 올라온 것은 델라테와 또 한 사람의 젊은이였다.

"아…… 레모오토, 자네였군."

"토론토에 앉아있으려니 답답해서 견딜 수가 있어야지요."

헬기에서 내린 네 명이 스키복으로 갈아입는 사이에 빌헤름 슈바이츠는 정상과 악마의 손가락 사이를 두 번 더 왕복해서 밑에 남아있던 열 명을 모두 정상으로 실어날랐다. 웅가바가 파일럿의 손을 잡으며 감사의 뜻을 전했다.

"윌리…… 정말 고마워. 나중에 스키 장비 반납하러 가서 한턱 낼게."

"여기다 내려놓고 가니 걱정이 되는군……. 괜찮겠어?"

"인디언의 실력을 아직 잘 모르나 본데…… 여긴 우리 구역이야."

"그걸 잊었군. 급한 일이 있으면 또 연락하게."

"알았어. 그리고 내 동생에게 연락해서 자스퍼 고등학교의 운동장에 있는 내 지프를 레이크 루이즈로 가져오라고 해 주게…… 샤또 레이크 루이즈의 주차장에 갖다놓으라고 해 줘."

샤또 레이크 루이즈는 바로 루이즈 호수 곁에 있는 특급 호텔이었다. 호수의 풍광을 더 아름답게 해 주는 이 호텔의 주변에는 늘 사진을 찍는 관광객들이 들끓고 있었던 것이다.

"알았네."

헬기가 이륙하여 산 아래로 내려가자 웅가바는 빙하를 내려다보며 모두에게 빅토리아 산의 지형을 설명하기 시작했다.

"아시다시피 빙하에서 스키를 타는 것은 매우 위험합니다. 녹고 있는 빙하의 얼음 덩어리가 무너져 내리는 수도 있고 갑자기 절벽이 나타나는가 하면 돌출되어 있는 바위나 모래도 있어 스트레이트 다운을 하면 안됩니다."

웅가바는 그들에게 빅토리아 빙하의 지형을 자세히 설명한 다음 스스로 방향을 컨트롤할 수 있는 범위 내에서 스피드를 조절하도록 당부했다.

"또 빙하에는 군데군데 갈라져 있는 크래바스가 있습니다. 거기에 한번 빠지면…… 아마도 수백 년 후에나 루이즈 호수에 떠오르게 되겠지요. 크래바스에 빠지면 침착하게 구조 요청을 하시고…… 반드시 두 개의 로프에 쥬마 등강기를 설치하여 양쪽에서 끌어올려야 합니다."

그들은 애프터 슈즈와 기타 소지품들을 모두 배낭에 담아서 둘러멘 다음 다시 목표 지점에 접근할 방법을 의논했다.

"저들이 우리의 미행을 받으며 이곳까지 왔으므로 틀림 없이 무슨 대비책이 있을 것입니다. 이제부터 목표 지점에 접근하면 일정한 장소에 스키 장비들을 은닉한 후에 두세 명씩 조를 이루어서 서로 엄호하며 접근해야 합니다."

그때었디. 아래쪽에서 헬기의 둔탁한 폭음이 들려오고 있었다. 그들의 아지트에 대기시켜 두었던 헬기가 이륙하고 있는 모양이었다. 조금 지나자 그들은 비로소 모습을 나타낸 헬기를 볼 수 있었다. 열세 개의 좌석이 있는 시콜스키의 H76기종이었다.

"이미 다 떠나버린 것은 아닐까요?"

웅가바가 그렇게 말하자 장누덕이 고개를 저었다.

"아직도 누군가는 있을거야……. 그들은 모두 스키 장비를 가져왔는데 헬기로 떠난다면 스키 장비는 의미가 없어지거든."

어쨌든 그들의 주력이 떠났다면 비밀 아지트를 수색하는 데는 더 좋은 기회가 될 수도 있었다. 장누덕은 델라테, 홍경수와 한 조가 되어 선두에 서기로 했다. 서로 역할들을 분담한 후 스키의 바인딩을 조이고 나서 그들은 조용히 활강을 시작했다. 썰매만 타보았다고 하는 홍경수가 제법 익숙하게 무릎과 허리를 놀리며 사이드 슬립을 구사하고 있었다.

적진으로 잠입하는 유격대처럼 그들은 조용한 접근을 계속했다. 스키 날이 얼음 위를 스치는 소리만 사각사각 들려오고 있었다. 이따금씩 천둥이 우는 것과 같은 폭음과 함께 얼음 덩어리들이 무너져 내렸다. 그때마다 장누덕은 놀라며 목을 움츠렸다. 그 소리가 너무 커서 마치 세상이 한꺼번에 무너지는 소리 같았던 것이다.

그들은 일단 목표 지점에 무사히 접근했다. 헬기가 앉았던 자리는 있는데 빙하의 바닥이나 절벽에는 출입구나 계단 같은 것이 보이지 않았다. 그러나 얼음 덩어리들이 떨어져 내린 절벽에는 바위가 드러나 있었고 얼음 위에도 아이스 액스와 해머 등의 자국이 있어서 이미 사람들이 드나들었다는 것을 알 수 있었다.

(어딘가 출입구가 있을텐데……)

장누덕은 배낭을 열어 애프터 슈즈로 갈아신은 다음 발에 크램폰을 장착하고 나서 아이스 액스를 잡고 빙벽을 올라가기 시작했다. 이미 앞서간 사람들이 스텝 커팅을 해 놓아서 올라가는 것은 별로 어렵지 않았다.

(…… ?)

빙벽의 위쪽으로 바위가 노출된 절벽에는 고드름들로 가려진 그늘 속에 날카로운 도구로 바위를 깎아낸 자리들이 있었다. 사각형의 구멍들이 꼭 체스판이나 바둑판처럼 일정한 간격으로 깎여져 있었던 것이다. 그는 저 사이먼 휠러의 장의사에서 비밀의 통로를 열 때의 암호를 생각해 보았다.

(그때는 ZAPHNATH PAANEAH의 암호로 문을 열었는데 여기엔 문자판도 없지 않은가…… ?)

바둑판은 가로가 열 개 세로는 여덟 개로 꼭 80개의 사각형 구멍이 가지런하게 파여져 있었다.

(80개라…….)

그 바둑판의 모양은 어디선가 많이 본 것 같았다. 장누덕은 고개를 갸웃거리다가 마침내 그것을 찾아냈다. 빙고 게임의 숫자가 1에서 80까지 모두 80개였던 것이다.

(그렇다…… 빙고 게임이다!)

양은국은 벨 섬의 카지노에서도 그리고 윈저에서도 빙고 테이블에서 만나자고 했던 것이다. 그리고 그는 김인철에게 자신의 성경책을 가져다 달라고 부탁했다. 그렇다면 그 성경책 속에 빙고 게임에 필요한 숫자들이 들어있을런지도 모르는 것이었다. 그는 다시 빙벽에서 내려와 배낭 속에서 양은국의 성경책을 꺼내어 펼쳐들었다.

"누가 죽었습니까?"

장누덕이 갑자기 성경책을 펴드는 것을 보고 그렇게 물은 것은 김인철이었다. 그는 성경이라는 것이 사람이 죽으면 목사가 읽는 책 정도로 생각하고 있는 모양이었다.

(양은국은…… 뭔가 성경책에다 힌트를 남겨놓았을 것이다. 그래서 그의 성경책을 가지고 오라 했을 것이다.)

절벽 위의 바둑판은 빙고 게임의 숫자판과 같은 80개였다. 성경에 혹시 80절 되는 장이 있는가 그는 생각해 보았다. 긴장이 되어 그런지 얼른 생각이 나지를 않아서 그는 레모오토를 바라보았다.

"레모오토…… 성경에서 가장 긴 장이 어떤 장인지 알아?"

그가 갑자기 성경 퀴즈대회와 같은 질문을 했기 때문에 레모오토는 고개를 갸웃거리다가 역시 퀴즈 대회에 나온 사람처럼 더듬거리며 말했다.

"시편에 긴 것이 있었는데……."

장누덕이 그를 바라보면서 중얼거렸다.

"맞았어. 시편 119편이 가장 길지."

"그럼 맞았습니까?"

그러나 장누덕은 고개를 저었다.

"시편 119편은 모두 176절이야……. 혹시 80절짜리가 없을까?"

델라테가 나서면서 말했다.

"민수기의…… 7장은 어때요?"

민수기 7장은 이스라엘 백성들이 성막을 다 세운 후에 열두 지파 족장들의 예물 드린 내용을 기록한 것이었다. 장누덕은 얼른 민수기 7장을 찾아보았다. 민수기 7장은 모두 89절로 되어 있었다.

"가까워지는데…… 다른 것 또 없을까?"

레모오토가 다시 한번 맞춰보겠다는 듯이 나섰다.

"역대상 6장을 한번 보시죠."

역대상 6장은 레위 지파의 족보가 나와있는 장이어서 그것도 제법 길었던 것이다. 그는 다시 역대상 6장을 찾아보았다.

"아이고…… 하나가 남네! 역대상 6장은 81절이야……."

장누덕은 낙심하여 성경을 여기저기 뒤적이다가 문득 누가복음 1장이 길었다는 생각이 나서 거기를 찾아보았다.

"찾았다!"

누가복음 1장이 모두 80절이었던 것이다. 누가복음 1장은 바로 누가복음의 서문과도 같은 것이었다.

> 우리 중에 이루어진 사실에 대하여 처음부터 말씀의 목격자 되고 일
> 군된 자들의 전하여 준 그대로 내력을 저술하려고 붓을 든 사람이
> 많은지라 그 모든 일을 근원부터 자세히 미루어 살핀 나도 데오빌로
> 각하에게 차례대로 써 보내는 것이 좋은줄 알았노니 이는 각하로 그
> 배운 바의 확실함을 알게 하려 함이로라……

데오빌로 각하가 누구인지는 모르나 어쨌든 당시에 예수를 비밀로 믿었던 한 고위층의 신분을 숨기기 위해서 그 이름을 가명으로 쓴 것임에 틀림 없었다. 데오빌로라는 그 이름은 헬라어로 '하나님의 사랑하는 자' 라는 뜻이었던 것이다. 아마도 양은국은 하나님의 사랑하는 자에게 이 빅토리아의 비밀을 알려주려 했는지도 몰랐다.

(양은국의 메모지 뒤에는 4와 15의 낙서가 있었다고 했지…….)

그는 우선 4절과 15절을 살펴보았다.

(……있구나!)

4절에 나오는 '확실' 이라는 낱말과 15절에 나오는 '큰자' 라는 낱말 옆에는 노란 연필로 줄을 그어놓은 흔적이 있었다. 누구나 책을 읽을 때에는 알아보기 쉽도록 대개 빨간 줄로 긋는 법인데 양은국은 눈에 잘 띄지 않는 노란 줄을 그어놓았던 것이다. 그는 계속해서 노란 줄을 친 단어들을 찾아나가고 있었다.

"확실, 나이, 큰자, 많이, 날에……."

그것들을 다 연결해 놓아도 아무런 의미도 만들어 낼 수가 없었

다. 그렇다면 양은국은 단순히 절수만을 표시해 놓은 것일 수도 있었다.

"4, 7, 15, 16, 25, 26, 34, 37, 43, 48, 52, 59, 61, 70, 71, 80……."

그가 표시해 놓은 숫자는 무려 열여섯 개나 되고 있었다. 모두 맞추면 적어도 10만 달러의 상금을 탈 수 있을 정도의 숫자였던 것이다. 장누덕은 열여섯 개의 숫자를 모두 메모한 다음 다시 빙벽을 타고 올라갔다. 그리고 80개의 구멍 중에서 열여섯 개를 아이스 액스의 스파이크로 순서에 따라 찍어나가기 시작했다.

(과연…… !)

그가 마지막 숫자 80을 찍었을 때 우르릉 소리가 나며 바위가 열리기 시작했던 것이다. 자세히 살펴보니 그것은 바위 모양으로 위장해 놓은 철문이었다. 통로가 열리자 그는 아래 있는 사람들에게 손으로 신호를 보냈다. 그들은 스키 장비들을 모두 조별로 챙겨서 은닉한 다음 하나씩 빙벽을 타고 오르기 시작했다.

빙하 속의 통로는 매우 긴 편이었다. 그들은 손전등을 켜들고 동굴 안으로 들어서서 걷기 시작했다. 간간이 사람의 손으로 판 흔적도 보였으나 그 대부분은 천연 동굴이었다. 엑타 비르하나와 사이먼 휠러의 패들은 얼음 속에 있는 이 동굴을 발견하여 자신들의 아지트 겸 비밀 창고로 사용하고 있었던 것이다.

통로의 내부가 점점 깨끗해지기 시작했다. 그들은 마침내 또 하나의 철문 앞에 이르렀는데 손잡이를 잡아돌리자 문은 저절로 열렸다. 철문 다음으로 이어지는 통로는 모두 하얀 벽으로 내장되어 있었고 통로에 전등이 켜져있기 때문에 손전등이 필요 없었다. 통로 양쪽에는 칸막이가 된 여러 개의 방들이 있었고 통로는 자주 좌우로 갈라지고 있었다. 일단 직진을 계속하여 긴 통로를 다 지나자 커다란 시험실이 나타났다.

"이건…… 대단한 설비로군."

김인철이 그렇게 말했다. 아마도 그는 자신이 훈련을 받았던 폭약 실험실을 연상하고 있는 모양이었다. 컴퓨터의 단말기들과 시험기구들이며 약품들과 컨트롤 패널들이 가득하게 들어찬 시험실의 한쪽에는 수십 개의 유리 상자들이 놓여있었는데 그 상자들의 속은 모두 비어있었다. 시험실로 들어선 장누덕이 델라테를 돌아보며 낮은 목소리로 말했다.

"이건…… 무기 창고가 아니라 연구소 같은데……."

"유전 공학을 이용한 무기라니까…… 뭔가 다르겠지요."

그때였다. 벽에 설치되어 있는 확성기로부터 한 여자의 음성이 흘러나왔다.

"루디 장 목사님과 파우와우의 형제 여러분…… 우리 연구소에 오신 것을 환영합니다."

모두들 깜짝 놀라서 주위를 돌아보았으나 사람의 모습은 보이지 않았고 어디서 방송을 내보내고 있는 것인지도 알 수가 없었다.

"여러분께서는 지금 21세기의 꿈이 실현되고 있는 현장을 보고 계십니다. 인류가 맞이하게 되는 아쿠아리우스 시대는 이 빅토리아의 얼음 밑에서 시작되는 것입니다……."

아쿠아리우스란 점성술에서 말하는 12궁도의 열한번째인 물병좌를 말하는 것으로 그것의 상징은 물병에서 물을 쏟고 있는 여신의 모습이었다. 20세기 후반이 되면서 모든 종교를 통합하여 새로운 시대를 열자고 주장하는 사람들이 나타나기 시작했는데 그들이 말하는 새 시대가 바로 그 아쿠아리우스 시대였던 것이다.

이 운동 때문에 위기감을 느끼고 있는 쪽이 바로 교회와 그리스도인들이었다. 왜냐하면 성경은 다른 종교를 인정하거나 그들과 타협하는 것을 용납하지 않을 뿐만 아니라 오직 인류는 하나님의 독생자이신 예수 그리스도를 통해서만 구원받을 수 있다고 되어 있기 때문이었다.

다른이로서는 구원을 얻을 수 없나니 천하 인간에 구원을 얻을만한
다른 이름을 우리에게 주신 일이 없음이니라

그런데 이제 확성기를 통하여 흘러나오는 여자의 목소리는 아쿠아리우스의 시대가 빅토리아의 얼음 밑에서 시작된다고 말했다. 그들은 승리의 여신 빅토리아의 얼음 속에서 그들의 승리를 장담하고 있었던 것이다. 여자의 목소리는 계속되고 있었다.

"여러분이 오해하고 있는 것처럼 이곳은 무기생산 공장이 아닙니다. 이곳에서는 수많은 새 시대의 인류가 태어나고 있는 것입니다. 우리의 이 연구소는 인간의 유전자를 개량함으로서 수많은 천재들을 태어나게 하는 요람입니다."

그제서야 장누덕은 어째서 양은국이 이곳을 무기 창고라고 표현하였는지 그 이유를 깨달을 수가 있었다. 그들의 무기란 결국 유전자 조작으로 만들어 낸 특수한 인간들을 말하는 것이었다. 그들은 지금 지능이 뛰어나게 우수한 인간이라든가 신체적 능력이 뛰어난 초능력자들을 생산할 수 있다는 점을 자랑하고 있는 것이었다.

"뿐만이 아니라…… 우리는 여기서 인류가 오랫동안 염원해 오던 천국을 건설하고 있습니다. 여러분은 우리가 건설한 천국에서 유전자의 재생에 의하여 환생한 고대의 왕들과 영웅들을 만날 수도 있으며 여러분의 부모와 죽은 형제와 가족들을 만날 수가 있는 것입니다. 이것은 바로 천국이 아니고 무엇이겠습니까?"

그런 일들이 바로 3천 3백 년 전의 이집트 왕 투탕카멘을 살려내는 일로부터 시작되는 모양이었다. 교회에서 말하는 천국이란 단순히 죽은 사람을 다시 만날 수 있는 곳만이 아니라 바로 하나님께서 계신 곳을 천국이라고 하는데 이들은 하나님 없는 천국을 건설하겠다는 것이었다.

(현대의 바벨탑이 여기까지 왔는가…… ?)

그때 확성기에서 울려나오던 여자의 음성이 갑자기 톤을 바꾸면서 날카로워지기 시작했다.

"그러나 여러분께서는 너무 일찍 이곳에 오셨습니다. 우리의 계획이 다 완성되는 날까지 이 천국의 요람은 비밀 속에 있어야 하는데 여러분은 오늘 우리의 허락 없이 이곳에 들어오신 것입니다."

여자의 목소리로 보아 그의 말투가 호의적이 아닌 것은 분명했다.

"우리의 비밀 유지를 위하여 여러분은 새 시대가 열리는 그날까지 이곳에서 수면을 해야 합니다. 여러분께서 잠을 깨는 그날에 여러분은 어느새 새로운 시대에 다시 태어난 것을 알고 감사하게 될 것입니다."

그것은 바로 그들 모두를 죽이겠다는 말과 같은 것이었다. 여자의 위협은 계속되었다.

"여러분께서 보고 계시는 유리 상자 속에는 새 시대의 인간이 될 우리의 형제들이 잠들어 있었습니다. 여러분의 침입 때문에 우리는 그들을 다른 장소로 옮겼고 이제 그 유리 상자들은 비어있습니다."

투탕카멘을 비롯하여 그들이 다시 환생시키려는 많은 왕들과 영웅들의 몸뚱이를 그들은 어딘가 다른 장소로 옮긴 모양이었다. 그제야 장누덕은 왜 그들이 대형의 헬기를 대기시켜 놓고 있었는지 깨달을 수가 있었다.

"이제 여러분은 모두 얌전하게 그 상자 속으로 한 분씩 들어가서 누우십시오. 여러분은 곧 편안한 잠에 빠지게 될 것이며 여러분이 깨어나시는 날에는 아름다운 새 시대를 구경하시게 될 것입니다."

거기까지 듣고 있던 김인철이 더 이상 못 참겠다는 듯 앞으로 나서며 허공에다 대고 소리쳤다.

"건방진 소리 말아! 네 놈들이 뭔데 우리 인생을 네 놈들 마음대로 조종하겠다는 거냐!"

그러나 상대방은 어디선가 그들을 모두 관찰하고 있는 모양이었다. 그 여자는 김인철의 이름을 부르며 말했다.

"김인철 씨…… 우리의 사업은 인류의 행복을 위한 것입니다. 당신의 동료들은 지금 지도자 한 사람의 생명을 연장하기 위해서 남의 심장을 구하러 다니는데…… 우리는 장차 인간의 유전자를 복제하여 넉넉한 스페어 인간을 생산하게 될 것입니다. 김인철 씨도 장생불사를 원한다면 우리의 계획에 협조하시기 바랍니다."

여자의 말에 화가 난 김인철은 그의 배낭 속에 담아온 기관단총을 꺼내들고 유리상자들과 시험기구들을 향하여 그것을 난사했다. 삽시간에 연구소는 수라장이 되고 있었다.

"김인철 씨…… 자제하시오!"

그러나 그는 확성기를 향해서도 총을 쏘았다. 방송이 꺼지자 그들은 모두 책상이나 컨트롤 패널 같은 것의 뒤에 몸을 숨기며 사방을 살폈다. 장누덕이 레모오토를 불렀다.

"레모오토! 이곳에 있으면 집중 공격의 대상이 될 터이니 우리가 들어왔던 복도 쪽으로 다시 후퇴해야 할 것 같네."

"알겠습니다."

그들은 즉시 자신들이 들어온 통로 쪽을 향해서 각조별로 철수하기 시작했다. 먼저 통로에 들어선 김인철이 좌우에 있는 모든 방들의 손잡이에 기관단총을 난사하여 문들을 열어젖히고 있었다. 홍경수도 배낭에서 무기를 꺼내들고 그 뒤를 따랐다.

"잠깐……!"

김인철이 그 문들 중의 하나를 열었을 때 장누덕이 그 방으로 뛰어 들어가며 외쳤다. 그 방안에는 여자 하나가 결박되어 있었던 것이다.

"말리카!"

그녀는 바로 말리카 라이 교수였다. 워싱턴에서 그와 만났을 때처럼 라이 교수는 아직도 블루진에 핑크색 블라우스 차림 그대로였다. 그녀의 두 손과 발은 로프로 결박되어 있었고 입에는 폭이 넓은 녹색의 테이프가 붙여져 있었다.

"누구 나이프 좀 없어?"

뒤따라 오던 델라테가 주머니에서 나이프를 꺼내 라이 교수를 결박한 로프를 끊었고 장누덕은 그녀의 입에서 테이프를 떼어내었다. 시험실 쪽에서는 그들을 향해 사격하는 총성이 들려오고 있었다.

"빨리 나오세요, 목사님!"

그와 한 조가 되어 있는 홍경수가 뒤쪽에다 대고 기관단총으로 응사하며 외쳤다. 그때 실험실 쪽에서 큰 소리와 함께 폭음이 울렸다.

“뭐지……?”

놀라서 뒤를 돌아다 보는 장누덕에게 델라테가 대답했다.

“레모오토예요. 이런 일이 있을 줄 알고 폭약을 준비했거든요.”

지금 그들의 연구소는 분명히 바벨탑이었다. 사람이 부수지 않으면 하나님께서 부셔야 하는 반역의 탑이었던 것이다. 그들은 함께 출구를 향해서 뛰기 시작했다.

“위험해요!”

라이 교수가 그렇게 외치는 것과 함께 갑자기 천장에서 탄환이 쏟아져 내렸다. 파우와우 형제 중의 하나가 어깨를 맞고 쓰러지자 다른 형제가 그를 끌어안았다. 이번에는 또 통로의 바닥에서 탄환이 솟아 올라오며 또 한 형제가 다리를 맞고 쓰러졌다.

“조심해…… 아래 위에 총탄 발사장치가 있다!”

그러나 그들이 철문 가까이 뛰어나왔을 때 장누덕은 머리 위에서 마치 날카로운 창들을 거꾸로 엮어놓은 것 같은 육중한 창틀이 내려오고 있는 것을 보았다.

“서둘러라!”

장누덕은 창틀 사이를 빠져나가고 있는 사람들의 수를 헤아려 보았다. 부상자를 포함해서 열두 명을 내보낸 다음 웅가바와 레모오토가 빠져나갔을 때에는 이미 창틀이 바닥에 접근하고 있었다.

“빨리 나가세요!”

장누덕이 깜짝 놀라서 보니 델라테가 아직 곁에 남아있었다.

“델라테, 왜 아직 여기 있었어요?”

“목사님께서 먼저 나가세요!”

“자…… 빨리!”

장누덕은 우악스럽게 델라테를 쓰러뜨려서 내려오는 창틀 밑으로 밀어넣었다. 그러나 라이 교수가 아직도 그의 옆에 남아있었다. 그가 다시 라이 교수를 쓰러뜨려서 창틀 밑으로 밀어넣었을 때는 너무 늦어있었다. 창날이 그녀의 몸을 뚫고 지나가려는 찰나 그는 있는 힘을 다해서 그녀를 도로 끌어내는 수밖에 없었다.

"안되겠어…… 다른 통로를 찾아봐야지."

"목사님!"

창틀 밖에서 레모오토와 웅가바가 외쳤다.

"잠깐만 기다리세요. 창틀을 폭파하겠습니다."

그러나 벌써 검은 옷을 입은 청년들이 안쪽에서 뛰어나오고 있었다. 장누덕과 함께 온 사람들 중에 무기를 소지한 것은 김인철과 홍경수뿐이므로 레모오토가 폭약을 가지고 있다 하더라도 역부족일 것임에 틀림 없었다. 그는 다급하게 외쳤다.

"빨리 철수해! 우리는 다른 길을 찾아보겠다……."

장누덕은 이미 뒤쪽에 덮쳐오는 청년들과 맞붙었다. 김인철이 창틀 밑으로 기관단총을 들이밀었다. 라이 교수가 그것을 받아들고 청년들을 향하여 방아쇠를 당겼다. 잠시 그들이 멈칫하는 사이에 라이 교수가 외쳤다.

"루디…… 거꾸로 들어가면서 다른 통로를 찾아봐요."

바깥쪽에서는 다시 홍경수가 사격하는 총소리가 들려오고 있었다. 장누덕이 또 밖을 향해서 외쳤다.

"빨리 철수해! 우리는 반대쪽으로 들어간다…… "

그는 다시 달려드는 청년들을 때려눕힌 다음 라이 교수와 함께 시험실 쪽으로 달려 들어가다가 오른쪽으로 방향을 꺾었다. 통로는 다시 한참 동안 계속되고 있었다. 또 뒤쪽에서 총소리가 들려오더니 사람들이 뛰어오는 발소리가 들려왔다. 다시 통로가 갈라졌다.

　"왼쪽으로!"

　빙하 속에 만들어 놓은 그들의 시설은 제법 큰 편이었다. 다시 통로는 계단을 통해 아래쪽으로 내려가고 있었다. 다리가 휘청거릴 정도로 그들은 한참 동안을 내려갔다. 마치 지옥으로 내려가는 계단처럼 그것은 끝없이 내려가고 있었던 것이다.

　"그만 멈추어라 !"

　위쪽에서 위협조의 명령이 들려왔다. 그러나 어쨌든 끝까지 내려가 보는 수밖에 없었다. 그러나 그들의 기약 없는 하강은 그렇게 오래 계속되지는 않았다. 라이 교수가 소매를 잡아다니자 장누덕이 정신을 차리면서 살펴보니 계단의 아래쪽에도 적이 기다리고 있었던 것이다. 라이 교수가 벽쪽으로 몸을 기대며 그들을 향해 기관단총을 쏘았다.

　위에서 사격을 가하자 앞을 가로막고 있던 자들은 어디론가 사라지고 보이지 않았다. 그들은 다시 아래로 내려가기 시작했다. 위에서는 여전히 추격자들이 따라 내려오고 있었다. 도대체 그들이 얼마나 내려온 것인지도 알 수가 없었다. 루이즈 호수의 밑바닥까지 온 것인지도 몰랐다.

　"루디, 잠깐만……."

　그들이 발을 멈추자 정말 물소리가 들리고 있었다.

　"벌써 호수의 바닥인가…… ?"

　그러나 레이크 루이즈의 호면은 해발 1,731미터이므로 빅토리아 산 정상에서 호면까지는 1,728미터나 되었고 그들이 동굴의 입구였던 정상 아래의 3백미터 지점에서 시작했다 하더라도 1,428미터를 내려가야 레이크 루이즈의 호면에 이르게 되는 것이었다. 그들이 지금 아무리 달려서 계단을 내려왔다 하더라도 그 절반도 못 내려왔을 것임에 틀림 없었다.

"물이에요!"

정말 그들이 내려오던 계단은 끝나고 절벽의 바로 밑에는 물이 흐르고 있었다. 이제 그들은 막다른 골목에 와있는 것이었다. 그들은 다시 계단 옆에서 시작되는 절벽에 의지하여 걸음을 옮겨놓기 시작했다. 등불이 없었기 때문에 장누덕이 손전등을 켰다. 발밑에는 물이었고 그 위는 절벽이어서 그들은 절벽을 따라 조심스럽게 발을 떼어 놓아야 했다. 한동안 그렇게 걸어 들어가던 라이 교수가 말했다.

"이 쪽에도 통로가 있어요."

그녀가 발견한 통로는 천연 동굴이어서 바닥은 더 미끄러웠다.

"계속해서 아래쪽으로 가는군."

"그래도 내려가는 수밖에 없겠지요?"

아직 뒤에서 추격하는 사람들의 소리는 들려오지 않고 있었다. 얼마를 걸었는지 짐작도 할 수 없을 정도로 그들은 오랫동안 걸었다. 이윽고 앞서가던 라이 교수가 뒤를 돌아다 보았다.

"좀…… 쉬었다 갈까요?"

"그러지요."

동굴의 바닥이 축축했기 때문에 장누덕은 배낭을 내린 다음 파커를 벗어서 바닥에 깔았다. 바닥에 주저앉자 걸을 때는 느끼지 못했던 한기가 몸 속으로 밀려들고 있었다.

"이 동굴이…… 어디까지 내려가는 것일까요?"

"글쎄…… 빅토리아 산도 하나님께서 바다 밑바닥으로부터 긁어 올리셨다고 하면 바다 속까지 이어져 있는지도 모르지요."

“이러다가 지옥까지 내려가는 것은 아닐까요?”

“지옥이 무섭습니까?”

“이제는 안심이에요……. 목사님과 함께 가고 있으니까.”

온몸이 본격적으로 떨려오고 있었다. 라이 교수도 몸을 떨고 있다가 안되겠다는 듯이 말했다.

“가만히 있으니까 너무 춥군요. 다시 걸어볼까요?”

“그럽시다. 갈 수 있는 데까지는 내려가 봐야지.”

그는 일어서면서 파커를 라이 교수에게 입혀주고 배낭을 둘러멘 다음 그녀가 갖고 있던 기관단총을 받아서 어깨에 걸었다. 동굴에는 아무도 지나가 본 적이 없는지 사람의 발자국도 없었고 무엇인가 표지를 해 놓은 흔적도 보이지 않았다. 이따금씩 녹아내린 종유석들이 그들의 앞을 막아설 뿐 아무도 그들을 막는 사람은 없었으나 그들은 목적지도 없는 막연한 전진을 계속해야 했다.

발 밑은 점점 더 미끄러워졌고 한기는 점점 심해졌다. 뭔가 알 수 없는 작은 물체들이 얼굴을 스치며 지나가고 있었다. 그들이 한참 동안을 더 걸었을 때 앞에 가던 라이 교수가 깜짝 놀라며 걸음을 멈추었다.

“루디…….”

“왜 그래요?”

“끝이에요.”

“끝…… ?”

과연 동굴은 거기서 끝나 있었다. 전후좌우 어느 쪽을 살펴보아도 그들이 들어온 뒤쪽밖에는 뚫린 곳이 없었던 것이다. 그러나 이제 와서 뒤로 돌아갈 수는 없었다. 뒤에는 엑타 비르하나의 부하들이 추격해 오고 있을 것이기 때문이었다.

“어떡하지요…….”

“생각을 좀 해 보아야겠군요.”

그는 다시 동굴 바닥에 주저앉았다. 성경 속에서는 많은 사람들이 막다른 골목에 이르렀을 때 하나님께서 그들의 길을 열어주셨다. 그러나 이제 그들에게는 더 이상 나갈 길이 없었다. 라이 교수도 지쳤는지 바닥에 주저앉았다. 한기가 다시 스며들고 있었다.

장누덕은 손전등을 끈 채로 어둠 속을 응시하고 있었다. 나갈 길이 막히니까 더 추워지는 것 같았다. 몸이 자꾸 떨려와서 두 손으로 어깨를 감싸안았다. 어둠 속에서도 그것을 알아챘는지 라이 교수가 파커를 벗어서 그의 어깨에 덮어주었다. 장누덕이 깜짝 놀라며 그것을 도로 벗어서 그녀를 덮었다.

“빨리 입어요……. 벗고 있다간 큰일나요!”

서로 파커를 입혀주려고 다투다가 라이 교수가 타협안을 내놓았다.

“루디…… 우리 이렇게 하면 어떨까요?”

“어떻게?”

“우리…… 쉬는 동안에는 서로 껴안고 있기로 해요. 서로를 녹이는 데는 사람의 체온이 제일이거든요.”

목사가 여자를 껴안는다는 일도 쉬운 것은 아니었다. 그러나 지금 그들이 얼어죽지 않을 수 있는 방법은 그것뿐이었던 것이다. 그는 팔을 뻗어서 가볍게 그녀를 껴안았다. 라이 교수는 그의 품속으로 파고들면서 말했다.

“어렸을 때 한번 얼어죽을 뻔한 일이 있었어요.”

“어떻게…….”

“눈이 많이 온 어느 겨울날 파파가 저를 혼자 남겨두고 외출하셨는데 난방이 꺼진 거예요."

"그래서…… 어떻게 살았지요?"

"집에서 기르던 개를 껴안고 파파가 올 때까지 견뎌냈지요."

"오늘 내가…… 다시 말리카의 개가 되었군."

라이 교수는 이제 많이 좋아졌는지 살며시 눈을 감고 있었다. 유전 공학의 권위자로 알려진 그녀도 이렇게 남자의 품에 안기니까 가냘픈 소녀에 불과했던 것이다. 다시 은은한 재스민의 향기가 그의 코끝에 감겨오고 있었다.

"그래도 워싱턴에서는 우리가 잘 빠져다녔는데……."

"이제는…… 아무 것도 할 수가 없군요."

그녀는 이제 죽음의 공포마저 잊었는지 장누덕의 품안에서 편안하게 쉬고 있었다. 장누덕은 손가락으로 그녀의 머리카락을 쓰다듬으며 지금 아무 것도 할 수 없는 자신의 처지가 너무 딱해서 한숨을 쉬었다. 사실 그는 언제나 그랬다.

인디언의 보호구역의 노인이나 아이들이 병들었을 때에도 그가 할 수 있는 일은 아무 것도 없었다. 인디언 청년들이 세상을 포기하고 알콜에 빠져 있을 때에도 그는 아무 것도 할 수가 없었다. 그가 오직 할 수 있는 일이라고는 그저 기도뿐이었던 것이다.

(그러나…… 결국 나는 그들이 부락에 교회를 세우고 그들에게 소망을 안겨주지 않았던가?)

이제 역시 그가 할 수 있는 일은 기도뿐이었다. 지금 다시 그것을 할 시간이 된 것이었다. 그는 가엾은 라이 교수를 품에 끌어안은 채로 지금까지 빈 손의 그를 원하는 대로 이끌어 오신 하나님 아버지를 조용히 부르기 시작하였다.

저자 김 성 일

· 1940년 서울 출생
· 1961년 현대문학지에 단편 〈 분묘 〉, 〈 흑색시말서 〉로 소설 추천 완료
· 1965년 서울대학교 공과대학 기계공학과 졸업
· 1985년 제2회 기독교 문화상 수상

작품 : 〈 땅끝에서 오다 〉 (홍성사 7-22)
　　　　〈 땅끝으로 가다 〉 (홍성사 7-30)
　　　　〈 제국과 천국 〉 전2권 (홍성사 7-44, 45)
　　　　〈 뒷골목의 전도사 〉 (홍성사 7-64)
　　　　〈 사랑은 죽음같이 강하고 〉 (홍성사 7-70)
　　　　〈 홍수 以後 〉 전4권 (홍성사 7-76~79)
　　　　〈 땅끝의 시계탑 〉 전2권 (홍성사 7-88, 89)
　　　　〈 다가오는 소리 〉 (홍성사 7-96)
　　　　〈 땅끝의 십자가 〉 전2권 (홍성사 7-121, 122)
　　　　〈 사랑은 언제나 오래 참고 〉 (홍성사 7-125)
　　　　〈 공중의 학은 알고 있다 〉 전 2권 (홍성사 7-133, 134)

　　　　〈 성경과의 만남 〉 (신앙계)
　　　　〈 성경대로 살기 〉 (신앙계)
　　　　〈 비느하스여 일어서라 〉 (신앙계)
　　　　〈 건너가게 하소서 〉 (국민일보사)
　　　　〈 성경의 신비 〉 (공저, 국민일보사)
　　　　〈 성경으로 여는 세계사1,2 〉 (신앙계)

빛으로 땅끝까지 1

지은이 김성일

1996. 6. 11. 초판 발행
2007. 12. 12. 8쇄 발행

펴낸이 이재철
만든이 정애주
편집 이현주 한미영 한수경 김혜수 최강미 김기민 신지은
미술 권진숙 서재은 조은애 문정인
제작 홍순흥 윤태웅
미디어 백경호 한지환
영업 오민택 이재원 이진영
쿰회원관리 국효숙 김경아
관리 이남진 박승기 백창석 안기현
총무 정희자 김은오 마명진

펴낸곳 주식회사 홍성사
1977. 8. 1. 등록 / 제 1-499호
121-883 서울시 마포구 합정동 196-1
TEL. 333-5161 FAX. 333-5165
http://www.hsbooks.com
E-mail：hsbooks@hsbooks.com

ⓒ 김성일, 1996

ISBN 978-89-365-0145-7
ISBN 978-89-365-0516-5 (전2권)
값 7,500원 ※잘못된 책은 바꿔 드립니다.
Printed in Korea

홍성사. HONG SUNG SA, LTD.